A History of Museology
Key Authors of Museological Theory

一部博物馆学史

博物馆学理论的重要学者

[巴西]布鲁诺·布鲁隆·索耶斯（Bruno Brulon Soares） 主编

薛仁杰 赵海燕 译

ZHEJIANG UNIVERSITY PRESS
浙江大学出版社
·杭州·

《一部博物馆学史：博物馆学理论的重要学者》一书系由 ICOFOM 研究项目——"博物馆学史"的系列文章精选汇编而成，该项目自 2014 年 6 月开展以来，得到了里约热内卢联邦大学、巴黎第三大学、卢浮宫学院和俄罗斯国立人文大学等众多学术机构的支持。

在卓越文化产业与艺术创作实验室（Laboratoire d'excellence Industries culturelles et création artistique）、社会关系研究中心（Centre d'études sur les liens sociaux）和巴黎第三大学的支持下，本书英文版于 2019 年 6 月 5 日至 6 日在巴黎第三大学举行的"通过博物馆的参与者来书写博物馆的历史：传记历史的挑战和责任"国际研讨会期间发表。

本书中文版的出版得到了博物馆学国际大学联盟（International Alliance of Teaching Museology in University）的支持。

总　序

　　现代博物馆源自两个古老的传统，一个是以缪斯的名义出现的对知识和哲学的冥思，一个是以收藏柜为表征的对器物的收藏。这两个传统在很长时间内并没有交集，直到 16 世纪中叶基格伯格（Samuel Quiccheberg）最早做出尝试。在基格伯格的时代，一种以剧场形式出现的讲演记忆训练中，物品作为帮助提示讲演人记忆的工具出场，物与思想发生了接触。从那以后，两者的结合一直是博物馆史的重要内容。经过几代人的努力，它们逐渐走向融合，并向着两位一体的方向发展。然而，只有当人们的观念突破了收藏物精美的外壳，将关注转向物质深处的精神内涵，并试图以知识和信息的形式将其提炼与揭示出来时，物与思想结缘的通路才被真正打开。从此，物品作为欣赏对象与作为启发思想、帮助理解的知识载体的双重身份得到了有机的结合。

　　这既是博物馆历史演变的趋势，也是博物馆现实发展的理想。依着这样的愿景，当观众进入一座优秀的博物馆，他不仅能感受到人类制造物的艺术魅力，满足欣赏与崇拜的心情，也应该能在阐释的帮助下深入理解物品内部的知识、思想与情感的内涵，在智性方面有所收益。然而，在现实中，两者的结合还有待进一步的努力，尤其在中国，如何在欣赏物品的基础上强化展览的信息传播能力，增加观众的参观受益，是今后一个时期特别需要关注的方面。这就是本丛书产生的背景和目的。

　　在全球范围学习型社会建设的浪潮中，非正式学习的需求被极大地放大，博物馆作为一个高度组织化与制度化的非正式教育机构，如何满足这一需求，是一个必须应对的挑战。当公众带着更多学习与理解的诉求进入博物馆，他们会发现，在这一机构中学习与认知的过程是非常独特的，与他们日常的学习经验大相径庭：作为知识传播者的策展人并不像老师那样站在他们面前，而是隐身幕后；作为信息传播载体的不是符号，而是物品；更大的差异是，如果说教室是为学习者提供的一个栖身空间的话，那博物馆展厅本身就如同教科书，成为学习的对象与内容。观众在书中穿梭，在行走与站立的交替运动中，对空间中呈现的物品进行观察。在这个过程中，许多在日常学习行为中不曾遇到过的因素开始影响他们的学习，比如方向、位置、光、体量、色彩等。如果方向不对，叙事的顺序就乱了；如果位置不对，物品之间的逻辑关系就错了；如果光出现了问题，观众不仅觉得眼睛不舒服，而且也会对展览的重点出现误解。这种学习者所面临的"环境语境"是其他学习行为所没有的。

这一切都表明，尽管我们可以利用一般的教育学、认知学、心理学和传播学理论来帮助我们，但博物馆学习的独特性质仍然要求我们进行专门的、针对性的研究，并将其作为博物馆学研究的中心内容之一。没有对博物馆学习与认知过程独特性的研究与理解，我们的传播方法与策略就缺乏明确的标的，缺乏必要的有效性。所以，在这种情况下，首先要展开对博物馆学习与认知特点的研究，探明这一媒体与其他媒体在传播过程中的区别，为制定正确有效的传播策略提供依据。正因为如此，我们把博物馆学习与认知及其和传播的关系作为重要的学术内容展开研究，并期待有更多的学者关注这一问题。

传播效益取决于多方面的因素，这些因素贯穿在整个展览的建设与运营中。比如：如何通过前置评估了解公众的需求与愿望，并将他们的想法融入展览策划；如何在建构展览的结构与框架时将主题叙述的思想与逻辑要求，与博物馆学习的特点及公众的习惯、爱好相结合；如何规划与组织利用展览设计的空间，让观众觉得整个展览清晰流畅、层次分明、重点突出，并通过形成性评估来保证其落实；如何针对基本陈列展开适当的拓展式教育和相关的配套活动，使展览主题内容得以深化与拓展；如何通过总结性评估收集观众的意见与建议，进一步做好展览的调整与改善，以为下次展览提供借鉴；等等。所有这些，都直接影响到博物馆的传播效益，进而影响其社会效益的实现。

本丛书分为"译丛"与"论丛"。鉴于一些国家已经在博物馆学认知与传播方面积累了相对成熟的经验，为我们的探索提供了很好的借鉴，为此，"译丛"从理论与实践两个方面反映了当代西方博物馆学界的新观念、新理论与新实践。"论丛"则是国内学者在探索过程中的心得，尤其令人欣慰的是，作者大多是年轻人，其中有一些已经参与了大量的展览实践。衷心希望这套丛书能够为实践中的工作团队提供有益的启发，为中国博物馆事业发展的洪流增添美丽的浪花。

严建强

2018 年 3 月 30 日

从这个角度来看，博物馆学的雏形肯定早已存在，只是在很久之后才被发现，而不是被创造出来，并在最近形成了博物馆学的科学。

——维诺·索夫卡，《先有鸡还是先有蛋？》，《ICOFOM研究丛刊》，1987年

博物馆学的历史似乎可以被描述成一个解放的过程：博物馆学从主题学科中逐渐脱离出来，逐步形成其自身的认知方向和方法论取向。

——彼得·冯·门施，《论博物馆学的方法论》，1992年[①]

---

① 译者注：此句引用与冯·门施博士学位论文中的原文表述有出入，本书引用是"It seems that the history of museology can be described as an emancipation process involving the rupture of museology as a subject of study and the profile of its own cognitive and methodological orientation"，原文表述是"It seems that the history of museology can be described as an emancipation process involving the breaking away of museology from the subject-matter disciplines and the profiling of its own cognitive orientation and methodology"。

前　言
ICOFOM[1] 与历史

弗朗索瓦·梅黑斯

ICOFOM 主席

ICOFOM 并没有自认为掌握了博物馆学的学科历史或学科定义的真理，正如其愿景所示：保持开放，广纳所有博物馆领域的相关理论和批评。从这个意义上来说，博物馆学可以被视为一个由世界各地科学家们组成的研究领域，当然，其中也包括了不在 ICOFOM 之内的那些思想家。不过，ICOFOM 自 1977 年在 ICOM[2] 的体系内成立以来，即可被视为一个独特的、具有真正国际性质的交流平台，它向世界各地的博物馆学家和博物馆专业人士开放，供他们探讨博物馆领域的整体、边界与未来，当然，也包括所有可能促进该领域发展的思考、辨析与理论。

本书是关于博物馆学史的处女作，是 2017 年推出的 ICOFOM 系列专著中的重要出版物之一，由时任 ICOFOM 副主席布鲁诺·布鲁隆·索耶斯（Bruno Brulon Soares）主编。布鲁诺·布鲁隆·索耶斯是一位非常活跃的研究者，本书属于他参与的 ICOFOM 内部关于博物馆学史的研究项目。如同经济学、社会学和人类学，一门学科的历史，构成了当前该学科理论思考的一大基础。正如"站在巨人的肩膀上"（nani gigantum insistent humeris）这句名言所示：科学逻辑的关键原则之一就是在前辈所筑之上添砖加瓦，而不是闭门造车、故步自封。我们要做的是不断汲取前辈经验，利用已有成果逐步发展博物馆领域的知识，从而能够更好地展望未来。这种理念指引着兹比内克·兹比斯拉夫·斯特兰斯基（Zbyněk Zbyslav Stránský）、安德烈·德瓦雷（André

Desvallées)和彼得·冯·门施(Peter van Mensch)开启了博物馆学的研究征程[3]，比如，上述学者从那些最早的博物馆领域的论文着手，去研究博物馆学的学科基础，起点就是塞缪尔·奎奇伯格（Samuel Quiccheberg）于 1565 年所著的有关博物馆的论文。[4]兹比内克·兹比斯拉夫·斯特兰斯基作为 ICOFOM 第一代创始人中最具权威的代表之一，他的学术观点基于这样一个前提：博物馆文献的最初发展可追溯至16 世纪，后来由于研究机构和培训设施网络的建立，博物馆文献在整个19 世纪和 20 世纪上半叶取得了长足的发展，从而能够逐步自立为一门独立的科学学科，遵循与其他学科（如经济学或社会学）相同的发展历程。本书由布鲁诺·布鲁隆·索耶斯主编，在某种程度上延续了兹比内克·兹比斯拉夫·斯特兰斯基、安德烈·德瓦雷和彼得·冯·门施开启的研究征程，其重点正是描述了 ICOFOM 最初两代人的工作。

事实上，我们可以回顾一下自 ICOFOM 成立以来四代成员的代际传承情况。ICOFOM 于 1977 年的建立直接促成了其第一代成员的诞生，第一代成员活跃于 1977 年至 1985 年，1985 年也是乔治·亨利·里维埃（Georges Henri Rivière）逝世之际；第二代成员活跃于 1985 年至1993 年，1993 年即时任 ICOFOM 主席彼得·冯·门施卸任之时。前两代成员所活跃的时代背景与当今完全不同，那个时代深受冷战冲突影响，这种影响甚至在博物馆学领域也同样存在。[5]ICOFOM 具有真正的国际性质，这一点只需扫一眼第一代成员名单便知：ICOFOM 创始人和首届主席、捷克学者扬·耶里内克（Jan Jelínek）；ICOM 首届秘书长、法国博物馆学创始人乔治·亨利·里维埃；继扬·耶里内克之后，ICOFOM 另一位勤恳的主席、瑞典学者（原捷克斯洛伐克学者）维诺·索夫卡（Vinoš Sofka）；最著名的思想家、捷克学者兹比内克·兹比斯拉夫·斯特兰斯基；苏联博物馆学的"教皇"、苏联学者阿夫拉姆·拉兹贡（Avram Razgon）；以及来自世界各地的许多思想家，比如日本学者鹤田总一郎（Soichiro Tsuruta）、巴西学者瓦尔迪萨·卢西奥（Waldisa Rússio）、美国学者朱迪思·斯皮尔鲍尔（Judith Spielbauer）、法国学者安德烈·德瓦雷和荷兰学者彼得·冯·门施。此外布鲁诺·布鲁隆·索耶斯把 ICOM 的第二届秘书长、新博物馆学杰出人物雨果·戴瓦兰（Hugues de Varine）也列进了这份 ICOFOM 活跃分子名单中，他是ICOFOM 的重要成员，他的思想对内部的若干成员都产生了深远的影响。当然，即使就 ICOFOM 而言，这份传记清单都并非详尽无遗，毫无疑问，还可以增列同时期其他非常活跃的人物，包括德国学者克劳斯·施莱纳（Klaus Schreiner）[6]、捷克学者约瑟夫·本内斯（Josef Beneš）[7]、加拿大学者琳恩·马兰达（Lynn Maranda）[8]和波兰学者沃伊切赫·格鲁金斯基（Wojciech Gluziński）[9]等。在 20 世纪 80 年代后期，ICOFOM 的第二代成员初露头角，并表现出了强烈的担当意识。当然，有一些第一代成员一如既往地发挥着尤为积极的作用，如安德烈·德瓦雷和彼得·冯·门施，但也有一些第一代成员在新委员会成立后不久就离开了，包括扬·耶里内克、乔治·亨利·里维埃、鹤田总一郎和阿夫拉姆·拉兹贡。自 1985 年之后加入"ICOFOM 大家庭"的博物馆学家有克罗地亚学者伊沃·马罗耶维克（Ivo Maroević）、印度学者瓦沙特·毕德卡（Vasant Bedekar）、马里学者阿尔法·奥马尔·科纳雷（Alpha Oumar Konaré）、法国学者马蒂尔德·贝莱格（Mathilde Bellaigue）、阿根廷学者奈莉·德卡罗里斯（Nelly Decarolis）、巴西学者特丽莎·席奈尔（Tereza Scheiner）和克罗地亚学者托米斯拉夫·索拉（Tomislav Šola）。在本书中，所有这些成员都是值得关注的，但也不可忽视同时期其他思想家的活动，他们是瑞士学者马丁·R.施尔（Martin R. Schärer）[10]、印度学者安妮塔·沙阿（Anita Shah）、阿根廷学者诺玛·鲁斯科尼（Norma Rusconi）、法国学者希尔德加德·维耶格（Hildegard Vieregg）[11]和伯纳德·德洛什（Bernard Deloche）[12]。

随着时间的推移，现如今前两代成员中的大多数人已不再活跃在 ICOFOM，一些成员已然去世，健在的成员也减少了学术活动，但是他们当中仍有不少人饶有兴趣地关注着 ICOFOM 的工作。[13]此后，又有两代博物馆学家薪火相传：第三代博物馆学家于 1993 年至 2007 年登上历史舞台（从马丁·R.施尔的第一届主席任期到希尔德加德·维耶格的第二届主席任期结束），他们为第四代博物馆学家和当代博物馆学者进一步研究博物馆学铺平了道路。如今，ICOFOM 由来自全球 94 个国家的 1000 多名成员组成，我们无须详细调查人员构成，也能知道委员会大体上既包括在学术界享有盛誉的知名博物馆学家，也包括刚步入学术生涯的年轻研究人员、博物馆从业者和博士研究生。

因此，对这些背景相异、年代有别的博物馆学家们所做的工作开展初步的研究似乎很有必要，其至少有两个原因：一方面，兹比内克·兹比斯拉夫·斯特兰斯基、彼得·冯·门施和安德烈·德瓦雷开拓的综合性工作值得继续跟进。随着经年累月的持续研究，有关博物馆学起源的崭新且重要的事实正在被不断地发现。[14] 那么，对于在 ICOFOM 创立之后 40 多年中的那些研究发现及其多样性，我们应该说些什么呢？非常重要的一点是，我们要从上述学者十分倚赖的 ICOFOM 出版物开始，综合各代博物馆学家们所做的研究，继续开展编著工作。因此，本书编纂的传记式作品显得尤为重要，它首开先河，全景式地呈现了这些来自世界各地的学者在博物馆学领域所做的贡献。正如文章开头所说，ICOFOM 充分意识到它不应自视为"博物馆学真理"的唯一智库而忽略其他众多的贡献者。这项由布鲁诺·布鲁隆·索耶斯在 ICOFOM 内开展的研究项目现阶段的目的并不是去展示博物馆学的全球史，这与前述兹比内克·兹比斯拉夫·斯特兰斯基、安德烈·德瓦雷和彼得·冯·门施的研究工作不尽相同。

　　另一方面，该研究的目的是阐明 ICOFOM 中一些特别重要和鼓舞人心的思想是如何推动这一学科进步并传播到全世界的，特别是那些来自东欧国家和拉丁美洲国家的博物馆学思想。然而，这一全球愿景也的确有可能让许多来自上述国家的研究人员遭遇一系列困难，其原因在于这是在主要由盎格鲁-撒克逊语系影响的范围和以英语为主导的框架内参与的学科建设。[15] 然而在 1977 年 ICOFOM 成立之时，原本的语言平衡被打破了，研究用语更倾向英语，特别是在博物馆学领域。因此，本书强调的几个里程碑事件与《国际博物馆研究手册》(*The International Handbooks of Museum Studies*)[16] 一书给出的观点形成了鲜明的对比，后者基本上引用的都是盎格鲁-撒克逊语系的参考文献。当然，我不是在否认《国际博物馆研究手册》是一本优秀的出版物。

　　特别需要强调的是，我们当今世界有一个重要的特点，该特点是偏爱即时性的研究（通过使用互联网），而且似乎常常有一种快速遗忘前人工作的惊人能力。这一点尤为明显，因为有些结果不会立即出现在互联网引擎的初次搜索中。这种现象在大多数学科中都普遍存在，博物馆学也不例外。许多年轻的研究者（以及一些年纪稍长的研究者）主要参考新近的出版物，他们的工作高度依赖搜索引擎弹出的结果和数字图书馆。然而，并非所有的资料都被数字化了，而且即使在数字化的文件中，许多重要的参考资料也由于出版日期久远已不受人待见，虽然它们在今天看来仍然具备高度的相关性。在社会学和民族学学科，马塞尔·莫斯（Marcel Mauss）、弗朗兹·博厄斯（Franz Boas）和皮埃尔·布尔迪厄（Pierre Bourdieu）的观点仍然被引用，但很少有博物馆学研究者对乔治·布朗·古德(George Brown Goode)[17]、乔治·亨利·里维埃、兹比内克·兹比斯拉夫·斯特兰斯基和瓦尔迪萨·卢西奥有关收藏、处置或阐释等问题的讨论感兴趣。这些具有里程碑意义的博物馆领域的作者大多数已被忽视,舞台的灯光已经转投到了新人身上。许多年轻的和年纪稍长的研究者们或许认识本书所介绍的数量有限的这18位博物馆学者,但是研究者们恐怕还是不会直接阅读18位博物馆学者的原著。那么,这本传记集的内容虽不能取代阅读这些学者的文章或书籍,但至少是拓展博物馆学知识的一个特别重要的切入点。

如此看来,这项工作还需要编纂出版续篇,这不仅是为了继承布鲁诺·布鲁隆·索耶斯和他的团队所完成的关于ICOFOM前两代成员传记的出色工作,而且需要将那些没有参与委员会工作的关键性人物囊括进来。ICOFOM在研究博物馆学的主要理论方面投入了大量资金,出版了《博物馆学关键概念》(*Key Concepts of Museology*)[18]和《博物馆学百科全书》(*Dictionnaire encyclopédique de muséologie*)。[19]然而可惜的是,博物馆学及全球博物馆学建设者们的重要性却并未体现,我的意思是,是时候考虑出版一部博物馆学家辞典了。

注释

[1]译者注:国际博物馆学委员会(ICOFOM)在后文简称ICOFOM。

[2]译者注:国际博物馆协会(ICOM)在后文简称ICOM。

[3]参见以下文献:Stránský Z., 'Der Begriff der Museologie', in Jelínek, J. (éd.), Muzeologické sešity. Supplementum, 1, Einfürhung in di Museologie, Brno, UJEP, 1971, pp. 40-66; Mensch P. van, Towards a Methodology of Museology, University of Zagreb, Faculty of Philosophy, doctoral thesis, 1992; Desvallées A., Emergence et cheminement du mot 'patrimoine', in Musées & collections publiques de France, 208, septembre 1995, pp. 6-29. 从2000年起,我有幸在ICOFOM项目的框架内与安德烈·德瓦雷合作,使得《博物馆学百科全书》(*Dictionnaire encyclopédique de muséologie*)最终成型,其目的也在于整合博物馆学思想。

[4]Meadow M., Robertson B., The First Treatise on Museums. Samuel Quiccheberg's Inscriptiones 1565, Los Angeles: Getty Press, 2013.

[5]Mairesse F., Desvallées A. (2011). Muséologie. In Desvallées A., Mairesse F., (dir.), Dictionnaire encyclopédique de muséologie. Paris: Armand Colin, pp. 343-384.

[6]译者注:克劳斯·施莱纳(1929－1991),德国历史学家、博物馆学家。

[7]译者注:约瑟夫·本内斯(1917－2005),捷克博物馆学家、民族志学家,在博物馆研究和博物馆学领域发表过数百篇作品。

[8]译者注:琳恩·马兰达,加拿大博物馆学家,出版著作《论博物馆学:来自博物馆田野工作的反思》(*On Museology: Reflections from the Field*)。

[9]译者注:沃伊切赫·格鲁金斯基(1922－2017),波兰哲学家、博物馆学家,出版著作《博物馆学基础》(*U podstaw Muzeologii*)。

[10]译者注:马丁·施尔(1945－),瑞士博物馆学家、ICOFOM 前主席。

[11]译者注:希尔德加德·维耶格(1939－),德国博物馆学家、教育学家、ICOFOM 前主席。

[12]译者注:伯纳德·德洛什(1944－),法国哲学家、博物馆学家。

[13]然而,值得一提的是,有若干博物馆学家仍然孜孜不倦地为委员会工作,如安德烈·德瓦雷、伯纳德·德洛什、马丁·施尔、特丽莎·席奈尔和琳恩·马兰达,其中后两位在委员会中非常活跃。

[14]Walz, M. (2018). 'The German voice in the "Babelian tale of museology and museography": creation and use of terms for museum science in Germany', Museologia Brunensia, 2018/07/02, pp. 5-18.

[15]Brulon Soares B., Leshchenko A. (2018). Museology in Colonial Context: A call for Decolonisation of Museum Theory. Icofom Study Series, 46, 61-79.

[16]MacDonald S., Rees Leahy H. (ed.)(2015). The International Handbooks of Museums Studies. Chichester: Wiley-Blackwell, 4 vol.

[17]译者注:乔治·布朗·古德(1851－1896),美国著名科学家、历史学家、系谱学家以及博物馆先驱。收录于《博物馆大师:他们的博物馆和他们的影响》(*Museum Masters: Their Museums and Their Influence*)一书。

[18]译者注:我国台湾学者张婉真依照法语版将该书翻译成中文繁体版。

[19] Desvallées A., Mairesse F. (dir.) (2010). Concepts clés de muséologie, Paris, Armand Colin et ICOM. Pour le Dictionnaire encyclopédique, cf. note 3. 译者注:英文版《博物馆学词典》(*Dictionary of Museology*)于 2023 年出版。

目　录

导引:博物馆学,搭建桥梁

布鲁诺·布鲁隆·索耶斯
巴西里约热内卢联邦大学

博物馆学是一种理论还是一套实践?是一门科学还是只是博物馆的工作?它和博物馆理论一样吗?或者独立于博物馆吗?它是一种形而上的,还是基于社会经验的?我们正朝着元博物馆学(metamuseology)的方向发展吗?如果是,那么所谓的"博物馆学"的边界究竟在哪里?要知道,我们以之为名成立了专门的委员会,而从事的却一直是一种毫无边界的理论研究,且已长达数十年之久。

在过去的40多年里,博物馆学的研究范围逐渐拓展到博物馆机构之外,其作为一个不受博物馆束缚的理论领域,在世界许多地方获得了学术声誉。然而,被冠以大写字母"M"的博物馆学[1]至今仍然需要在当代科学"殿堂"里争取一席之地。若要切实把博物馆学视为一个明确且独立的知识领域,我们就必须了解那些长期参与学科建设和学科发展的学者,这是本书的基本假设。这些学者们一方面在重新定义自己的研究领域,另一方面也在重新定义自己在该领域的学术角色,也正是这些我们这个时代最杰出的博物馆学家的论著,对文初提到的若干基本问题给出了他们的答案。

ICOFOM的诞生要归功于几位在20世纪最后几十年里敢于突破政治阻挠、促进知识流通的学者,他们对于文初提到的若干博物馆学基本问题进行探讨,使得一个组织不算严密的国际性博物馆学理论语料库逐渐建设起来,舒缓了欧洲与欧洲以外之间的博物馆学政治隔阂。我们可以想象,要在没有交集的各个国家和各式博物馆学之间凭空架起一座桥梁实属不易,但正如时间所证明的那样,它们之间原本就存在着重要的对话基础,因此,由捷克斯洛伐克博物馆学家扬·耶里内克牵头成立的 ICOFOM 在不久后就成为当时各类学者、各种思想路线之间开展友好论战的一个主要平台。基于不同背景下的当地实践,博物馆学在理论工作中的相关表述也得到了普遍的认可,包括在捷克斯洛伐克、俄罗斯、德意志联邦共和国和德意志民主共和国、南斯拉夫、法国、英国、日本、印度、巴西、阿根廷、墨西哥、美国、加拿大和马里等国家(以上仅列出参与委员会第一次年度会议最初辩论的一些国家)。

值得注意的是,尽管当时博物馆学思想处于系统化和规范化的初始阶段,但是并没有形成单一的知识生产中心,而是具有分散性的。这是因为博物馆学的研究者来自世界各地,博物馆学的观点多种多样。虽然 ICOFOM 成员的目的一致,即共同致力于维护博物馆学作为一门"科学"的地位,但声音却来自若干不同的地缘政治中心。这种分散性在某种程度上是由 ICOM 所带来的。

ICOFOM[2] 是 1976 年在 ICOM 咨询委员会的倡议下于次年成立的。[3] 此前,ICOM 长期以来需要在博物馆领域发展特定概念和规范化知识,该需求在 ICOM 成立的最初几年里就已显而易见。1946 年 11 月,ICOM 创始成员在巴黎卢浮宫博物馆的成立大会上声明,ICOM 的使命是通过"博物馆出版物的借用、馈赠和交流"以及"博物馆人才的国际交流"等方式"促进文化信息的跨境流动"。[4] 而通过专业人员及其思想的交流实现博物馆知识的国际化意味着需要将博物馆概念和规则进行规范化。

1958 年 9 月,联合国教科文组织和 ICOM 在里约热内卢为遴选的巴西官员和专家举办了一个主题为"博物馆的教育功能"的培训班。为了实现定义博物馆领域的术语和概念这个明确的目标,时任 ICOM 秘书长乔治·亨利·里维埃将"博物馆学"定义为"研究博物馆使命和组织的科学",并将"博物馆实务"(Museography)定义为"与博物馆学有关的一套技术"。[5] 乔治·亨利·里维埃的这两个定义使得博物馆概念分离为科学和技术两部分,这种做法也在世界各地的博物馆培训课程中被专业人士和专家学者所关注,一直持续到 21 世纪初期。[6]

博物馆概念分离为理论和实践两部分与早先东欧学者提出的有关博物馆学的解释大相径庭。在一些来自东欧的博物馆专业人士的工作中,正如他们所设想的那样,自 20 世纪 50 年代以来,理论作为科学的基础是从实践中发展而来的,而实践只能通过理论反思来改进。然而,由于 ICOFOM 以"博物馆学"来命名,在它成立之时委员会内外的部分人士将其理解为一个根植于"理论"的委员会。为了证实或证伪这一假设,我们必须重新审视当初带着特定目的成立委员会的一些学者,如扬·耶里内克和维诺·索夫卡,看看他们所构想的"博物馆学"是什么样的。

1962 年,捷克斯洛伐克布尔诺的扬·埃万盖利斯塔·普尔基涅大学(Jan Evangelista Purkyně University)哲学院设立博物馆系的时候,一套博物馆学的理论概念以及结构化的思想体系也在该系应运而出,以证明博物馆学在博物馆从业者大学教育框架里存在的合理性。这套博物馆学大学教育培训课程是时任 ICOM 主席兼时任摩拉维亚博物馆馆长扬·耶里内克"使博物馆工作成为真正的专业"的最初尝试之一。[7]换言之,扬·耶里内克提倡捷克斯洛伐克的博物馆学应具有理论基础,同时其培训也应为博物馆带来实际的效果。

这个博物馆学新概念的诞生是基于该系负责人兹比内克·兹比斯拉夫·斯特兰斯基的论述,他先将这一概念介绍给了布尔诺的学生,然后是其他认可他在 ICOFOM 的工作和影响的学者们。他的理论在摩拉维亚博物馆作为"博物馆学"教授,彻底改变了博物馆实践,并确保博物馆学家作为研究员和学者在博物馆工作和大学中占有一席之地,这使得博物馆学这一特定知识分支获得了学术地位。

由于兹比内克·兹比斯拉夫·斯特兰斯基在 ICOFOM 最初几年研讨中起到的核心作用,他有关博物馆学的观点受到了许多学者的关注,这些追随者们将他的观点传播到了开设博物馆学的不同的学校和培训项目中。此外,捷克斯洛伐克博物馆学前辈吉瑞·内乌斯图普尼(Jiří Neustupný)[8]的一些观点也对兹比内克·兹比斯拉夫·斯特兰斯基启发甚大,后者在借鉴吉瑞·内乌斯图普尼观点的基础上提出了关于博物馆学的理论性观点,在博物馆学中引入了科学的问题,这个问题受到几位试图在自己国家学术体系中建立博物馆学的学者的关注。

因此,ICOFOM 创建的目的与捷克斯洛伐克学者们对博物馆学现状的思考相关。在提交给 ICOM 的最初声明中,新委员会打算集中研究"探索在各种规模的博物馆中进行科学研究的可能性和局限性"[9],然而,这不是 ICOFOM 及其成员之后将要追求的真正目标。1978 年,ICOFOM 在波兰举行第二次年会,维诺·索夫卡以"博物馆所特有的科学研究中的可能性和局限性"为主题发表演讲,他在《在博物馆里的研究和对博物馆的研究》(Research in and on museums)的论文中，为博物馆学的地位做辩护，他认为没有其他"科学"会关注博物馆问题的研究，而且"其他科学分支对博物馆的作用、工作和问题几乎一无所知"。[10] 在这次会议上，大多数学者都在谈论博物馆以及与博物馆学无关的不同领域的研究，而维诺·索夫卡在他的论文中提出需要一种特定的理论，"使其作为博物馆实际工作的基础"[11]。

因此，在 ICOFOM 内部，博物馆学当时正在依据专门针对博物馆领域理论和研究的潜在需求而被重新解释。然而，对博物馆学进行定义还有很长的路要走；对于维诺·索夫卡来说，这就是组建 ICOFOM 的原因之一，也是 ICOFOM 应该致力于找到这个概念定义的原因之一。"什么是博物馆学？ICOFOM 是做什么的？我们的目的是什么？"[12] 思考这些有点存在主义的问题，实际上正是这个委员会的存在意义。

博物馆学，正如在 ICOFOM 内部被解释和讨论的那样，是对博物馆理论有意识的和系统的反思——这种反思挑战了博物馆作为这一所谓"科学"的中心主题之局限性。在这门学术学科逐渐成熟，并被全球不同地区的多个国家所采用的时候，ICOFOM 以一个全新的视角重新构建和定义了博物馆理论，使得不同的博物馆学理论和概念层出不穷。同时，在世界各地一些知名大学和研究中心的支持下，委员会设想的博物馆学获得了学术地位，其提出的一些基础性问题也为其他一些学者和研究人员所共同关注。

作为一个由来自全世界各地博物馆领域的理论兼实践专家们共同开创的学术领域，博物馆学如今被视为一个基于学术研究，对其术语、概念和范式的定义进行辩论、探讨的特定平台。我们无意像之前许多其他研究人员那样，寻找这门学科的"真正起源"，目前的汇编工作是探索为这个所谓"社会科学"或"知识分支"辩护的特定学者对该术语的不同用法，这些学者在过去几十年中定义了博物馆研究的多种方法及其内在过程和联系。

博物馆和博物馆学

1992 年，彼得·冯·门施在菲利普·利奥波德·马丁（Philip Leopold Martin）于 1869 年在魏玛出版的《自然志的实践》(Praxis der Naturgeschichte)一书中以及于 1870 年出版的《动物标本剥制术与博物馆学》(*Dermoplastik und Museologie*)一书的第二部分中发现了"博物馆学"一词的德语形式。[13]后来，弗朗索瓦·梅黑斯和安德烈·德瓦雷在格奥尔格·拉斯格伯(Georg Rathgeber)于 1839 年在魏森塞出版的《荷兰艺术史和博物馆学的结构》(*Aufbau der Niederländischen Kunstgeschichte und Museologie*)[14]一书中也发现了这个术语，这比冯·门施指出的术语出现时间早 30 年。这个术语又在更早出现的于 1830 年出版的卡尔·奥特弗里德·穆勒(Karl Ottfried Müller)的《美术考古学手册》(*Handbuch der Archeologie der Kunst*)一书中被注意到，在这本书中，"博物馆学"一词的含义与"博物馆实务"略有不同，后者被理解为"古老艺术品系统分类的一部分"。[15]在这些最初的模糊定义中，"博物馆学"和"博物馆实务"都与藏品组织、博物馆实践以及博物馆经验描述有关。

有若干当代学者将博物馆学理解成一种工作，这种工作处理的是"博物馆的组织及其在社会中的地位问题"[16]，他们认为塞缪尔·奎奇伯格(Samuel Quiccheberg)于 1565 年撰写的一份材料是西方世界中已知最早的有关博物馆学的文献。这份材料实际上是一部有关藏品的专著，题目是"大剧场的题词或标题……"(*Inscriptiones Vel Tituli Theatri Amplissimi……*)，该专著旨在为宇宙万物提供一部庞大的目录，以及可以找到这些东西的地方(陈列柜)，并提供构成这种万物合集的必要说明。[17]这是百科全书式博物馆的第一本指南。[18]

在 19 世纪的大部分时间里，欧洲大陆的博物馆如雨后春笋般涌现，而当时世界上还没有正式的博物馆培训，博物馆学通常被理解为"博物馆的描述"，[19]包括"博物馆工作的说明"或"博物馆史"，[20]在学科框架内，这个词的确切来源尚不明确。虽然有一些学者将这个术语的原始意义与"研究艺术作品在收藏品中的合理布局"[21]（根据格奥尔格·拉斯格伯的定义）联系起来，但另一些学者认为这个术语也应用于自然博物馆的语境下。例如，弗朗索瓦·梅黑斯和安德烈·德瓦雷坚持认为，从博物馆组织的意义来看，"博物馆学"一词在法语中的起源可以追溯到 1914 年，当时它出现在比利时布鲁塞尔的古斯塔夫·吉尔森(Gustave Gilson)的作品中，指的是自然博物馆的使命和组织[22]。而在许多其他语境下，例如在巴西国家历史博物馆开设的博物馆课程中，该术语也与博物馆从业人员的专业培训有关，[23]这种趋势在第二次世界大战后变得更加普遍，若干个新的培训项目在世界各地建立起来。

在两次世界大战期间,人们对共享博物馆知识有着潜在的需求。与此同时,某些具有国际视野的欧洲组织尝试让世界其他地区接受其思想和文化观点。1926年,国际联盟[24]成立了国际博物馆办公室(OIM),这是首次尝试建立一个汇集博物馆及其专业人员的国际机构。在此期间,该机构通过其最广为传播的评论刊物《博物馆》(Mouseion)[25],试图探讨对所谓的西方世界博物馆至关重要的主题。

第二次世界大战的结束和1946年ICOM的成立引发了博物馆领域新的变化。在此之前,只有艺术博物馆、历史博物馆和民族志博物馆受到国际博物馆办公室的管辖,但在ICOM内部,科学博物馆也将被纳入管辖范围。在以上四类博物馆中,普遍使用的术语是"博物馆学",而这一术语与同时期使用的另一术语"博物馆实务"是有区别的,"博物馆实务"当时被理解为对博物馆的描述。"博物馆学"和"博物馆实务"这两个术语同时混淆使用了一段时间。

1958年,在联合国教科文组织于里约热内卢举办培训课程之后,乔治·亨利·里维埃除了将"博物馆学"和"博物馆实务"定义为不同的概念(前者与博物馆实践中涉及的理论更为相关,后者指的是博物馆实践本身),他还引入了"博物馆学家"(法文称为"muséologue",英文称为"museologist")的职业类别,赋予其规划博物馆项目的职责并确保项目由"典藏研究员"(英文称为"curator")或"文化遗产保护员"(法文称为"conservateur")统领实施,由"博物馆实务学家"(法文称为"muséographe",英文称为"museographer")具体执行。[26]这些定义,作为博物馆学理论内容,值得在大学阶段教授,使得"博物馆学的"(法文称为"muséologique",英文称为"museological")一词被用作形容词修饰语,成为法文术语"muséal"(博物馆领域)的同义词,用来表示与博物馆有关的一切。

然而,ICOM所使用的词汇与欧洲以外一些地区有关博物馆学词汇的用法并没有直接联系。在美国,"博物馆工作"(museum work)的概念于20世纪20年代广为流传,约翰·考顿·达纳(John Cotton Dana)[27]使用了"博物馆学"(museumology)一词,但后来劳伦斯·维尔·科尔曼(Laurence Vail Coleman)和美国博物馆协会(American Association of Museums)将其重新命名。[28]在北美洲,尽管人们对专门研究博物馆的领域(无论是称之为博物馆学还是博物馆研究)一直存在抵触情绪,但在20世纪80年代至90年代,该地区对"博物馆学语言"[29]的使用越来越多,显示出一些与欧洲相当近似的情况。此后，"博物馆学"一词基本含义达成了共识，被理解为对博物馆的研究。[30]

19世纪至20世纪出现的有关博物馆学的大部分较为含糊的定义都是与博物馆的发展同步进行的。从一般意义上说，在法国，它被广泛认为是"博物馆组织的科学"。比起英语国家，博物馆学作为科学的理念在法国以及其他拉丁传统国家更容易被接受。正如阿奎林纳（Aquilina）所指出的，1958年联合国教科文组织研讨会报告的法文版使用"科学"一词来定义"博物馆学"，而同一报告的英文版则使用"知识的分支"。[31]这种区别很是微妙，突出了英语和法语对这一术语概念的差异。

自19世纪以来，一些学者逐渐提到了博物馆学的"科学"概念，这在随后的几十年里引发了许多争论。后来在ICOFOM的组织下，不同学者试图回答第一个基本的博物馆学问题，即什么是"博物馆学"，但学者们意见纷纭，并没有达成共识。吉瑞·内乌斯图普尼和兹比内克·兹比斯拉夫·斯特兰斯基等东欧学者以及他们的一些追随者，如维诺·索夫卡和阿夫拉姆·拉兹贡对这一主题尤其感兴趣，他们是"以理论为指导的博物馆学的早期倡导者"，[32]他们的研究主题甚至可以挑战原本赋予博物馆的核心作用。

在不同的文献、证据和研究传递给我们的博物馆学知识中，我们至少可以确定形塑当代博物馆学的三种趋势，这里我们称之为规范博物馆学、理论博物馆学和反思博物馆学，每种博物馆学都有各自的历史，并非都按照时间顺序来展开，而是以多种方式表现在20世纪和21世纪博物馆学家的工作之中，为今天的博物馆实践提供了大量的信息。

规范博物馆学

直到20世纪70年代中叶，博物馆学还具有规定性和规范性的特点，长期以来，博物馆界的工作都在践行这个特点。在这一时期，博物馆界举办了许多国际活动，吸引了世界各地的学者参加，但大部分学者还是来自欧洲。这巩固了"博物馆学"在欧洲各地博物馆专业人员词汇库中的地位，后来在欧洲之外的一些特定地区亦然。

1934年，一个著名的事件是由国际博物馆办公室组织的旨在讨论"博物馆实务"（museography）的马德里国际会议。会议的成果是出版了两卷会议公报，其标题为"博物馆实务：艺术博物馆的建筑与组织"（*Muséographie：Architecture et aménagement des musées d'art*）。该会议出版物作为博物馆学在20世纪头几十年发挥规范性作用的一个例子，在诸如博物馆的照明、供暖、通风、临时展览、常设展览、博物馆建筑和物品标签等方面提出了"典范案例"。[33]

ICOM成立后，博物馆领域的一个更大范围的国际项目被付诸实施。1946年，其首批任务之一是邀请"入选博物馆领域领导者名单上的人员"，协调各自国家的国家委员会。每个国家委员会最多有15名成员，他们将"尽可能广泛地代表各自国家的博物馆利益"[34]。这样，一支真正的博物馆从业者精英队伍开始建立，以便为全球其他不属于这一组织的从业者制定相关规则。

随后，"博物馆学"和"博物馆实务"[35]这两个术语的同时使用表明，在这个主要以博物馆行业为中心的领域，出现了一个非常混乱的时期。二战后的一段时期，ICOM的专家们在强调制定博物馆人员培训方案的同时，提出了一些概念性问题，博物馆学概念和方法的定义成为该组织在成立后最初几十年里长期关注的问题。

由于强调在新的培训方案中教授概念和规则的发展，ICOM在1965年纽约大会上专门讨论大学开设新的博物馆学课程的必要性。在这个首次在欧洲之外举行的会议上，法国博物馆馆长让·查特兰（Jean Chatelain）在谈到博物馆人员的具体培训时宣称，ICOM的培训对象"仅涉及级别较高、具有博物馆特有活动的机构"中的人员，并表示培训人员尚未包括"普通雇员、保安、秘书、衣帽间女服务员和修复师"[36]，在让·查特兰看来，文化遗产保护员作为一位杰出的专业人员，其具体培训需要遵循一条非常严格的路径，首先要在大学里学习，然后在博物馆里接受进一步的训练。然而，世界上许多其他地区的情况并非如此。

考虑到要为博物馆专业人员的持续培训奠定基础，ICOM开办了两种专业期刊，这两种期刊是20世纪70年代之前唯一为博物馆知识流通服务的出版物。第一份期刊《博物馆》（*Museum*）的前身是国际博物馆办公室出版物《博物馆》（*Mouseion*）[37]，该出版物是塑造国际博物馆实践的指南。第二份期刊是《ICOM新闻》（*ICOM News*），一份关于ICOM组织的特定新闻和报道的公告。但当时仅就这两种出版物还无法满足就具体术语和（制定）博物馆工作规则进行学术讨论的需求。

为了实现标准化和规范化，博物馆领域首先应该使用同一种语言，并按照统一的惯例运作。因为这一特定的知识生产项目不会只在ICOM 内部及其成员之间进行。1970 年巴黎大学艺术学与考古学研究所首次开设博物馆学课程，该课程由前馆长兼 ICOM 永久顾问乔治·亨利·里维埃负责。[38]课程教学大纲显示出对博物馆定义、目的及其功能结构的基本定位。

20 世纪 70 年代，为了给博物馆从业者定义一个术语，ICOM 提议出版一部《博物馆学公约》(Treaty of Museology)，并视其为一项紧要事项，当时参与该项目的主要机构包括 ICOM 国际藏品信息记录委员会(CIDOC)、联合国教科文组织信息记录中心和 ICOM 国际人员培训委员会(ICTOP)，于 1977 年创建的 ICOFOM 最终也参与了进来。根据"当前博物馆学研究"编制手册是 ICOM 设定的目标之一，ICOM 为此组建了一个"专家"团队。[39]1971 年，应联合国教科文组织的要求，乔治·亨利·里维埃统领了为出版《博物馆学公约》专设的"专家组"，当时的想法是编写一部核心作品，旨在"确定博物馆学作为一门独立学科的原则和方法"[40]，其成果为一本有关博物馆理论和实践术语的出版物。

在这一时期，ICOM 将专业出版物的编写列为优先事项，以促进博物馆从业者的培训。ICOM 对专业培训方面的问题和专业书目中的"空白"做出了回应，[41]这一需求最终由 ICOFOM 承担。ICOM 内部曾多次尝试将特定博物馆功能的方法标准化，例如藏品信息记录、保护和展览，并为博物馆领域定义一套通用词汇，这在若干个联合国教科文组织的实施项目中得到了支持。[42]后来，在 1986 年，《博物馆学公约》项目编制了一本由 ICOM 国际藏品信息记录委员会出版的《博物馆学词典》(Dictionarium Museologicum)和一些藏品信息记录手册，最初打算将其翻译成大约 20 种语言。

将博物馆知识"词典化"(dictionnarisation)标志着规范博物馆学在其早期的发展，当时博物馆学还没有被定义，仅与博物馆实践相关。多年来，"词典化"工作一直是 ICOFOM 内部的某种偏好，催生了一系列理论和若干个专门针对术语和概念定义的项目。法语系学者的作品对这些概念尤为关注，这些关注点主要是实用性的，植根于法国博物馆的传统，但它们需要大量的理论工作，而迄今为止，这方面的工作还很少。

理论博物馆学

尽管 ICOFOM 秉承了 ICOM 的一些核心宗旨，但是委员会仍计划在国际范围内,从最初的博物馆学讨论中汲取不同的声音和要求。然而委员会想要独立按照自身理事会及其成员拟定的条款来讨论博物馆学事务的想法,在一开始并不容易被其上级组织 ICOM 所接受。

在 ICOM 前主席扬·耶里内克的指导下,逐步成立一个公开的、民主的博物馆学论坛是促成 ICOFOM 早期发展的主要力量。他的意图是将捷克斯洛伐克的思想家和博物馆学家引入 ICOM 成员们和馆长们就博物馆学的定义进行的讨论中,追溯其主要理论路线。ICOFOM 于 1977 年在莫斯科召开了第一次大会,并于次年在波兰召开了第二次大会,它对所谓的"铁幕"提出了挑战,以促进来自这个分裂世界不同派别的成员在博物馆学方面的自由交流。

1968 年布拉格之春爆发后,从捷克斯洛伐克流亡国外的维诺·索夫卡决定加入 ICOFOM,他不知道仍生活在"铁幕"另一边的捷克斯洛伐克同事扬·耶里内克会如何看待一位因擅自离开祖国而被判入狱的政治难民的成员身份。1978 年,他和扬·耶里内克在巴黎举行了一次秘密会晤,会晤的目的正如维诺·索夫卡所说,"听到彼此希望合作的话"。[43] 同年,维诺·索夫卡加入瑞典国籍——以"瑞典代表"的身份加入了 ICOFOM,对其而言,ICOFOM 也是一个博物馆学的异质网络。得益于这个文化跨境平台,之后他有幸参与到一场讨论中,与谈人包括来自东欧的具有不同理论和政见的思想家们。

博物馆学之间的桥梁延伸到了"铁幕"之外。维诺·索夫卡在参加完于波兰举行的有约 20 人参与的会议之后,结识了来自不同国家的若干位博物馆学家,如伊琳娜·安东诺瓦(Irina Antonova)、阿夫拉姆·拉兹贡和维利·托夫特·詹森(Villy Toft Jensen)。[44] 在这次活动中,维诺·索夫卡提交了一份关于委员会目标和政策的建议性文件,并呼吁开办用于讨论博物馆学的国际期刊。[45] 维诺·索夫卡在博物馆学方面有着进步的思想,他不断强调"迫切需要根据 ICOFOM 的成果进行博物馆学研究和培训",因此很快成为 ICOFOM 在全世界的最主要的发声者。

1979 年 9 月,维诺·索夫卡代表 ICOFOM 出席了在英国莱斯特举行的 ICOM 国际人员培训委员会会议,他指出"对博物馆工作中理论需求的态度极为不同"。[46] 也许是第一次,他意识到,将博物馆学作为博物馆工作的有用工具来推广并不总是一帆风顺的。但是对博物馆学的抵制,特别是来自博物馆界人士的抵制,很快就会暴露出一场尖锐的权力斗争，这场斗争既关乎理论本身，也关乎地缘政治。索夫卡对这一事件的观点总结如下：

> 乔治·亨利·里维埃恼怒的发言很快传到了我的耳边，他无法理解 ICOFOM 建立了一项研究计划，并且可以在没有联系他的情况下，由我作为编辑创办一份杂志，除此之外他还有其他反对意见。随后，荷兰瑞华德学院（Reinwardt Academy）一位非常激进的院长要求废除 ICOFOM，最好是立即废除，因为他认为 ICOM 国际人员培训委员会可以在处理博物馆学问题的同时，完成其主要任务——人员培训。[47]

尽管有如此出人意料的反应，但是维诺·索夫卡和 ICOFOM 在会议上仍获得了一些重要支持。在会议上他第一次见到日本博物馆学家、教授鹤田总一郎，后者成为他想法的支持者和 ICOFOM 的重要参与者。到会议结束时，局势朝着对维诺·索夫卡有利的方向发展，乔治·亨利·里维埃和其他一些学者已经开始支持保留 ICOFOM。

新成立的委员会承担了为博物馆学建立理论基础的核心任务，为了证明对"科学论证"的攻击是错误的，维诺·索夫卡及其支持者开展了极具挑战性的工作，即证明博物馆学是一门科学。维诺·索夫卡在 1980 年编辑的第一期《博物馆学工作论文集》（*MuWoP*）中直接论述了根据机构需求来组织的多样化实践与一门具有坚实基础的可能科学之间的差异。维利·托夫特·詹森在考虑了 20 世纪 70 年代东欧几位博物馆专业人士的意见后，在本期期刊中得出的结论是"不存在简单的、放之四海而皆准的博物馆学"。[48]早期国际上对统一理论的主张引发了对博物馆的不同看法，最初导致了博物馆学可能超越博物馆实践领域的不确定性的增加。

而正是先前提到的布尔诺博物馆学系的兹比内克·兹比斯拉夫·斯特兰斯基，曾提出了关于博物馆学研究重点的结构性问题，也首次否认博物馆作为博物馆学的科学主题。[49]兹比内克·兹比斯拉夫·斯特兰斯基认为，为特定目的服务的机构不能成为科学研究的对象。[50]他说，如果教育学没有把学校作为其主要研究对象，或者如果医学没有研究医院，就没有理由认为博物馆学是关于博物馆的科学。兹比内克·兹比斯拉夫·斯特兰斯基的观点令人深思，在若干位思想家中引发了一场有趣的博物馆学讨论，他们希望就博物馆学的科学性发表各自的观点——本书在后文各章节对此将有所介绍。

兹比内克·兹比斯拉夫·斯特兰斯基认为，"博物馆现象确实是人与现实之间特定关系的体现"[51]，要研究和正确理解这种关系，需要其他现有科学所不能提供的特定知识。他的提议得到了安娜·格雷戈洛娃（Anna Gregorová）[52]、瓦尔迪萨·卢西奥、伊沃·马罗耶维克和彼得·冯·门施等众多追随者的支持，它与 ICOFOM 在 20 世纪 80 年代和 90 年代的目标一致：从理论的角度定义博物馆学，使其被承认为一门学术学科。

由于兹比内克·兹比斯拉夫·斯特兰斯基使用了其他地区大多数思想家不太了解的概念，他在《博物馆学工作论文集》上发表的第一篇论文以及在课堂上使用的术语受到了很多主要来自英语国家的学者的批评。[53]兹比内克·兹比斯拉夫·斯特兰斯基在布尔诺提出了"博物馆物"（musealia）、"博物馆性"（museality）和"博物馆学"（museistic）等术语，这被乔治·艾里斯·博寇（George Ellis Burcaw）[54]戏称为"布尔诺词典"（lexicon of Brno）[55]，他认为这并没有增进那些不熟悉博物馆学主题的人对这些术语的充分理解。这些术语只有布尔诺教授在用，在"西方"中没有出现，在英语中也没有对等词。[56]兹比内克·兹比斯拉夫·斯特兰斯基被指责编造了博物馆的哲学理论，但事实上，他谈论的是世界各地都注意到的博物馆概念的变化，他和沿袭他思想的理论家们共同构建了博物馆学理论的很大一部分内容。在之后的几十年里，博物馆学理论主要在 ICOFOM 内部传播。

为了实现真正的包容性，委员会采用了民主的会议方法，每年举行一次公开讨论的会议、一次含讲座的专题研讨会。在会议结束后立即出版独立成卷的《ICOFOM 研究丛刊》（*ISS*），在丛刊上刊载研讨会的论文和结论，并将会议纪要分发给各成员。与此同时委员会还每年创办一期科学期刊，即前文提到的《博物馆学工作论文集》。[57]

此外，维诺·索夫卡认识到世界各地对博物馆学的解释可能有所不同，无论是在理论和哲学思考方面还是在博物馆的实际工作方面。ICOFOM 的目标是在博物馆学定义的多样性中找到理论上的统一性。为此，维诺·索夫卡努力确保讨论中的所有观点都得到尊重。他创建了一个灵活的编辑政策，接收所有收到的文章而不附加另外的条款，以建立世界博物馆学不同立场的基准。文章必须在研讨会召开前几周被接收到，以便与会者能够提前阅读，分析者能够进行综合分析。这些举措为从事理论博物馆学发展的人们建立了一个连接良好的跨文化网络。通过 ICOFOM 发起的多次研讨，博物馆学不仅在委员会内部及其最活跃的成员中发展，而且还可以传播到全世界。

1982 年，扬·耶里内克辞任，维诺·索夫卡当选为新一任委员会主席。在他的任期内，ICOFOM 进入了跨越政治边界和消弭理论阻力的大繁荣时期。维诺·索夫卡在那些对博物馆学持有不同观点的学者们之间搭建了崭新的、未曾探索的桥梁。1983 年，在伦敦举行的 ICOFOM 年会中所安排的有关博物馆学的两场研讨会分为两个不同的方向：一场是博物馆学理论研讨会，另一场是生态博物馆学研讨会。那个时期，不仅在法国，而且在世界其他地区也出现了生态博物馆，这给博物馆学提出了全新的问题。而该时期也是许多 ICOFOM 学者提出一些开创性理论问题的时期。在伦敦 ICOFOM 年会研讨会上，学者们就研讨会的两个方向进行了讨论，讨论结果形成了两卷《ICOFOM 研究丛刊》：一卷是《博物馆学方法论和专业培训》，另一卷是《博物馆—地域—社会：新趋势—新实践》。

虽然 ICOFOM 正在通过会议研讨构建其理论研究的主线，但是委员会内部一些重要参与者及其上级主管 ICOM 却仍然提出了一些与研讨主线相背离的概念。20 世纪 70 年代，乔治·亨利·里维埃继续关注基于实地观察生成的实际经验，并尝试在此基础上发展理论概念，他与后来接替他担任 ICOM 秘书长职务的雨果·戴瓦兰一起研究生态博物馆的理论。法国博物馆学正在重新调整，以纳入博物馆的创新形式及其所涉及的新实践。乔治·亨利·里维埃是第一个解决"生态博物馆"定义问题的学者，他认识到这个概念需要一个演变的定义。[58] 由于乔治·亨利·里维埃很少参与会议探讨，他的核心思想在早期并没有及时传播至 ICOFOM，后来由乔治·亨利·里维埃的学生，委员会的活跃参与者安德烈·德瓦雷传入。

20 世纪 80 年代，在 ICOFOM 思想家从哲学和认识论层面上讨论兹比内克·兹比斯拉夫·斯特兰斯基提出的概念性观点的同时，由安德烈·德瓦雷定义和理论化的法国新博物馆学运动也正在成为国际博物馆学思考的一个有益的趋势。兹比内克·兹比斯拉夫·斯特兰斯基和安德烈·德瓦雷的共同之处在于对博物馆学统一理论的设想。不同的是，兹比内克·兹比斯拉夫·斯特兰斯基希望建立一个有理论基础的博物馆学体系，而安德烈·德瓦雷认为，"在 ICOFOM 中，只能存在一种博物馆学,旧博物馆学与新博物馆学是一个整体"。[59]因此,在这一时期,整合不同的博物馆学观点成为 ICOFOM 研究的重点。

20 世纪 80 年代后半期,新的政治氛围有助于 ICOM 在"实际利用博物馆学,特别是在解决部分中欧和东欧国家的严重转型问题"方面开展更深入的国际合作。[60]作为联合国教科文组织参与的项目,国际博物馆学暑期学校(ISSOM)于 1987 年在布尔诺马萨里克大学成立,暑期学校的大多数国际讲师同时也是 ICOFOM 的思想家。可以说,布尔诺的理论博物馆学教学模式[61]受到世界各地博物馆学教学项目的效仿,[62]这有助于将 ICOFOM 内部产生的理论博物馆学整合成体系。

20 世纪 90 年代,ICOFOM 致力于博物馆学学科词汇的编纂。从《博物馆学词典》问世以来,兹比内克·兹比斯拉夫·斯特兰斯基和其他支持他理论观点的东欧成员,一直致力于为博物馆领域创造一套术语。然而,正如兹比内克·兹比斯拉夫·斯特兰斯基所说的,这不是"一套博物馆学体系的详尽阐述,而仅仅是一套相对广泛的分类词汇"。[63]后来,在 1993 年于希腊雅典举行的 ICOFOM 年度研讨会上,一个名为"博物馆学术语"的常设性研究项目被创立,旨在形成一套基本术语和概念系统。该项目促成了创建《博物馆学叙词表》(*Thesaurus Museologicus*)的想法,[64]由法国博物馆学家安德烈·德瓦雷组织完成。

1997 年,该项目的第一批成果分两个部分提交给 ICOFOM 成员:第一部分是由安德烈·德瓦雷组织完成的术语精选,这部分优先考虑博物馆学基本术语和概念的历史;第二部分由兹比内克·兹比斯拉夫·斯特兰斯基组织完成,以百科全书式的字典出版,他称之为"博物馆学百科全书初稿"[65]。安德烈·德瓦雷提出的术语精选被广泛接受,而兹比内克·兹比斯拉夫·斯特兰斯基设想的博物馆学字典初稿却没有得到通过,这种方案被大多数博物馆学家认为是"与当代认识论不相容"[66],尽管如此,整合博物馆学综合理论的愿望,在很大程度上受到了兹比内克·兹比斯拉夫·斯特兰斯基思想的影响,它在随后几年中一直是 ICOFOM 讨论的中心话题。[67]

正如托米斯拉夫·索拉所指出的那样,"……有一件事是肯定的:在未来的某个时候,个人经验和理论概念将合并成一个紧凑的系统……"[68]事实上,这是第一代 ICOFOM 博物馆学家们的愿望,这种愿望体现在持续多年的讨论和理论论文中。然而,对彼得·冯·门施等许多博物馆学家来说,博物馆学作为一门学科的未来在于理论与实践之间的相互关系,[69]换句话说,在于博物馆学家能够对他们所从事职业的实际情况做出理论反思。从这个角度来看,博物馆学将被定位为一门存在于两个专业领域——实践和反思理论——之间的间隙学科,前者不全受到博物馆经验世界的限制,后者不仅使博物馆专业人员(或博物馆学家)在实务上有所建树,而且使他们成为真正的思想者。

反思博物馆学

在 ICOFOM 成立的头 20 年里,博物馆学理论家们期望达成的似乎是一个有些天真的概念,即一门学术学科或社会科学可以通过一套以明确的理论术语组织的单一哲学原则而存在和存续。就在社会科学对其基本原则提出质疑,并面临着科学中没有"真理"这一"真相"的时候,博物馆学家们却在争论一个能够提供即时系统理论的单一真理,以及一套能够自我参照的概念、主题和方法。

在 ICOFOM 思想家试图证明博物馆学的科学地位的整个过程中,与跨学科性的交锋成为讨论的一个重要部分。正如一些科学史学家所指出的那样,自 19 世纪初以来,文学院和理学院之间结构上的分离迫使人们在人文文化和科学文化之间做出选择,这导致法国和德国等不同国家的大学出现学科割裂。[70]而在其他学术模式中,如英国和其他以英语为母语的国家,这样的知识分割并不严重。在这些国家,博物馆学不被视为一门"科学",而被视为面向博物馆的跨学科研究"分支"。

由于现代学术界的学科割裂,博物馆学在不同的学术背景下有不同的阐释。在法国、德国、拉丁美洲和亚洲部分地区,博物馆学被理解为学术体系中的科学,属于人文学科的范畴;而在英国和北美洲,博物馆研究分支与其他跨学科分支(如文化研究)一起发展。

19 世纪现代性中形成的以理性为基础的认识论导致了科学主体的割裂,这种割裂使得各学科分离,各学科之间的关联由此减弱,这被称为"知识病理学"(pathology of knowledge)的过程。[71]西方大学建立在院系领域划分基础之上的知识分化[72]受到了一些敢于从政治角度来看待科学的当代学者的挑战。

乔安娜·奥弗林(Joanna Overing)在讨论最近哲学界对经验主义理性范式下的信仰危机时指出:在科学领域,"单一世界"或"单一理论"的观念正在受到挑战。[73]社会科学学者将目光投向他们自己和他们的行为，揭示了我们对世界的认识，我们通过自己创造的范式来看待这个世界。不同于通常不提出社会问题的哲学家，这些社会科学学者正在追问关于"道德世界"的问题，用乔安娜·奥弗林的话来说，他们的基本职责是理解特定社会世界参与者的意图和目标。[74]与现代西方科学和经验主义者关于真理是非道德的、事实是独立于价值观的主张相反，这些社会科学学者认为事实和真理可以被分析为与不同的社会、道德和政治价值观联系在一起。

对于思辨科学家和反思博物馆学家来说，社会科学的任务是了解参与者对其自身道德世界的认识，并考虑他们对道德世界的衡量标准。西方思想在控制和认识物质世界方面的认知能力构成了博物馆的基础，但不能成为当代博物馆学的基础。人们逐渐意识到，对科学进行思辨反思的可能性在于，理性作为一种限制工具，使科学家的观点凌驾于他人（知识的主体）之上，尤其是凌驾于其自身之上。

在 ICOFOM 成立后的最初几年里，在一个包括来自非欧洲国家的博物馆学家在内的真实网络中进行的合作，使得关于博物馆实践和博物馆学理论各种方法的讨论成为 ICOFOM 反思的一个组成部分。自从 ICOM 首次就欧洲博物馆学的模式提出质疑以来[75]，对"博物馆"这一广义术语下可定义的多元文化体验进行思辨性反思的机会之窗就被打开了。ICOM 和联合国教科文组织于 1972 年主办的智利圣地亚哥圆桌会议具有开创性的意义，一方面，在欧洲博物馆学的方法和概念不断受到挑战的背景下，其他博物馆学得到了一定程度的关注；另一方面，其他博物馆学仍然受到欧洲博物馆学模式的塑造。

博物馆学，作为所谓人文学科中的一个反思领域，已经逐渐向对现实的不同感知和博物馆的多种体验开放。在为这门发展中的学科建立了国际公认的理论基础后，ICOFOM 仍面临着承认其他博物馆学的挑战，尽管这些博物馆学理论不像一些理论家试图捍卫的那样绝对。在 1989 年于海牙举办的 ICOM 大会上，维诺·索夫卡和彼得·冯·门施（当时即将上任的 ICOFOM 主席）响应 ICOM 章程及其对权力下放和区域化的要求，将 ICOFOM 区域小组委员会的组建纳入了三年期计划。由特丽莎·席奈尔和奈莉·德卡罗里斯领导的 ICOM 国际博物馆学委员会拉丁美洲和加勒比地区区域小组委员会（ICOFOM LAM）随即成立，很快欧洲和亚洲的其他委员会也相继成立，如 ICOM 国际博物馆学委员会西伯利亚区域小组委员会（ICOFOM SIB）、ICOM 国际博物馆学委员会亚洲和太平洋区域小组委员会(ICOFOM ASPAC)。

这些区域组织在 ICOFOM 的主持下,将根据不同区域博物馆实践的多样性开展博物馆学的理论思考。ICOM 国际博物馆学委员会拉丁美洲和加勒比地区区域小组委员会创立于 1989 年,1992 年在布宜诺斯艾利斯召开了第一次年会,其最重要的目标是审视 ICOFOM 成员所定义的所谓统一性理论中的多样性。在拉丁美洲进行的讨论表明,使用普遍性和开放性的词汇定义博物馆,会使博物馆学变得越来越复杂。[76]该地区的学者在提出的新问题中对博物馆学的普遍性提出了质疑,并批评了一种"标准化的学科有益于并适用于全世界"的观点。

事实上,ICOM 国际博物馆学委员会拉丁美洲和加勒比地区区域小组委员会促进了葡萄牙语和西班牙语理论著述在该地区的流通。作为 ICOFOM 网络的一个重要组成部分,它允许专业人士——其中大部分不是学者,而是不同层次的博物馆工作者——对欧洲学者的理论提议给出自己的解释。如果说,一方面,兹比内克·兹比斯拉夫·斯特兰斯基关于博物馆学作为一门科学的地位的论断已被一些思想家——如特丽莎·席奈尔、奈莉·德卡罗里斯和诺玛·鲁斯科尼——接受并进一步发展;那么,另一方面,与各种实践相关的特定博物馆经验将促成实验博物馆学成为不断发展的理论思想的基础。

区域小组委员会内进行的博物馆学交流,促使 ICOFOM 将"博物馆实验"视为理论创新的唯一途径。[77]从这个意义上来说,博物馆学的理论是对未来博物馆的反思,而当前博物馆经验的多样性也为未来博物馆学的发展提供了新的理论支持。因此,ICOFOM 在 ICOM 范围内的基本职责是阐述一个不断发展的博物馆学理论。这意味着,正如马蒂尔德·贝莱格所说,"这必须要有助于平衡学者、博物馆工作者和田野(地域)工作者之间的参与度"[78]。为了使这种协作取得成功,重点应放在发展博物馆学的通用方法上,既涉及理论问题,也涉及实践问题。

博物馆学在世界各地发展的最初那些年里,"博物馆"的思想家们并没有与他们设定的研究对象分离,这种情况贯穿在 20 世纪的大部分时间里。博物馆专业人员才是"博物馆学"的定义者。科学家与他们的研究对象之间的主客分离——通常是通过特定的方法构建的——在博物馆学中还没有完全实现,也许直到今天仍未完成。

然而,即使是在今天,作为一门特定的学术学科,博物馆学仍然渴望被承认为一门社会科学,它是有别于博物馆理论或博物馆研究的。为了实现这一目标,科学家和他们的研究对象之间必须保持一定的距离。在过去40年中产生的博物馆学理论既不是单纯的博物馆实践的产物,也不仅仅是从东欧传播来的一些哲学想法,实际上部分来自这些思想家在不同语境中对不同的博物馆实践所形成的特定思考。

从方法论上讲,如果我们要研究和理解博物馆学的实践和经验,博物馆学的科学家和研究人员就必须研究博物馆及其机构。然而,当某个人既充当科学家又充当博物馆从业者时,科学距离将取决于他或她自己在博物馆实践中的反思练习。在科学的形成过程中,这种反思可能是一个基本过程,包括自我认识和范式修正。

今天,可以肯定的是,我们已经从博物馆实践的规范领域转向博物馆学的反思领域,以致力于对现有实践的批判研究。因此,我们能够提出理论问题,以引发真正的社会变革。在这些问题中,我们感兴趣的不再是事实和事实本身,而是问题本身、一些议题和焦点问题。[79] 在这门新生的"科学"中,科学家的作用是重要的,同时没有一个科学领域能脱离政治。

因此,反思博物馆学可以被视为博物馆学的永久意识。不可否认,它起步于兹比内克·兹比斯拉夫·斯特兰斯基的元博物馆学。但是,当我们学科的这位核心思想家在运用西方人与现实关系的概念时,并没有提到一些主要的社会问题。也因此,当代博物馆学家会意识到,这门在20世纪末通过地缘政治对知识的占有而形成的学科,是通过提出问题而不是通过对答案的严格定义而形成的。

博物馆学和博物馆:搭建桥梁

正如本文所说,博物馆学作为一个具有特定理论方法的知识领域,诞生于一个基本问题或挑战,即构建一门统一的"科学",其方法和理论可以同时服务于对各种博物馆经验的研究。20世纪80年代初,ICOFOM首次提出了这个基本问题,它既是理论上的也是方法论上的。但是这个基本问题并未像构建博物馆学相关领域的"理论家们"最初设想的那样,用一个完整统一的博物馆学概念体系来解决。

处于理论标准化和实践多样性之间的博物馆学早年在方法论上走进了死胡同。为了避免自身的式微,它必须调整定位,成为一个研究领域,而不是一门科学,也不是建立一套严格的理论体系。博物馆学或"博物馆领域的元理论"[80]被重新定义为对这种难以定义的"博物馆现象"相关理论和实践的基本问题进行的反思。[81]在这个转变的过程中,ICOFOM 的角色由博物馆学中心论坛或平台逐渐转变为博物馆学实验室,在这里可以通过研究来检验理论和实践。

有必要指出,这个实验室是由真实的人群组成的;它存在于世界上的一些特定地方,在各地都可以观察到博物馆学的影响。我们已经证明,过去在博物馆学理论家头脑中产生的东西,实际上是众多学术机构和国际组织集体思考的结果——比如 ICOFOM 就是其中之一,它在这一学科的发展中起着关键作用。

维诺·索夫卡出版的首批介绍博物馆学多重理论的书引发了世界各地理论家广泛而又深入的讨论,这些讨论增进了博物馆学知识。最初于研讨会中提出的那些问题引起了有益的和公开的讨论,引发了新的问题,并确认了一些方法论上的解决方案是必要的。如果说在 20 世纪 80年代初,博物馆学理论总结的首次尝试是基于单一的博物馆定义,那么后来一些博物馆学家[82]为这门科学学科找到了一个更现实的解决方案,答案就是研究。毋庸置疑,如果没有大量的经验和理论研究,任何哲学体系及其主题都不会被归类为科学。

由于博物馆学研究存在方法论中的根本性挑战,博物馆学不再仅仅存在于博物馆中,以及为博物馆而产生。在此前,基于跨学科研究的知识库仍在 ICOFOM 内部、学术界、在线学术期刊、博客、社交媒体和其他几种跨文化连接工具中构建,这些构成了我们今天所理解的"科学"。然而,博物馆学的命运必须取决于它的经验性特征(正如一般关于人文学科的争论),需要证明它的内在价值、它对社会的用途和它的目的。

毫无疑问,正是建立了不同的联系和桥梁,博物馆学在 ICOFOM 历史中的某处诞生了,这个与博物馆世界有关的学科被赋予了全新的意义。首先,人们认为即使没有博物馆也可能有博物馆学。[83]ICOFOM在质疑博物馆学地位时,事实上将相关讨论从博物馆实践提升到博物馆学关注范围内的其他领域,如文化遗产,或博物馆性(museality)和博物馆化(musealisation)等广义概念。

由此,ICOFOM 成为一个主要的学术交流平台,不同背景的学者受邀参与讨论,正如人类学家布鲁诺·拉图尔(Bruno Latour)所提议的那样,一起思考,远离孤岛。笛卡儿"思考的主体"(*cogito*)现在被认为是一种"思考的共同体"(*cogitamus*),[84]从这个意义上说,我们是为了生产和实践某种共同的想法而被组织起来的。回顾古代非洲传统，人文学科的这个新概念可以被翻译成所谓的乌班图（Ubuntu）[85]哲学原则"我在因我们同在"（I am because we are）——这证明了世上没有任何知识是孤立思维的产物。

思想脱离不了思想家，思想家脱离不了情境，这是本书的基本观念。让博物馆学的思想家"就位"，重现他们的多重联系、影响和世界政治（cosmopolitics）是我们的主要目标，追求一种科学的（基于研究）也是社会的和政治的博物馆学概念。因此，本书对博物馆学家的选择基于多样性标准（既包括地缘政治背景，也包括博物馆学思想），且兼顾他们在早期架构博物馆学网络中的地位和关联。书中所呈现的博物馆学研究成果主要依据 ICOFOM 和 ICOFOM 出版物，出版物主要包括《博物馆学工作论文集》（1980 年至 1981 年）和《ICOFOM 研究丛刊》（1983 年至 2018 年），但并不限于此。书中所介绍的博物馆学家的顺序基于他们作品发表时间的先后，但也考虑了他们所生产的博物馆学知识中被采纳的观点的互相影响和融合。

本书的编者们旨在对这些年来博物馆学家们的一些观点做概略性介绍，这些博物馆学家帮助博物馆学发展成为一门有潜力的反思学科。我们的目的是让具有不同博物馆学背景的读者能够一瞥过去几十年以来对博物馆学的多种解读，然后就这门学科的未来走向得出自己的结论。

博物馆学在其历史上不可避免地与博物馆机构的技术性相联系：博物馆学是在特定的博物馆内发展起来的，博物馆是大多数思想家曾经工作的地方，博物馆被用作博物馆学思想的研究中心和实验室。换言之，在博物馆学发展的任何阶段，它都不能完全脱离博物馆或博物馆实践的具体背景。

由于这门学科最初是由一些博物馆专业人士所构想，因此它势必保留了他们的一些原则。过去，博物馆学理论主要关注其核心主题的定义——"博物馆"就是其中之一——以解释 20 世纪最后几十年这一模糊的知识分支所呈现的各种经验问题。为了认识到"博物馆"这一概念本身是用来解释多重经验，理论家将其称为与"博物馆学"（museology）、"博物馆实务"（museography）、"博物馆理论"（theory of museum）和"博物馆学"（museistic）[86]等术语相关的"现象"，因此，反思的转向是必需的。我们今天所了解的博物馆，很明显是一种方法的假象，被解释为证明一种专业和一门学科的存在,即博物馆学。那么博物馆学究竟研究什么呢?

今天,我们之所以能从博物馆学的角度见证博物馆的创新方法,只是因为一些思想家不再依附于他们的研究对象。自 20 世纪最后几十年以来,博物馆学在学术界获得发展,它脱离了博物馆,不得不在现代大学的框架内被重塑为一门新的学科。博物馆学从方法论角度对博物馆的各个方面进行审视。在最近的一些研究中,博物馆仅仅是作为博物馆化的工具,被理解为一个社会过程,并在考虑到其文化和政治影响的情况下对其进行批判性分析。一些当代学者基于对过去的反思,旨在通过遗产挪用来解构保留意义的制度形式。博物馆学的基本问题是最近一些学者研究的焦点,他们以实地调查为基础,其研究有助于解答本书提出的许多问题。学者们这样做的唯一原因,是想同时处理实际问题和理论思考。

在目前的工作中,我们认为博物馆学的研究就是博物馆学——无论是聚焦于博物馆还是作为元理论主体的学科本身。因此,我们开始通过对博物馆以外的媒介进行反思调查,对这门学科进行具体的实证研究,既有理论性又有实践性,涉及了我们所有人:博物馆学家、博物馆工作者、学者、遗产专家、文化遗产保护员(conservators)、博物馆典藏研究员(museum curators)、博物馆馆长及其工作人员、这本书的编者们……

用经验的术语来定义一个超越经验的术语是一个挑战,博物馆和博物馆学就是这样的一个例子。寻找构建博物馆学大厦的基石将是头脑敏锐的博物馆学家的工作,他们在研究主题中扮演着批判科学家的角色。在这种意义上,一旦 ICOFOM 作为世界上与博物馆学家最相关的机构之一被研究时,它就可以被视为博物馆学的一座反思实验室。这是思辨和反思博物馆学的方法和目的。从这个意义上说,这本出版物既是对那些为发展博物馆学关键讨论做出贡献的学者的致敬,也是对他们工作的反思。

注释

[1]在本书中,"Museology"以大写字母开头,表示学术或学科领域的知识,这一区分经常出现在伊沃·马罗耶维克、特丽莎·席奈尔和瓦尔迪萨·卢西奥等学人的作品中。

[2]ICOFOM 于 1977 年在莫斯科举办的 ICOM 第 12 届大会上举行了其第

一次组织会议。

[3]Sofka，V.（1995）. My adventurous life with ICOFOM，museology，museologists and anti-museologists，giving special reference to ICOFOM Study Series. *ICOFOM Study Series*，Reprint of Volumes 1-20 in 7 books. Hyderabad，ICOFOM，Book 1，p. 12.

[4]ICOM－International Council of Museums.（1948）. Brief history of the organization of the International Council of Museums. *ICOM News*，ICOM / UNESCO，Paris，p. 1.

[5]Riviére，G. H.（1960）. Stage régional d'études de l'UNESCO sur le rôle éducatif des musées，Rio de Janeiro，7-30 septembre 1958. Paris：UNESCO Publishing.

[6]乔治·亨利·里维埃提出的概念对巴西博物馆学和里约热内卢学派影响深远,参见 Brulon-Soares，B.；de Carvalho，L. M.；Cruz，H. de V.（2016）. UNIRIO：A Model of Evolving Museology Teaching in Brazil. *Museum International*，269-270，29-41.

[7]Jelínek，J. In Z. Z. Stránský（1974）. Brno：Education in Museology. *Museological Papers V*，Supplementum 2，10.

[8]参见 Mairesse and Desvallées，in the *Dictionnaire Encyclopédique de Muséologie*（2011），捷克斯洛伐克博物馆学家吉瑞·内乌斯图普尼自 1950 年以来已经发表了若干作品,他对杰弗里·刘易斯（Geoffrey Lewis）等博物馆学家影响重大,其中杰弗里·刘易斯当时是英国莱斯特大学博物馆研究课程的主任。参见 Neustupný，Jiří. *Museum and science*，Praha，1968.译者注:吉瑞·内乌斯图普尼(1905—1981),捷克斯洛伐克博物馆学家,他认为博物馆学可区分为一般博物馆学、应用博物馆学和专门博物馆学(special museology)。

[9]ICOM － International Council of Museums.（1977）. *Nouvelles de l'ICOM*. Bulletin trimestriel du Conseil International des Musées，30（1），Paris，UNESCO－ICOM，p. 28.

[10]Sofka，V.（1978）. Research in and on the museum. In：*Possibilities and limits in scientific research typical for the museums*，International committee for museology，Poland，p. 65.

[11]同上。

[12]Sofka，V.（1995）. My adventurous life with ICOFOM，museology，museologists and anti-museologists，giving special reference to ICOFOM Study Series. *ICOFOM Study Series*，Reprint of Volumes 1-20 in 7 books. Hyderabad，ICOFOM，Book 1，1-25.

〔13〕正如彼得·冯·门施于 1992 年所指出的那样。参见 chapter 2 in P. J. A. van Mensch（1992）. *Towards a Methodology of Museology*（PhD thesis），University of Zagreb，last accessed 27 July 2007. 引自 http://www. muuseum. ee/en/erialane_areng/museoloogiaalane_ki/p_van_mensch_towar/mensch04.

〔14〕Mairesse，F. & Desvallées，A.（2011）. Muséologie. In A. Desvallées & F. Mairesse（Dirs.），*Dictionnaire encyclopédique de muséologie*（pp. 345-383）. Paris：Armand Colin. p. 347.

〔15〕同上。

〔16〕Aquilina，J. D.（2011）. The Babelian Tale of Museology and Museography：A history in words. *Museology：International Scientific Eletronic Journal*，6，p. 4.

〔17〕Mairesse，F. & Desvallées，A.（2011）. Muséologie. In A. Desvallées & F. Mairesse（Dirs.），*Dictionnaire encyclopédique de muséologie*（pp. 345-383）. Paris：Armand Colin. p. 345-346.

〔18〕译者注:日本学者桑木野浩二（Koji Kuwakino）曾撰写论文对其详细分析。

〔19〕Tsuruta，S.（1980）. 〔On the topic Museology－Science or just practical museum work?〕. *Museological Working Papers－MuWoP*，Museology－science or just practical museum work?，1. p. 47.

〔20〕Maroević，I.（1998）. *Introduction to Museology－The European Approach*. Munich，Germany：Verlag Dr. Christian Muller-Straten. p. 77.

〔21〕Van Mensch，P. J. A. & Meijer-van Mensch，L.（2010）. From Disciplinary Control to Co-Creation－Collecting and the Development of Museums as Praxis in the Nineteenth and Twentieth Century. In S. Petterson，et al.（Eds.），*Encouraging Collections Mobility－A Way Forward for Museums in Europe*（pp. 33-53）. Finnish National Gallery，Helsinki. p. 42.

〔22〕Mairesse，F. & Desvallées，A.（2011）. Muséologie. In A. Desvallées & F. Mairesse（Dirs.），*Dictionnaire encyclopédique de muséologie*（pp. 345-383）. Paris：Armand Colin. p. 348.

〔23〕关于该课程和巴西博物馆学的简要历史,参见 Brulon Soares，B.；de Carvalho，L. M.；Cruz，H. de V.（2015）. Confluences and trends of Brazilian museology：The specificity of a theoretical and practical field. *ICOFOM Study Series*，43，218-228.

〔24〕1919 年根据《凡尔赛条约》创建。

〔25〕评介刊物《博物馆》由国际博物馆办公室于 1927 年至 1946 年（总共发

行 15 年，战争时期停刊）发行。

[26]Mairesse，F. & Desvallées，A. (2011). Muséologie. In A. Desvallées & F. Mairesse（Dirs.），*Dictionnaire encyclopédique de muséologie*（pp. 345-383）. Paris：Armand Colin. p. 352.译者注：根据《博物馆学词典》（*Dictionary of Museology*）的定义，"典藏研究员"（curator）是物件（object）的专家，从事的是博物馆的基本业务；"文化遗产保护员"（conservateur）是负责保护文化遗产并使其代代相传的专业人员。

[27]译者注：约翰·考顿·达纳，美国图书馆学家、纽瓦克博物馆缔造者、博物馆先驱者。收录于《博物馆大师：他们的博物馆和他们的影响》（*Museum Masters：Their Museums and Their Influence*）一书。

[28]当前的美国博物馆联盟。

[29]Teather，L. J. (1991). Museum Studies. Reflecting on reflective practice. *Museum Management and Curatorship*，n.10，p. 403.

[30]琳恩·蒂瑟指出，在北美的语境下，博物馆学作为一门专业和学术学科，显然越来越被边缘化了。同上，p. 404.

[31] Aquilina，J. D. (2011). The Babelian Tale of Museology and Museography：A history in words. *Museology：International Scientific Eletronic Journal*，6，pp. 14-15.

[32]同上。

[33]*Muséographie：architecture et aménagement des musées d'art*. (1935). [Paris]：Société des Nations，Office International des Musées，Institut International de Coopération Intellectuelle.

[34]ICOM—International Council of Museums. (1948). Brief history of the organization of the International Council of Museums. *ICOM News*，UNESCO—ICOM，Paris，p. 1.

[35]参见 ICOM—International Council of Museums. (1948). *ICOM News*. Bulletin d'information du Conseil international des musées. Édition française，UNESCO—ICOM，Paris，pp. 1-12.

[36]Chatelain，J. (1965). La formation du personnel des musées. In Papers from the 7th General Conference of the International Council of Museums. ICOM，The Metropolitan Museum of Art，New York. p. 1.

[37]Mairesse，F. (1998). L'album de famille. *Museum international*，n. 197，vol. 50，Paris，UNESCO，pp. 25-30.

[38]ICOM—International Council of Museums. (1970). *ICOM News / Nouvelles de l'ICOM*. Bulletin trimestriel du Conseil International des Musées，

23（1），Paris，UNESCO—ICOM，p. 63.

［39］同上，p. 60.

［40］ICOM—International Council of Museums.（1971）. Réunion d'un groupe d'experts pour la préparation d'un traité de muséologie. *ICOM News / Nouvelles de l'ICOM*. Bulletin trimestriel du Conseil International des Musées，24（4），Paris，UNESCO—ICOM，p. 20.

［41］ICOM—International Council of Museums.（1977）. *ICOM News / Nouvelles de l'ICOM*. Bulletin trimestriel du Conseil International des Musées，30（1），Paris，UNESCO—ICOM，p. 25.

［42］同上.

［43］Sofka，V.（1995）. My adventurous life with ICOFOM，museology，museologists and anti-museologists，giving special reference to ICOFOM Study Series. *ICOFOM Study Series*，Reprint of Volumes 1-20 in 7 books. Hyderabad，ICOFOM，Book 1，p. 13.

［44］同上，p. 14.

［45］Jensen，V. T. & Sofka，V.（1983）. ICOFOM Policy 1983. Critical analysis of ICOFOM activities with conclusions and proposals for future work. *Museological News*，4，pp. 3-46.

［46］Sofka，V.（1995）. My adventurous life with ICOFOM，museology，museologists and anti-museologists，giving special reference to ICOFOM Study Series. *ICOFOM Study Series*，Reprint of Volumes 1-20 in 7 books. Hyderabad，ICOFOM，Book 1，p. 16.

［47］同上，pp. 16-17.

［48］维利·托夫特·詹森汇总了于 1975 年在欧洲一些博物馆专业人士中进行的博物馆学调查的结果，并在 1980 年的《博物馆学工作论文集》中进行了介绍。Jensen，V. T.（1981）. Museological points of view—Europe 1975. *Museological Working Papers—MuWoP*. Interdisciplinarity in Museology，2，p. 9.

［49］Stránský，Z. Z.（1965）. Predmet muzeologie. In Z. Z. Stransky（Ed.），*Sborník materiálu prvého muzeologického symposia*（pp. 30-33）. Brno：Moravian museum.

［50］同上，p. 33.

［51］Stránský，Z. Z.（1995）. *Introduction à l'étude de la muséologie. Destinée aux étudiants de l'École Internationale d'Été de Muséologie—EIEM*. Brno：Université Masaryk.

[52]译者注:安娜·格雷戈洛娃,捷克博物馆学家,她认为"博物馆学是一门研究人与现实之间特定关系的科学,它包括有目的、有系统地收集和保护选定的、记录自然和社会发展的物件,这些物件主要是三维的,包括无生命的、物质的和可移动的,需要将它们充分用于科学、文化和教育"。

[53]Burcaw, G. E. (1981). Comments on MuWoP n. 1. *Museological Working Papers—MuWoP*, Interdisciplinarity in Museology, v. 2, pp. 83-85.

[54]译者注:乔治·艾里斯·博寇(1921—2017),美国博物馆馆长、大学教授,出版著作《博物馆这一行》(*Introduction to Museum Work*)。

[55]同上,p. 83.

[56]Cerávolo, Suely Moraes. (2004). *Da palavra ao termo—um caminho para compreender a museologia*. [From word to terma path to understand museology.] São Paulo:Universidade de São Paulo, Escola de Comunicação e Artes, 2004. PhD thesis. p. 125.

[57]1980年出版的首卷在铁幕两端的欧洲广泛传播,因其反响良好进而在次年组织了第二卷的编辑。编辑委员会为第二卷《博物馆学工作论文集》收录了20篇新文章。第三卷当时也在计划中,打算讨论"博物馆学的对象/主体"这一主题。然而,由于缺乏财政资源,第三卷未能组织起来。Sofka, V. (May 1981). A message from Dr. Sofka. *Museological News*, *Semi-Annual Bulletin of the International Committee of ICOM for Museology*, 1.译者注:《博物馆学工作论文集》和《ICOFOM研究丛刊》过往期目电子版可在ICOFOM网站上阅览。

[58]Rivière, G. H. (1985). Définition évolutive de l'écomusée. *Museum*, Images de l'écomusée, Paris, UNESCO, XXXVII, 148, pp. 182-183.

[59]Desvallées, A. (septembre 1985). Muséologie nouvelle 1985. *Nouvelles muséologiques*. Bulletin semestriel du comité international de l'ICOM pour la muséologie, Stockholm, 8, p. 69.

[60]Sofka, V. (1995). My adventurous life with ICOFOM, museology, museologists and anti-museologists, giving special reference to ICOFOM Study Series. *ICOFOM Study Series*, Reprint of Volumes 1-20 in 7 books. Hyderabad, ICOFOM, Book 1, p. 11.

[61]后来,在1994年,联合国教科文组织总干事和马萨里克大学校长决定在捷克共和国的布尔诺建立联合国教科文组织博物馆学和世界遗产教席,作为世界上第一个具有这种特定方向的教席,这标志着该组织对东欧博物馆学的认可。Nash, S. (2015). The UNESCO Chair of Museology and World Heritage. *Museologica Brunensia*, 4 (2), pp. 72-73.

[62]参见以下文献,the case of Saint Petersburg State Institute of Culture,

in M. Gubarenko (2016). The influence of Z. Z. Stránský's ideas on the formation of the scientific school of the Department of Museology and cultural heritage of Saint Petersburg State Institute of Culture. *Museologica Brunensia*, 5 (2), pp. 82-84; and the case of UNIRIO, in B. Brulon-Soares; L. M. de Carvalho & H. de V. Cruz (2016). UNIRIO: A Model of Evolving Museology Teaching in Brazil. *Museum International*, 269-270, pp. 29-41.

［63］Stránský, Z. Z. (September 1985). Working Group on Terminology. *Museological News*, *Semi-Annual Bulletin of the International Committee of ICOM for Museology*, 8, p. 29.

[64]这个项目促成了世界上其他致力于定义博物馆学术语和概念的类似项目,例如由奈莉·德卡罗里斯协调的一个在阿根廷的项目,以及由特丽莎·席奈尔和戴安娜·F.C.利马协调的一个在巴西的项目,这些项目在 21 世纪的头几年实施,遵循安德烈·德瓦雷的领导和方法。

[65]Stránský (1998) In T. C. M. Scheiner. (2008). Termos e conceitos da museologia: contribuições para o desenvolvimento da Museologia como campo disciplinar. [Terms and concepts of muscology: contributions to the development of Museology as a disciplinary field]. *Mast Colloquia*, 10, p. 213.

[66]Scheiner, T. C. M. (2008). Termos e conceitos da museologia: contribuições para o desenvolvimento da Museologia como campo disciplinar. [Terms and concepts of museology: contributions to the development of Museology as a disciplinary field]. *Mast Colloquia*, 10, p. 213.

[67]由安德烈·德瓦雷和弗朗索瓦·梅黑斯指导的《博物馆学百科全书》于 2011 年出版,是这一事实的证明,它是以前所有辩论的产物,显示了斯特兰斯基的思想和术语的巨大影响。参见以下文献, the chapter 'Objet [de musée] ou muséalie,' in A. Desvallées & M. François. (2011). (Dirs.), *Dictionnaire encyclopédique de muséologie* (pp. 385-419). Paris: Armand Colin.

[68]Šola, T. (1984). Prilog mugucoj definicijimuzeologije, *Informatica Muzeologica* [Informática Museológica], 67-69 (3-4), pp. 35-36.

[69]Van Mensch, P. J. A. (2000). Museology as a profession. *ICOFOM Study Series*, 8, p. 20-21.

[70]Minayo, M. C. de S. (1994). Interdisciplinaridade: funcionalidade ou utopia? [Interdisciplinarity: functionality or utopia?] *Revista Saúde Soc.*, 3 (2), pp. 42-63.

[71]Japiassu, Hilton. (1976). *Interdisciplinaridade e patologia do saber*.

[Interdisciplinarity and pathology of knowledge]. Rio de Janeiro：Imago.

［72］Morin，E.（1977）. La methode，tome 1：La nature de la nature. Paris：Seuil.

［73］乔安娜·奥弗林举例指出，库恩（1964 年）和费耶阿本德（1975 年，1978 年）都有力地反对西方科学对一个统一客观世界的信念，不受科学家自己认识论活动的影响。Overing，J.（1985）. Preface & Introduction. In J. Overing （Ed.），*Reason and Morality*. London：Tavistock（A.S.A. Monographs 24）. p. 2.

［74］同上，p. 4.

［75］Adotevi，S. S.（1971）. Le musée dans les systèmes éducatifs et culturels contemporains. In *Actes de la neuvième Conférence Générale de l'ICOM / The Papers from the Ninth General Conference of ICOM*. *Le musée au service des hommes aujourd'hui et demain*. *Le rôle éducatif et culturel des musées* ［The museum in the service of man today and tomorrow. The museum's educational and cultural role］（pp. 19-30）. Paris：ICOM.

［76］Rusconi，N.（2006）. Un análisis integral de la evolución del ICOFOM LAM. In N. Decarolis（Org.），（2006）. *El pensamiento latinoamericano*. *Los documentos del ICOFOM LAM*.（pp. 10-15）. Córdoba：ICOFOM LAM，Subcomité Regional del ICOFOM para América Latina y el Caribe. p. 14.

［77］Bellaigue，M.（1987）. Quelle muséologie pour un « musée total »? *ICOFOM Study Series*，12，p. 56.

［78］Bellaigue，M.（14 December，2015）. Survey on the history of ICOFOM(B. Brulon，Interviewer).

［79］参见 Latour，B.（2011）. *Cogitamus*. *Six lettres sur les humanités scientifiques*. Paris：La Découverte.

［80］Stránský，Z. Z.（1995）. *Introduction à l'étude de la muséologie*. *Destinée aux étudiants de l'École Internationale d'Été de Muséologie—EIEM*. Brno：Université Masaryk.

［81］Scheiner，T.C. M.（1999）. The ontological bases of the museum and of museology. *ICOFOM Study Series*，31，pp. 127-173.

［82］Van Mensch，P. J. A.（1992）. *Towards a Methodology of Museology*. *PhD thesis*［online］. Zágreb：University of Zágreb. 引自：http:// www. muuseum. ee/en/erialane_areng/museoloogiaa—lane_ki /p_van_mensch _ towar/mensch04；Teather，L.（1983）. Some brief notes on the methodological problems of museological research. *ICOFOM Study Series*，5，pp. 1-9.

[83]Scheiner，T. C. M. （2005）. Museologia e Pesquisa：perspectivas na atualidade. ［Museology and research：current perspectives］. *MAST Colloquia*，7，p. 100.

[84]参见 Latour，B. （2011）. *Cogitamus. Six lettres sur les humanités scientifiques*. Paris：La Découverte.

[85]乌班图是恩古尼班图（Nguni Bantu）语,意思是"仁慈"。它通常被翻译为"我在因我们同在",也被翻译为"对他人仁慈"。

[86]Stránský，Z. Z. （1980）. ［On the topic Museology—science or just museum work?］. *Museological Working Papers—MuWoP*，1，p. 43.

扬·耶里内克

扬·多拉克

扬·耶里内克(Jan Jelínek)，1926 年 2 月 6 日生于布尔诺，2004 年 10 月 3 日逝于布尔诺。他是捷克斯洛伐克博物馆学家、人类学家。他于 1971 年至 1977 年担任 ICOM 主席，并于 1977 年成为 ICOFOM 第一届主席。自 1958 年起，他开始领导布尔诺的摩拉维亚博物馆，1963 年，他在马萨里克大学(Masaryk University)创办了该地区首批博物馆学培训项目之一。[1]他以在布尔诺人类馆举办的创新性博物馆展览而闻名。

传　记

扬·耶里内克于 1926 年 2 月 6 日出生于捷克斯洛伐克的布尔诺。他在马萨里克大学学习，师从卡雷尔·阿博斯隆(Karel Absolon)和瓦泰·苏克(Vojtech Suk)，完成学业后于 1947 年供职于布尔诺的摩拉维亚博物馆，担任研究员。1958 年，他晋升为馆长，并立即对该博物馆进行重组，聘请了具有专长的年轻学者，如研究史前考古学的卡雷尔·瓦洛赫(Karel Valoch)，以及研究动物考古学的鲁道夫·穆西尔(Rudolf Musil)。与这些专业人士和学者一起，耶里内克在摩拉维亚旧石器时代重要遗址开展了跨学科的史前研究。在博物馆工作期间，他撰写了 200 多篇期刊论文，并出版了一系列书籍。他的研究主题涉猎广泛，包括新几内亚艺术、尼安德特人和博物馆学等。

1962 年，耶里内克重新创办了科学杂志《人类学》(Anthropologie)，该刊最初由布拉格查理大学的金德里奇·马蒂埃卡（Jindrich Matiegka）于 1923 年创办，在马蒂埃卡去世后，于 1941 年停刊。耶里内克还重新出版了 20 卷《人类》（*Anthropos*）系列专著，其中包括 1982 年欧洲人类学协会第二届会议论文集。1986 年，《人类》出版了一本特辑，以纪念他的 60 岁诞辰。

与摩拉维亚博物馆的传统做法一致，耶里内克强调跨学科的重要性，并在马萨里克大学开设了许多不同的课程。

1962 年，他提议在扬·埃万盖利斯塔·普尔基涅大学（Jan Evangelista Purkyně University）设立对外博物馆学系，目的是在该地区建立第一套博物馆学课程。该课程由耶里内克指定的博物馆学专家兹比内克·兹比斯拉夫·斯特兰斯基负责协调，他同样来自摩拉维亚博物馆。

耶里内克是世界各地（如澳大利亚、几内亚、阿尔及利亚、利比亚、西伯利亚和伊朗）许多研究项目的负责人。他在博物馆设计方面的创新能力和技巧在布尔诺的人类馆中得以体现。人类馆于 1962 年开放，是一个专注于人类起源和进化的现代展览空间。耶里内克认为，人类学展览涉及的主题性质很复杂，因为它是一项基于科学和研究工作的博物馆实践。[2]

耶里内克于 1962 年成为 ICOM 捷克斯洛伐克国家委员会的一名成员；他积极参与这个国际组织的工作，在各个委员会任职，并于 1971 年成为 ICOM 主席，并一直担任这一职务至 1977 年。[3] 秉持着对全世界范围博物馆学发展的兴趣，耶里内克于 1977 年成立了 ICOFOM，并担任了两届主席，直到 1983 年。

1989 年，东欧剧变后，博物馆和美术馆的工作人员立即表示有兴趣成为"新"自由 ICOM 成员。[4] 1989 年之前只有少数人（不超过 30 人）可以成为 ICOM 捷克斯洛伐克国家委员会成员，在那之后相关人员终于可以不受任何限制地注册了。这是耶里内克所热切期盼的，他终其一生都在为提高协会成员的参与度而努力。在生命的最后阶段，他仍然坚守在摩拉维亚博物馆担任科学顾问一职。

耶里内克于 2004 年 10 月 3 日在布尔诺去世，享年 78 岁。

博物馆学观点

布尔诺与理论博物馆学计划

扬·耶里内克具有远见卓识，他认为博物馆学是一门有前途的科学和一项专业的活动。他的目标是将博物馆学打造成一门科学学科，使其在大学中占有一席之地：

> 通过这样一种方式，可以对博物馆学的历史、方法、需求和未来发展进行研究，了解所有的理论背景、知晓与其他学科的关联、发表研究成果、培养专业所需的新生力量，这样就可以将博物馆学确立为一门科学学科。[5]

因此，他认识到对博物馆专家进行理论和实践双重教育的迫切需要。他的兴趣和想法得到了博物馆学家斯特兰斯基的认同，他们于1963年底，在博物馆建立了一个对外博物馆学系，这是世界上最早的博物馆学系之一。从1962年开始，耶里内克就在布尔诺摩拉维亚博物馆和扬·埃万盖利斯塔·普尔基涅大学着手发展开创性的博物馆学系，他任命斯特兰斯基为该系的系主任，二人一起在博物馆建立了第一所专门研究博物馆学理论的博物馆学教学学校。

在对博物馆专业人员进行专门培训的初期阶段，很显然，扬·埃万盖利斯塔·普尔基涅大学没有足够的财力，甚至没有合适的人员，来确保其持续运作。因此，新学院的博物馆学教学依赖摩拉维亚博物馆的工作人员和其他博物馆的同事。[6]这些博物馆工作者所面临的挑战是创造和捍卫博物馆学的理论概念，以及在大学教育框架内证明这门学科存在的结构化思想体系。[7]同时，博物馆学应以理论为基础，其培训能为博物馆工作带来实用的效果。因此，根据学院院长的说法，1974年，这一学科的毕业生应：

> 能力全面——这主要体现在他们的毕业论文上，不仅具备完善的理论知识，而且还能努力创造一种新的、真正进步的博物馆工作形式，充分意识到博物馆在社会中的重要性和特殊作用，因此能够在博物馆运营性质的转型中，开展真正根本的、开创性的工作。[8]

耶里内克说，理想的转变是让博物馆成为这些专业人士的工作场所,但更进一步,对所有博物馆工作人员而言,"让博物馆工作成为真正的专业"。[9] 在他看来,专业并不是由一个人是否受雇于博物馆来定义的,而是主要看他/她是否掌握了特定的知识。从这个意义上讲,在 20 世纪 60 年代初,博物馆工作人员经常提出的问题是:"博物馆工作人员们,尤其是初入行者,应该从哪里学习这样的专业知识?"

耶里内克和斯特兰斯基在博物馆学上运用的科学方法虽然非常相似,但不尽相同。两人都认为记录近代历史是博物馆的重要任务之一。尽管耶里内克是捷克斯洛伐克第二大博物馆的负责人,但他认识到,小型地区性博物馆比大型博物馆更适合记录当地的历史和环境。因此,他建议,"科学工作和参与研究"不应被视为那些"规模最大、设备最先进的博物馆的特权"。[10] 事实上,科学研究是每个博物馆工作的基础,而且取决于"对其工作人员的科学培训和各博物馆之间的合作是否良好"。一般而言,博物馆被认为是科学研究的重要平台。[11] 耶里内克认为,当代博物馆面临的挑战是如何满足社会的科学、教育和藏品信息记录需求。因此,博物馆专业需要一个理论基础。

ICOM 在分裂世界中的民主角色

1962 年,当耶里内克成为 ICOM 捷克斯洛伐克国家委员会成员时,他随即开始积极参与 ICOM 国际区域博物馆委员会(ICOM ICR)的工作。在那一年的海牙大会上,他当选为 ICOM ICR 主席,且连任三届,直到 1971 年当选为 ICOM 主席。1965 年在纽约举行的 ICOM 大会上[12],他第二次当选 ICOM ICR 主席,在就职演说中,他提出了自己对博物馆三大任务的看法:第一是科学工作和研究,第二是现代藏品信息记录,第三是展示。[13] 回顾他对"真实的"实物展览的呼吁,并非毫无意义:"传播信息的唯一具体形式,是博物馆使用三维材料进行展示,而不是通过印刷品进行抽象传播。"[14]

作为 ICOM 主席,耶里内克致力于将该组织发展成为一个广泛的民主国际论坛,"尽可能广泛地向所有会员开放,覆盖所有大陆"。[15] 通过这种方式,耶里内克有了将捷克斯洛伐克的博物馆纳入国际组织的雄心壮志。1965 年,他提议 ICOM 捷克斯洛伐克国家委员会应借摩拉维亚博物馆(1817 年成立)和布拉格国家博物馆(1818 年成立)即将迎来建馆 150 年周年纪念日之际,提请申办 1968 年 ICOM 年度大会。但天不遂人愿,他的努力没有成功,德意志联邦共和国最终被选定为 1968 年

ICOM 年度大会的主办方。不过,耶里内克并未气馁,他利用科隆和慕尼黑与捷克斯洛伐克地理位置相近以及会议日程安排的优势,提议会议后增加一项从柏林到捷克斯洛伐克的游览活动。[16]这次游览于 1968 年 8 月 12 日至 14 日在布拉格、布尔诺和布拉迪斯拉发(Bratislava)举行。来自世界各地的 400 名博物馆专家参加了这项活动。活动很成功,捷克斯洛伐克博物馆的大门向国际社会敞开,然而数日之后,1968 年 8 月 21 日,华沙条约组织的军队(苏联、波兰、德意志民主共和国、匈牙利和保加利亚)入侵了这个国家。[17]

20 世纪 60 年代末,ICOM 面临着严重的危机。组织的财务状况已然恶化,难以为继,不仅背负巨额债务,且来自成员的基础资金不足。一些成员组成了一个被 ICOM 时任秘书长雨果·戴瓦兰称为"革命集团"的组织,戴瓦兰是耶里内克的好朋友。正如马丁娜·莱赫马诺娃(Martina Lehmanová)所言,那是一个全西欧社会陷入危机的时期。[18] 1968 年是社会运动和政治动荡的里程碑:在巴黎,学生们抨击博物馆,认为博物馆是旧时代的象征。

尽管存在政治问题,耶里内克还是设法增强了自己在 ICOM 的核心作用。1968 年,他接管了《ICOM 新闻》公报,该公报在捷克斯洛伐克一直出版到 1971 年。1971 年 6 月在巴黎举行的会议似乎对"革命集团"的成立至关重要,该集团使得耶里内克脱颖而出。[19]当时,他已经是集团执行成员(自 1970 年 6 月起),其活动得到秘书处成员和国家委员会若干代表的支持。1971 年 8 月底在格勒诺布尔举行的 ICOM 大会上,耶里内克当选 ICOM 主席。在就职演说中,他提出了一个组织改革计划,该计划包括三个要点:第一,使 ICOM 成为一个全球性的组织,延伸到欧洲和北美洲之外;第二,向更多的成员开放;第三,主要通过国际委员会加强对成员的教育(国际委员会支持由耶里内克争取而来)。在当选并就职后,耶里内克立即开始着手为 ICOM 制定新的章程,以促进该组织的发展。

耶里内克通过将国家和国际委员会的活动区域化来推行 ICOM 的民主化。[20]每个成员国 15 名代表的配额制度被取消了,机构和个人成员的数量不再被限制,这为 ICOM 创造了一个更民主的环境。每个成员现在都有权投票,并有权被选举担任任何职务。耶里内克希望此举能够吸引更多积极活跃的成员,进而与其一起改善组织的运作。国际性的委员会发挥了重要作用,因为它们是新成员,特别是年轻成员推进其想法的理想平台。新章程于 1974 年在哥本哈根举行的第十届大会上获得批准。在这次特别会议上，也出现了新的主题。耶里内克试图将注意力集中在博物馆的现状上和关于藏品信息记录的辩论上，他认为这是当代博物馆行业所面临的一个严重问题。

耶里内克认为他在 ICOM 的活动是一项使命和责任。1973 年，当时任 ICOM 秘书长戴瓦兰打算辞职时，耶里内克试图说服他改变主意。他强调，无论是在地理上还是在理论上，很难再找到另一个像 ICOM 这样涉猎知识广博的组织。

科学博物馆学的平台：ICOFOM 的创建

在结束 ICOM 主席任期后，耶里内克将精力集中在加强博物馆学的世界地位上。1977 年，他成立了 ICOFOM，并担任了两届主席，于 1983 年卸任。建立博物馆学理论基础的想法是出于耶里内克的坚定信念，即博物馆工作需要理论研究，这一信念后来被斯特兰斯基所认同。

捷克斯洛伐克的大学学科需要有理论基础，才能被归类为科学，科学的定义比盎格鲁-撒克逊语系的定义更宽泛，后者只研究物理世界及其有形的因果关系。[21]直到 20 世纪 80 年代中期，随着摩拉维亚博物馆在联合国教科文组织的支持下，举办了全球公认的国际博物馆学暑期学校（ISSOM），才使局限在布尔诺背景下发展起来的理论在国际上得到认可，并受到学者和博物馆工作者的尊重。

自 20 世纪 80 年代初以来，通过耶里内克本人和维诺·索夫卡的努力，ICOFOM 第一批以科学博物馆学的理论结构为核心主题的出版物问世，委员会召开了第一次国际研讨会，耶里内克主导的博物馆学理论的部分内容开始在国际上传播。1980 年，ICOM 大会期间，在墨西哥有一场会议专门讨论了"博物馆学中的系统学和系统理论"这个主题[22]，同年第一期双语国际期刊出版，即《博物馆学工作论文集》（*MuWoP*），来自不同地区的作者讨论了如何理解所谓的科学博物馆学（scientific Museology）。[23]第一期期刊在政治分裂的欧洲两边广泛传播，于是次年趁势出版了第二期。[24]斯特兰斯基、安娜·格雷戈洛娃（Anna Gregorová）以及其他东欧作者在这两期期刊上都发表了文章，并因此在世界不同地区开始崭露头角。

总之，ICOFOM 欣然采纳了最初在捷克斯洛伐克传播的理论概念，且让这些理念影响了全球不同的博物馆学家和博物馆学流派。

ICOFOM 以"将博物馆学建立为一门科学学科"为其明确的使命，至少在 20 世纪 90 年代初之前都是如此。[25]

学术影响

就博物馆学的科学方法而言，耶里内克受到捷克斯洛伐克博物馆学家吉瑞·内乌斯图普尼（Jiří Neustupný）的影响。斯特兰斯基和格雷戈洛娃也对耶里内克影响甚大，他们进一步探索了具有认识论目的的博物馆学理论。在 ICOM 的职业生涯中，他还受到了法国博物馆学家、前 ICOM 秘书长里维埃和戴瓦兰的思想与工作的影响。

作为 ICOFOM 的创始人和第一届主席，耶里内克把委员会的目标设定为努力将博物馆学定义为一门科学，并促使其发展成为一门世界性的大学学科，这一目标影响了几代博物馆学家。紧随其后，索夫卡将 ICOFOM 的活动提升到了一个更高的水平，在其成员中进一步推动了关于博物馆学理论思考的意愿。许多 ICOFOM 的思想家，包括斯特兰斯基、彼得·冯·门施、弗朗索瓦·梅黑斯和扬·多拉克（Jan Dolák）等，都记得耶里内克当初为委员会所提的那些建议，并认为那些建议是建立当代博物馆学的基础。

主要著述

Jelínek, J.

1964

• The Moravian Museum, Brno. *Museum International*, vol. XVII, 1, 50-53.

1969

• Neanderthal Man and *Homo sapiens* in Central and Eastern Europe. *Current Anthropology*, 10, 475-503.

• The Anthropos Institute, Moravian Museum, Brno / L'Institut Anthropos, Musée morave, Brno. *Museum International*, vol. XXII, 1, 1-9.

1972

• *Das Grosse Bilderlexikon des Menschen in der Vorzeit*. Prague:
Artia.

• The Fields of Knowledge and Museums. *Journal of World
History*, 14, 13-23.

1975

• The modern, living museum. *Museum International*, vol.
XXVII, 2, 52-60.

1978

• Introduction. In ICOFOM — International Committee for
Museology, *Possibilities and Limits in Scientific Research Typical for
the Museums* (pp. 1-3). Brno: Moravian Museum.

• Introduction. In ICOFOM — International Committee for
Museology, *Possibilités et limites de la recherche scientifique typiques
pour les musées* (pp. 76-79). Brno: Musée morave.

• Regional museums and scientific work in the museums. In
*Possibilities and Limits in Scientific Research Typical for the
Museums*. (pp. 46-51). Brno: Moravian Museum.

• Les musées régionaux et le travail scientifique dans les
musées. In *Possibilités et limites de la recherche scientifique typiques
pour les musées*. (pp. 128-134). Brno: Musée morave.

1979

• Introduction. In *Aspects sociologiques et écologiques dans
l'activité des musées modernes en coopération avec les autres
organisations sœurs* (pp. 1-2). Brno: Musée morave.

• Introduction. In *Sociological and Ecological Aspects in Modern
Museum Activities in the Light of Cooperation with other Related
Institutions* (pp. 1-2). Brno: Moravian Museum.

• Summary. In *Sociological and Ecological Aspects in Modern
Museum Activities in the Light of Cooperation with other Related
Institutions* (pp. 38-40). Brno: Moravian Museum.

• Résumé. In *Aspects sociologiques et écologiques dans l'activité
des musées modernes en coopération avec les autres organisations*

soeurs（pp. 42-44）. Brno：Musée morave.

1980

· MuWoP：We wish you well，in Museology—Science or just practical museum work? *Museological Working Papers—MuWoP*，1，4-5.

· Bonne chance，DoTraM！，in La muséologie—cience ou seulement travail pratique du musée? *Documents de Travail sur la Muséologie - DoTraM*，1，4-5.

1981

· Systematics and systems in museology—an introduction. *Museological Working Papers—MuWoP*，2，69-70.

· Systématique et systèmes en muséologie—une introduction. *Documents de Travail sur la Muséologie—DoTraM*，2，71-72.

1986

· Identity：what is it? *ICOFOM Study Series*，10，161-162.

1989

· The Great Art of the Early Australians：The Studies of the Evolution and Rock Art in the Society of Australian Hunters and Gatherers. Anthropos Study in *Anthropology*，*Palaeoethnology*，*and Quaternary Geology* 25. Brno，Czechoslovakia：Moravian Museum-Anthropos Institute.

注释

[1]Stránský，Z. Z.（1974）. Brno：Education in Museology. *Museological Papers V*，*Supplementum* 2，pp. 7-12.

[2]Jelínek，J.（1969）. The Anthropos Institute，Moravian Museum，Brno. *Museum International*，vol. XXIII，1，p.1.

[3]Lehmanová，M.（2015）. ICOM Czechoslovakia and Jan Jelínek. *Museologica Brunensia*，2，pp. 81-83.

[4]同上，p.83.

[5]Jelínek，J.（1980）. MuWoP：We wish you well，in Museology—Science or just practical museum work? *Museological Working Papers—MuWoP*，1，p. 4.

[6]Kopecký，M. In Stránský，Z. Z.（1974）. Brno：Education in

Museology. *Museological Papers V*，*Supplementum* 2，p. 8.

[7]Brulon Soares，B. (2016). Provoking museology：the geminal thinking of Zbyněk Z. Stránský. *Museologica Brunensia*，vol. 5，2，p.6.

[8] Kopecký，M. In Stránský，Z. Z. (1974). Brno：Education in Museology. *Museological Papers V*，*Supplementum* 2，p. 8.

[9] Jelínek，J. In Stránský，Z. Z. (1974). Brno：Education in Museology. *Museological Papers V*，*Supplementum* 2，p.10.

[10]Jelínek，J. (1978). Regional museums and scientific work in the museums. In *Possibilities and Limits in Scientific Research Typical for the Museums*. Brno，Moravian Museum，p.51.

[11]Jelínek，J. (1980). MuWoP：We wish you well，in Museology－Science or just practical museum work? *Museological Working Papers － MuWoP*，1，p. 5.

[12]Lehmanová，M. (2015). ICOM Czechoslovakia and Jan Jelínek. *Museologica Brunensia*，2，p. 82.

[13]在这个关于博物馆基本任务的定义中，扬·耶里内克可能对兹比内克·兹比斯拉夫·斯特兰斯基所提出的博物馆化概念有所影响，博物馆化是一个涉及三个方面的过程：选择、叙词表化和传播。参见本书中的"兹比内克·兹比斯拉夫·斯特兰斯基"部分。

[14]Jelínek，J. (1965). Inaugural speech，New York，ICOM collection，AMZM.

[15]Jelínek，J. (1980). MuWoP：We wish you well，in Museology－Science or just practical museum work? *Museological Working Papers － MuWoP*，1，p. 4.

[16]Lehmanová，M. (2015). ICOM Czechoslovakia and Jan Jelínek. *Museologica Brunensia*，2，p. 82.

[17]同上。

[18]同上。

[19]同上。

[20] Jelínek，J. (1971). Decision of the president of ICOM. ICOM News，vol. 24，4，p.42.

[21]当然，扬·耶里内克是受过训练的人类学家，这也使他寻求了解人类对收集和展示的需求。Nash，S. (2 December，2015) *Interview for the Special Project The History of Museology*，*International Committee for Museology － ICOFOM* (Brulon Soares，B.，Interviewer).

［22］Jelínek，J.（1981，May）Letter from the Chairman. *Museological News*. *Semi-Annual Bulletin of the International Committee of ICOM for Museology*，1.

［23］参见 Sofka，V.（Ed.）.（1980）. *MUWOP：Museological Working Papers/DOTRAM：Documents de Travail en Muséologie*. *Museology — Science or just practical museum work*？vol. 1.

［24］编辑委员会为第二卷《博物馆学工作论文集》收录了 20 篇新文章。第三卷当时也在计划中，打算讨论"博物馆学的对象/主体"这一主题。然而，由于缺乏财政资源，第三卷未能组织起来。Sofka，V.（1981，May）. A message from Dr. Sofka. *Museological News*，*Semi-Annual Bulletin of the International Committee of ICOM for Museology*，1.

［25］ICOFOM — International Committee for Museology.（1992，June）. *Museological News*. *Semi-Annual Bulletin of the International Committee of ICOM for Museology*，15.

乔治·亨利·里维埃

布鲁诺·布鲁隆·索耶斯、安娜·克里斯蒂娜·瓦伦蒂诺

乔治·亨利·里维埃(Georges Henri Rivière),1897 年 6 月 5 日生于巴黎,1985 年 3 月 24 日逝于路维希安,是一名法国博物馆学家,于 1948 年至 1965 年担任 ICOM 第一届秘书长,被认为是法语[1]博物馆学和巴黎国家民间艺术与传统博物馆(Musée national des Arts et Traditions populaires,简称 MNATP)的创始人。他以"布展魔术师"[2]著称,采用"尼龙线和黑色背景的博物馆实务,恪守绝不使用人体模型的清教主义,但打算以最精准的方式,呈现物件在空间中的运动,恢复它的功用"[3]。他在生态博物馆学领域举足轻重,提出了生态博物馆"演变的定义",并对世界民族志博物馆的发展影响深远。

传　记

乔治·亨利·里维埃于 1897 年 6 月 5 日出生于巴黎第 18 区,他是亨利·里维埃(Henri Rivière)的侄子。亨利·里维埃是一位杰出的画家和雕刻家,同时也是一名戏剧设计师,是蒙马特近乎神话般的"黑猫"文学歌舞夜总会"影子剧院"的创建者。在 1912 年里维埃的父亲于勒(Jules)自杀后,叔叔亨利·里维埃成为他的家庭老师,里维埃由此继承了他叔叔的艺术天分[4],并取亨利为其中间名。里维埃的胞弟泰瑞斯·里维埃(Thérèse Rivière)是一位民族学家,是他在特罗卡德罗民族志博物馆(Musée d'ethnographie du Trocadéro)将里维埃引入这个领域。

里维埃曾在著名的罗林学院学习,并在取得业士文凭[业士文凭法语为
"baccalauréat",该文凭相当于英国的普通教育高级水平证书(A—
Level)和美国的高中毕业]后中断了学业。在 1925 年之前,他一直学习
音乐,音乐是他的生命激情之一。之后,从 1925 年到 1928 年,他一直在
卢浮宫进修,正是这段学习激起了他对博物馆的浓厚兴趣。

1928 年,里维埃成为大卫·大卫-威尔(David David-Weill)藏品的
典藏研究员(curator),后者是银行家和投资者,同时也是艺术收藏家和
非常有影响力的赞助人。在此期间,为了给克里斯蒂安·泽沃斯
(Christian Zervos)的《艺术笔记》(Cahiers d'art)杂志撰写文章,里维埃
开始在特罗卡德罗民族志博物馆研究前哥伦布时期的艺术品。他对自
己的发现兴致勃勃,于是决定设立一个展览项目,并得到了大卫-威尔的
支持。同年,在一位年轻的、籍籍无名的前哥伦布时期文化专家阿尔弗
雷德·米泰尔(Alfred Métraux)(后来成为一位著名的人类学家)的帮
助下,里维埃在装饰艺术博物馆举办了一场名为"美洲古代艺术"(Les
arts anciens de l'Amérique)的展览,并在巴黎广为人知。这场展览得到
了查尔斯·拉顿(Charles Ratton)和安德烈·布雷顿(André Breton)
等私人收藏家,以及不同博物馆的大力支持。[5]展览的成功,使得民族学
家、特罗卡德罗民族志博物馆新任馆长保罗·里维特(Paul Rivet)决定,
让年轻有为的里维埃帮助重组该博物馆。

后来,在里维特的指导下,里维埃于 1928 年至 1937 年间举办了大
约 70 场展览。在 1937 年的巴黎世界博览会之后,民族志博物馆被改造
成了人类博物馆(Musée de l'Homme),里维埃帮助它成为一个信息和
教育中心,一个"博物馆—实验室",根据里维埃的理念,这座博物馆超越
了仅作为展览空间的功能。[6]

从 1937 年到 1967 年,里维埃领导了他构思和组织的国家民间艺术
与传统博物馆[7],开创了民族志博物馆的新模式,影响了世界各地的博
物馆学和民族学。在两次世界大战之间的不稳定时期,随着国家民间艺
术与传统博物馆的建立,里维埃激发了人们对博物馆这个公共机构的新
兴趣。[8]国家民间艺术与传统博物馆的结构使得里维埃能够将法国的博
物馆学从巴黎大都市分散至法国各个省份,从而衍生出更加广泛的区域
和农村的民族博物馆学(ethnomuseologies)项目。[9]

里维埃在 ICOM 的成立过程中发挥了关键作用,1948 年至 1965
年,他是协会的第一届秘书长,并担任了常设顾问,直至他 1985 年离世。

他通过运作国家和国际委员会、大会和藏品信息记录中心,致力于该组织的发展,积极推动该组织成为国际参考资源。[10]除了 ICOM 的活动,1970 年,里维埃成为巴黎大学博物馆学讲师。他的教学活动着眼于"某种不希望仅停留在理论中的博物馆学观点"。[11]他的方法基于不同博物馆专业群体之间的实践经验交流,他的讲课内容也因听众身份而异。总体而言,他的概念和理论源于法国和世界各地区的实验性实践。

里维埃的教学活动一直持续到 1982 年,其时他已受重疾侵扰,再无机会目睹 20 世纪 80 年代的博物馆业大爆发。[12]1985 年 3 月 24 日,他在法国路维希安辞世,享年 88 岁。

博物馆学观点

在 20 世纪的大部分时间里,里维埃在法国博物馆学的复兴以及在世界范围内传播博物馆工作和培训的规范化基础方面发挥了核心作用。他的创新思想和对社交活动的喜好——他进入了巴黎富贾名流的大世界(Gran Monde)社交圈——促使他建立了他所谓的"交流活动"(法语为"opérations de communication"),例如,他在人类博物馆举办了一场关于美籍法裔艺术家约瑟芬·贝克(Joséphine Baker)的展览。伊萨克·奇瓦(Isac Chiva)认为,他在民族志博物馆和以研究为基础的收藏实践中的创造性举措,使他成为我们这个时代一些最伟大的民族志集体研究的组织者。[13]里维埃将博物馆视为艺术和民族学的跨学科实验室,他构建了一门博物馆学学科,致力于展示在"博物馆"这一机构中其内容的多样性。[14]

国家民间艺术与传统博物馆:MNATP

从 20 世纪 30 年代开始,法国对"大众文化"的兴趣日渐浓厚,直接原因在于地方和区域文化的复兴,也得益于在 1936 年至 1938 年执政的"人民阵线"(Front Populaire)的支持。[15]在这个时期,里维埃的意图是建立一个大众化的博物馆,一个主要为人民群众设计的博物馆。虽然该博物馆的建立可以追溯到 1937 年,但在 1940 年至 1944 年间的德占期,法国主导的民族学随着这一领域科学研究的建立而得到拓展,受到了国家赞助。[16]第二次世界大战期间及之后,里维埃设法将博物馆以研究机构的名义维系下去,但不改其初衷。

20 世纪 60 年代，里维埃得以在博伊斯德布洛涅（Bois de Boulogne）附近的曼哈顿甘地大道的一座新建筑中建立国家民间艺术与传统博物馆。在那里，他开发了一套革命性的博物馆实务，通过在法国民族学中心的实践来探索"博物馆—实验室"的概念，该中心被纳入国家民间艺术与传统博物馆，且与法国最大的公共科学研究机构国家科学研究中心（Centre National de la Recherche Scientifique，简称 CNRS）建立了联系。[17] 该研究中心旨在为博物馆的展览发展进行必要的研究。这一举措表明里维埃在全新的博物馆学和博物馆实务的基础上，有意使欧洲民族学成为一门科学。[18]

在这座博物馆里，里维埃与他的学生安德烈·德瓦雷一起工作，后者负责博物馆主要展厅的博物馆实务构思，而里维埃将收藏和研究相结合，试图通过博物馆交流将最深刻的人类关系转化为文化物件。

博物馆学和博物馆实务

从 20 世纪 50 年代末到 70 年代末，里维埃在他的著作和讲座中，对"博物馆学"和"博物馆实务"这两个术语进行定义，并进一步完善相关理论。当时，出于 ICOM 内对术语精确性的需求，他提出了对这两个术语的理解。

在 20 世纪 50 年代末至 60 年代初，里维埃提出博物馆学应被理解为"研究博物馆使命和组织的科学"，而博物馆实务则是"与博物馆学有关的一套技术"。[19] 这样的定义标示着科学与技术，或理论与实践之间的分离，后来被单一术语"博物馆学"所涵盖，在世界的某些语境中，它与"博物馆实务"相关，但内容更加宽泛。

根据里维埃的说法，博物馆学被定义为"一门应用科学，即博物馆的科学"，它研究博物馆在社会中的历史和作用。[20] 这门科学还研究调研和保护的具体形式，以及博物馆的展示（交流、传播）、组织和运作，总的来说，众多与博物馆密切相关的技术和实践构成了博物馆实务。

里维埃根据他理解的"博物馆学"，将"博物馆学家"（法语为"muséologue"）定义为：负责制定博物馆项目，并执行由文化遗产保护员或典藏研究员（法语语境下为"conservateur"，英语语境下为"curator"）提出的方案，而文化遗产保护员或典藏研究员被认为和博物馆实务更直接相关。

他还引入了定性术语"博物馆学的"（法语为"muséologique"），其与术语"博物馆领域"（法语为"muséal"）类似，后者指的是博物馆所关注的内容。[21]这种理解一直持续至今，尤其是在世界上某些地区，例如巴西，该国于 1984 年制定了一项法律，确定并规范了"博物馆学家"（巴西葡萄牙语为"muséologo"）的职能，随后成立了联邦委员会负责这一专业领域。

跨学科的博物馆学

里维埃无论是在工作中，还是在博物馆学理论和实践领域的研究中，都贯穿着跨学科性。在博物馆学思想的构建和博物馆活动的发展中，整合其他学科的思想和内容是其初始的原则也是整个结构的一部分。

关于单一学科和跨学科的关系，里维埃写道：

> 当今的跨学科不会屈服于任何主宰和复苏，也不会屈从于所有问题都打算通过它得到解决的观点。另一方面，跨学科发挥了自身的能动作用，与单一学科合作，比较和整合各种观点，单一学科的作用在于培植自己的领域。跨学科与单一学科两方面的作用相辅相成，就好比同一个心脏的收缩和舒张。[22]

从他基于国家民间艺术与传统博物馆跨学科研究基础上提出的博物馆实践概念，到作为面向人民的社会机构的生态博物馆的发展，里维埃将博物馆学视为一种涉及不同知识基础的创造联系和产生价值的手段，在大众文化的多样性和社会经验的可变性基础上丰富其表达方式。

生态博物馆的定义

20 世纪 70 年代后，基于法国发展区域和地方民族博物馆学（ethnomuseologies）的意愿，里维埃参与了生态博物馆概念的"演变"工作。[23]"生态博物馆"这一专业术语由雨果·戴瓦兰于 1971 年提出，并传播到了世界各地。[24]在此之前，从 1966 年到 1968 年，里维埃与国家科学研究中心合作，为国家民间艺术与传统博物馆开发了一个研究项目，该项目是生态博物馆模式的原型。[25]它是"奥布拉克和沙第永内合作研究项目"（Recherches coopératives sur program d'Aubrac et du Châtillonnais）的一部分，旨在分析法国两个农村社区的社会、历史和文化等有关方面。该项目创办了一场展览，可以被视为对这两个社区的展示性转化,项目研究过程中收集的物品被博物馆化了,这些物品具有特定的意义,关乎该地区人们的使用和习俗。[26]

里维埃与戴瓦兰和德瓦雷一道,参与了这一全新的实验性博物馆形式的探索,并参与创建了克勒索-蒙特梭煤矿生态博物馆(Écomusée du Creusot Montceau-les-Mines),该博物馆在 20 世纪 70 年代中期获得了国际声望,且开辟了博物馆学领域的新视角。里维埃提出的生态博物馆"演变的定义",主要是基于他在克勒索的经历,他说:

> 这里的实验室、保存场所和学校受共同的原则所影响。他们宣称所属的文化应该从最广泛的意义上去理解,他们参与其中是为了让人们知道他们的尊严,让人们了解作为艺术形式源泉的任一社会阶层的艺术表达。多样性没有限制,因为样本不同,数据不同。他们本身并不封闭,他们接受,他们也给予 。[27]

根据戴瓦兰的说法,正是通过生态博物馆,里维埃最终找到了"他对民众关心的最完美表达"[28]。直到生命的最后一刻,里维埃一直在鼓励博物馆工作的持续创新,使其贴近普通观众,这种大众化理念随着 20 世纪 80 年代新博物馆学运动的兴起而受到重视,从而挑战了博物馆观众为精英专属的观念。

学术影响

与 20 世纪 20 年代的巴黎文化先锋派和超现实主义相关,里维埃受到了他的教授瑞士籍人类学家阿尔弗雷德·米泰尔的影响,1928 年米泰尔帮助里维埃举办了著名的前哥伦布时期艺术展。与法国民族学家米歇尔·莱里斯(Michel Leiris)和马塞尔·格里奥(Marcel Griaule)的相识,以及马塞尔·莫斯(Marcel Mauss)的引导,让他走上了民族学的道路。里维埃也深受另一位法国民族学家里维特的影响,他曾帮助里维特领导特罗卡德罗民族志博物馆的发展,该博物馆后来成为人类博物馆。

民族学对里维埃博物馆学思想的影响是显而易见的。贯穿于里维埃所有工作的指导思想是革新文明世界实用物件的展示方式,将它们置于社会的和功能的背景之中,承认隐藏在物件背后的人、人和物之间的关系。地方文化、民族文化、大众文化与日常生活文化相互结合,奠定了里维埃"博物馆—实验室"概念的基础,他认为博物馆应该是科学与普通观众之间进行认知调和的场所。

此外,里维埃对德瓦雷的职业生涯和学术思想有着重大的影响,这个影响体现在博物馆实践(或博物馆实务)的反思、概念和理论关切领域,俨然博物馆学历史的一部分。从 1959 年到 1977 年,[29] 德瓦雷作为里维埃的助手,在国家民间艺术与传统博物馆工作了整整 18 年,他受到了指导该博物馆实务工作方法(modus operandi)的基本概念和观点的影响,此外,他还受到了里维埃所定义的生态博物馆的发展的影响。

戴瓦兰是继里维埃之后的 ICOM 秘书长(1965 年后),也是其发展生态博物馆概念和定义的合作伙伴,两人还合作打破既定的传统标准,为新博物馆学的发展播下了种子。在他们之后,整整一代的法国博物馆学家迄今仍然遵循着由里维埃奠基的博物馆领域(museal)和博物馆学道路前行。

主要著述

Rivière,G. H.[30]

1926

- Archéologismes. *Cahiers d'art*,7,177.

- Jean Lurçat,*Cahiers d'art*,8,198-200.

- Une sculpture chinoise entre au Louvre. *Cahiers d'art*,10,268.

1927

- La céramique peinte susienne au Musée du Louvre. *Cahiers d'art*,2,65.

- Un sondage dans l'art égéen. *Cahiers d'art*,3,103-104.

- Les disques. *Cahiers d'art*,6,3.

- Peintures égyptiennes d'époque impériale. *Cahiers d'art*,9,310-312.

1928

- *Les Sculptures de Palmyre*,*Cahiers d'art*,1,12.

1930

- Le Musée d'ethnographie du Trocadéro. *Documents*:

Archéologie, *Beaux-arts*, *Ethnographie*. *Variétés*, 1, 54-58.

• Cinéma du Panthéon. *Documents*: *Archéologie*, *Beaux-arts*, *Ethnographie*, *Variétés*, 6, 306.

1931

• Musée des Beaux-arts et Musée d'Ethnographie. *Cahiers de la République des Lettres des Sciences et des Arts*, 13, special issue MUSÉES, 278-282.

1932

• De l'objet d'un Musée d'Ethnographie comparé à celui d'un Musée des Beaux-arts. *Omnibus*, 113-117.

1935

• L'homme-oiseau. *Plein Ciel*, novembre—décembre, 1-4.

1936

• Les Musées de folklore à l'étranger et le futur musée français des Arts et Traditions Populaire.

• *Revue de folklore français et colonial*, mai—juin 1936, 58-71.

1937

• Rapport sommaire sur la création du département de folklore des musées nationaux du musée français des Arts et Traditions populaires et sur les musées de plein air, 29 octobre 1937. *MNATP Archives*, *ATP Historique*.

• Rapport à M. le Directeur des Musées Nationaux sur l'organisation et le fonctionnement du

• Département des Arts et Tradition Populaires, 28 juin 1937. *MNATP Archives*, *ATP Historique*.

1938

• Les Musées paysans à l'honneur, un musée paysan sera présenté par la France a l'exposition

• international de New York. *Le Folklore Paysan*, novembre 1938, 4.

• Le musée de terroir de Romenay. *Le Folklore Paysan*, mars 1938, 11-13.

1939

• Plan du MNATP. 1 juillet 1939，*MNATP Archives*，*ATP Historique*.

1942

• Le folklore paysan：note de doctrine et d'action. Études agricoles d'économie corporative，4，octobre — décembre 1942，291-316.

1948

• Rôle du Folklore dans la reconstruction rurale. *Notre Temps*，mai—juin 1948，1-9.

1953

• Enquête du Musée des Arts et Traditions Populaire et de quelques chercheurs qui y sont associés.

• *Overdruk u'Volkskunde*，3，99-111.

1955

• La Défense des arts et traditions populaires. Rapport présenté au Journées nationales d'études du centre de liaison des actions régionales touristique et économique. *Cahiers français d'information* 281，1，13-15.

1968

• Musées et autres collections publiques d'ethnographie. In Poirier，J.，Ethnologie Générale. *Encyclopédie de la pléiade*，pp. 472-493.

1970

• The Museum in the World Today. *ICOM News*，23，3，33-45.

1973

• Le Chantier 1425：un tour d'horizon，une gerbe de souvenirs. *Ethnographie française*，Ⅲ，1-2，9-14.

• Rôle du musée d'art de sciences humaines et du musée et sociales. *Museum*，ⅩⅩⅤ，1/2，26-44.

1981

• Dynamique des rôles de l'interdisciplinarité dans l'institution muséale. *Museological Working Papers*，2，56-57.

- The dynamics of the role of interdisciplinarity in the museum institution. *Museological Working Papers*，2，54-55.

1983

- Essai d'une définition de jazz. *Jazz magazine*，319，41.

1985

- The Ecomuseum：an evolutive definition. Museum，XXXVII，4，182-183.

- Religion et Folies-Bergère. Présenté par Michel Leiris. In：*L'Homme*，1985，25，96. 137-140.

1986

- Letter to Paul Rivet，October 26，1929.'Correspondence'. *Gradhiva*. *Revue d'histoire et d'archives de l'anthropologie*，1，22.

- Letter to Paul Rivet from Hotel Adlon，Berlin，January 6，1932.'Correspondence'. *Gradhiva*.

- *Revue d'histoire et d'archives de l'anthropologie*，1，24.

- Letter to Paul Rivet from Leningrad，August 15，1936. 'Correspondence'. *Gradhiva*. *Revue d'histoire et d'archives de l'anthropologie*，1，26.

1992

- L'écomusée，un modèle évolutif. (1973). In Desvallées，A. ；De Barry，M. O. & Wasserman，F. (Coords.). *Vagues：une anthologie de la Nouvelle Muséologie*，1. (pp. 440-441). Collection Museologia. Savigny-le-Temple：Éditions W-MNES.

Rivière, G. H. *et al*.

1989

- *La muséologie selon Georges Henri Rivière*. *Cours de muséologie*，*textes et témoignages*. Paris：Dunod.

Rivière, G. H. & Maget, M.

1944

- Habitat rural et tradition paysanne. *Journées d'étude de l'habitat rural*，13-17 juin 1944，1-8.

Rivière, G. H. & Parrain, C.

1967

• Méthodes et Résultat d'une recherche multidisciplinaire dans la zone d'élevage avec estivage de l'Aubrac, (1964—1966). In *Actes du 92ème Congrès National des Sociétés Savantes*. (pp. 131-135). Strasburg et Colmar: Ministère de l'éducation Nationale.

Rivière, G. H. & Rivet, P.

1933

• Mission ethnographique Dakar—Djibouti. *Minotaure*, 2, 4-5.

Rivière, G. H. & Varanac, A.

1937

• Le premier Congrès international de Folklore (Paris, 1937). *Annales D'histoire économique et Sociale*, 9, 44, 195-196.

1938

• Le Musée National des Arts et des Traditions Populaires. *La Rennaissance*, août 1938, 24.

注释

[1] Desvallées, A. & Mairesse, F. (Dirs.). (2011). *Dictionnaire encyclopédique de muséologie*. Paris: Armand Colin. p. 16.

[2]Gorgus, N. (2003). *Le magicien des vitrines. Le muséologue Georges Henri Rivière*. Paris: Éditions de la maison des sciences de l'homme.

[3]Poulot,D. (2009). *Musée et muséologie*. Paris: La Découverte. p. 32.

[4] De la Rocha-Mille, R. (2011). *Museums without walls: The museology of Georges Henri Rivière*. Unpublished doctoral thesis, City University London). 引自:http://openaccess. city. ac. uk/2154/.

[5] Rivière, G. H. & Métraux, A. (1928). *Les Arts Anciens de l'Amérique*. Exposition organisée au Musée des Arts Décoratifs. Palais du Louvre—Pavillon de Marsan. Mai—juin, 1928. Paris: Les Éditions G. Van Oest, p. Ⅶ.

[6]Brulon-Soares,B. (2008). *Quando o Museu abre portas e janelas. O*

reencontro com o humano no Museu contemporâneo. Dissertation（Master's）—Post-Graduate Program in Museology and Heritage，UNIRIO/MAST，Rio de Janeiro. p. 3.

［7］1941 年，创建于 1937 年的艺术和民间传统部成为国家民间艺术与传统博物馆，被称为 MNATP。

［8］Viatte，G.（2018）. 1897—En piste：les quatre premiers tours—1937. In MUCEM(Ed.)，*Georges Henri Rivière. Voire，c'est comprendre.*（pp. 17-31）. Marseille：MUCEM，RM. p. 25.

［9］A concept that is explored in Gorgus，N.（2003）. *Le magicien des vitrines. Le muséologue Georges Henri Rivière.* Paris：Éditions de la maison des sciences de l'homme.

［10］参见 Baghli，S. A.；Boylan，P. & Herreman，Y.（1998）. *Histoire de l'ICOM*（1946—1996）. Paris：ICOM.

［11］Weis，H.（1989）. Problématique et méthodologie. In G. H. Rivière et al，*La muséologie selon Georges Henri Rivière. Cours de Muséologie，textes et témoignages*（pp. 33-43）. Paris：Dunod. p. 35.

［12］Leroux-Dhuys，J.-F.（1989）. Notes sur quelques musées d'après 1980. In G. H. Rivière et al. *La muséologie selon Georges Henri Rivière. Cours de Muséologie，textes et témoignages*（pp. 66-67）. Paris：Dunod. p. 66.

［13］Chiva，I.（23 juillet，2007）. George Henri Rivière：un demi-siècle d'ethnologie de la France. *Terrain*［En ligne］. 引自 http://terrain. revues. org/2887.

［14］Viatte，G.（2018）. 1897—En piste：les quatre premiers tours—1937. In MUCEM(Ed.)，*Georges Henri Rivière. Voire，c'est comprendre*（pp. 17-31）. Marseille：MUCEM，RMN. p. 25.

［15］在两次世界大战之间，"人民阵线"被认为是一个异质的政治组织，有左翼的某些知识分子参与。Gorgus，N.（2003）. *Le magicien des vitrines.* Le muséologue Georges Henri Rivière. Paris：Éditions de la maison des sciences de l'homme. p. 95.

［16］Faure，C.（1989）. *Le Projet culturel de Vichy，Folklore et Révolution nationale* 1940—1944. Presses universitaires de Lyon/Éditions du CNRS，335.

［17］Wikipedia contributors.（2018，May 19）. Centre national de la recherche scientifique. In Wikipedia，The Free Encyclopedia. 取自：https://en. wikipedia. org/w/index. php? title＝Centre_national_de_la_recherche_scientifique&oldid＝842033453.

［18］Segalen，M. （3 novembre，2007）. Un regard sur le Centre d'ethnologie française. *La revue pour l'histoire du CNRS* ［En ligne］. 取自 http：//histoire-cnrs. revues. org/1683.

［19］Rivière，G. H. (1960). *Stage régional d'études de l'UNESCO sur le rôle éducatif des musées* （Rio de Janeiro，7-30 septembre 1958）. Paris：UNESCO，p. 12.

［20］Rivière，G. H. (1989). Autres définitions. In Rivière，G. H. et al. *La muséologie selon Georges Henri Rivière. Cours de Muséologie，textes et témoignages.* Paris：Dunod，p. 84.

［21］Desvallees，A. & Mairesse，F. （Dirs.）. （2011）. *Dictionnaire encyclopédique de muséologie.* Paris：Armand Colin. p. 352.

［22］Rivière，G. H. (1981). The dynamics of the role of interdisciplinarity in the museum institution. *Museological Working Papers*，2，pp. 54-55.

［23］这方面参见 Rivière，G. H. （1985）. Définition évolutive de l'écomusée. *Museum*，XXXVII，4，pp. 182-183.

［24］参见本书中的"雨果·戴瓦兰"部分。

［25］乔治·亨利·里维埃还参与了于 1969 年在法国东南部朗德加斯科涅 (Landes de Gascogne)创建的马奎兹生态博物馆(Écomusée de Marquèze)项目。根据马蒂尔德·贝莱格的说法，这被认为是法国的第一代生态博物馆。这是 2018 年 12 月 5 日本书编辑者得到的信息。

［26］Lançon，R. （2010）. Collection photographique de la recherche coopérative sur programme Châtillonnais （1966 — 1968）. PhoCEM — Base de données des collections photographiques du MuCEM — Musée de Civilisations Europe et Mediterrané. 取自 http：//www. culture. gouv. fr/documentation/phocem/Albums/Chatillonnais-presentation. pdf.

［27］Rivière，G. H. (1985). Définition évolutive de l'écomusée. Museum，XXXVII，4，p. 183.

［28］De Varine，H. (1989). La participation de la population. Musée，instrument d'éducation et de culture. In Rivière，G. H. et al. （1989）. *La muséologie selon Georges Henri Rivière. Cours de Muséologie，textes et témoignages.* （pp. 312-315）. Paris：Dunod. p. 313.

［29］参见本书中的"安德烈·德瓦雷"部分。

［30］乔治·亨利·里维埃的个人文件保存在法国国家档案馆，文件号为 690AP8。

维诺・索夫卡[1]

苏珊娜・纳什

维诺・索夫卡(Vinoš Sofka),1929 年 7 月 4 日生于捷克斯洛伐克布尔诺,2016 年 2 月 9 日逝于瑞典乌普萨拉,是一名博物馆学家和博物馆专业人士。他于 1982 年至 1989 年担任 ICOFOM 主席,是该委员会得以发展的推动者。他为博物馆哲学和博物馆现象的研究奠定了知识层面和结构层面的基础,同时使博物馆学成为一个国际性的研究领域。他让各大洲的博物馆专业人士和教授专家都参与到博物馆学和博物馆的研究中来,超越了政治边界,从而成功实现博物馆学的国际推广。此外,他在斯德哥尔摩国家历史博物馆工作期间,通过年度 ICOFOM 研讨会,出版会议提交论文和会议讨论纪要,为当时最为重要的那些博物馆学思想家创建了一个交流平台。[2]

传　记

维诺・索夫卡于 1929 年 7 月 4 日出生在捷克斯洛伐克布尔诺,是家中四个孩子中的老大。他的父亲文森茨・索夫卡(Vincenc Sofka)是一名农业工程师,母亲拉迪斯拉瓦・索夫科娃(Ladislava Sofková)是一位受过高等教育的女性,是孩子们的文化楷模。[3]

1948 年,即捷克斯洛伐克爆发共产主义革命的那一年,索夫卡取得了高中文凭('Matura'diploma)[相当于英国的普通教育高级水平证书(A-Level),法国的业士文凭(Baccalauréat)]。1950 年,他在布拉格查理大学学习法律时,因被指控为美国中央情报局(CIA)间谍而被拘留两个月。尽管如此,他还是于两年后取得了法学博士学位。

然而当时,捷克斯洛伐克政府作为法律领域的唯一雇主,拒绝了索夫卡的工作申请。于是,他只好在市政办公室找了一份建筑工人的工作,并于 1954 年接受培训,成为一名合格的砖瓦工。他曾在布尔诺展销会场的重建现场工作,并很快成为劳资关系管理协调员。1956 年,他受雇于布尔诺科学考古研究所,负责监督大摩拉维亚帝国(Great Moravian Empire)的发掘工作,并在发掘工作完成后继续为该研究所工作。

1963 年,尽管被政府认为是"政治上不纯洁的",索夫卡还是成为大摩拉维亚帝国大型展览的委员会成员,该展览还衍生出了一系列的出版物和后续活动。举办该展览是为了纪念圣西里尔和圣美多德(Saints Cyril and Methodius)抵达摩拉维亚 1100 周年,他们是为斯拉夫语提供了书面形式的学者。庆祝活动由联合国教科文组织发起,是其促进扫盲计划的一部分,并被捷克斯洛伐克接受实施。对于一个信奉无神论的国家来说,纪念圣徒是一个挑战,但联合国教科文组织地位崇高,政府不能拒绝这个组织已经计划好的活动。[4]

展览在捷克斯洛伐克取得巨大成功后,一些国家要求举办这个展览。于是国际巡展从德国开始了,先是在东柏林,然后是西柏林,接着是希腊、奥地利、波兰和瑞典。[5] 在西欧国家举办的这次展览,是当时东欧集团项目的一个重大突破,在当时是第一次。

1968 年 8 月,苏联领导的华约联盟入侵捷克斯洛伐克,捷克斯洛伐克计划举行大选。索夫卡选择流亡,并于同年 12 月与妻子(1993 年去世)和两个女儿逃到瑞典。不久之后——也就是他学习瑞典语的时候——他开始在斯德哥尔摩国家古物博物馆(现为国家历史博物馆)工作。1971 年,他成为博物馆经济规划和行政部的负责人,两年后该部门成为展览部(负责项目规划、经济规划和行政工作)。索夫卡组织了瑞典和外国的展览,1975 年接管了博物馆的管理部,1981 年接管了协调发展部。

索夫卡从 1978 年开始参与 ICOFOM 的活动,1982 年成为该委员会的主席。1989 年至 1992 年,他是 ICOM 执行委员会委员,1992 年至 1995 年,他担任 ICOM 副主席。1994 年,他从博物馆退休,继续在布尔诺的马萨里克大学联合国教科文组织博物馆学暑期学校授课。在联合国教科文组织初始阶段的资助和捷克共和国教育部的不断支持下,索夫卡在创建马萨里克大学联合国教科文组织博物馆学和世界遗产教席的过程中,发挥了极其重要的作用,1996 年他当选为第一届教席负责人,担任这一职务至 2002 年。[6]

2007 年,在维也纳召开的 ICOM 大会上,索夫卡被授予 ICOM 荣誉成员称号。[7]2013 年最后几天,他的病情严重恶化,他搬到了瑞典乌普萨拉的一家疗养院,于 2016 年 2 月 9 日去世。

博物馆学观点

在工作的过程中,索夫卡对博物馆学越来越感兴趣,他称之为“与博物馆有关的哲学和理论问题的复合体”,它很有可能成为一门“科学学科”。在当时,这种方法并不受欢迎。然而和兹比内克·兹比斯拉夫·斯特兰斯基一样,索夫卡认为博物馆学是一门研究人与现实之间特定关系的科学,其表达方式是收集、保存和记录这一现实或局部现实并传播其知识。于他而言,博物馆学是一门独立的学术学科,有自己的术语、方法和体系,而博物馆则是促进这一学科的载体。

1976 年,索夫卡受邀从国际角度为一本实用的博物馆工作手册《博物馆技术》(*Museiteknik*)撰写一篇关于博物馆学的文章。[8]正是由于他的努力,博物馆学在斯堪的纳维亚得到了发展。1991 年,乌普萨拉大学授予他哲学荣誉博士,以表彰他在国际推广方面的成就以及对瑞典在世界文化中取得突出地位的贡献。[9]

索夫卡认为,博物馆学是博物馆工作的理论基础,是制定博物馆政策的思想依据。对他来说,只有世界上所有文化的博物馆和遗产思想家为博物馆学的发展做出贡献,并为他们的工作建立一个平台,博物馆学的研究才能开展。

ICOM 国际博物馆学委员会(ICOFOM)

该委员会以其缩写 ICOFOM 而闻名,是唯一一个汇集博物馆学领域专家的国际专业组织。它是 ICOM 于 1977 年在莫斯科召开的大会上成立的,由即将卸任的 ICOM 主席、布尔诺摩拉维亚博物馆馆长扬·耶里内克担任第一届主席。1978 年,在波兰举行的第一次 ICOFOM 会议上,索夫卡提出了一份关于委员会目标和政策的文件,以及创办期刊的建议,这份期刊日后成为讨论博物馆学的国际论坛。[10]

1980 年和 1981 年,在斯德哥尔摩国家古物博物馆赞助下,索夫卡为 ICOFOM 出版了前两期的《博物馆学工作论文集》(*MuWoP*),有英文和法文两个版本。1982 年,耶里内克在巴黎研讨会上辞职后,索夫卡被任命为 ICOFOM 的临时主席。1983 年,委员会预印的期刊《ICOFOM 研究丛刊》(*ISS*)及其通讯《博物馆学新闻》(*Museological News*)首次发行,作为委员会在巴黎和伦敦举行的专题讨论会的基础。后来,索夫卡在伦敦正式当选为 ICOFOM 主席,任期到 1989 年(ICOFOM 只允许连任两届,每届三年)。索夫卡正式确定了 ICOFOM 的意图、目标、政策和计划,使 ICOFOM 成为 ICOM 最成功的国际委员会之一。[11]

编辑政策

索夫卡认识到,世界不同地区对博物馆学有着不同的解释,从理论－哲学思考,到博物馆的实际工作都不尽相同,他努力确保所有的观点都得到尊重,并接受将博物馆学定义的多样性作为委员会的优势之一。

作为 1980 年和 1981 年最初两期《博物馆学工作论文集》的编辑,以及至今仍为委员会官方刊物的《ICOFOM 研究丛刊》前 18 卷的编辑,索夫卡制定了一项动态的编辑政策。其收录的论文对专题研讨会颇有裨益,专题研讨会涵盖了 ICOFOM 理事会为解决博物馆学的基本问题而设定的主题:1982 年的第一次专题研讨会探讨了"博物馆—地域—博物馆学",此后每年讨论一个新的主题,一个特定的理论问题。索夫卡把论文的截稿日期安排在专题研讨会召开之前,以便留出时间制作论文集,分发给与会人员,这项举措使得与会人员可以进行综合分析,而这些分析又成为会议讨论的出发点。

通过出版,所有 ICOFOM 成员均可阅读这些论文,它们构成了博物馆学领域思想发展的支柱。各期《ICOFOM 研究丛刊》都可以在 ICOFOM 官方网站上检索到。要为全球不同立场的博物馆学观点设定一个基准,意味着所有的文章都必须被无障碍地收录。关于特定主题的观点收集得越多,研讨会就会有越好的成果。借以公开出版物的形式,它们成了任何一位博物馆从业人员都可获取的博物馆学知识的信息库。[12]

索夫卡并不认为 ICOFOM 是博物馆学问题的解决方案,但可以是研究和分析这些问题的路径。与此同时,博物馆学作为一门学科得到了发展。[13]对博物馆学的持续研究,使得博物馆学概念一直在发展。彼得·冯·门施写道:"博物馆学的历史似乎可以被描述成一个解放的过程:博物馆学从主题学科中逐渐脱离出来,逐步形成其自身的认知方向和方法论取向。"[14]

ICOFOM 的国际推广

在担任 ICOFOM 委员会主席的七年时间里,索夫卡娴熟地指导了出版物的出版和年度会议的组织,这些是 ICOFOM 活动的核心组成部分,其涵盖了探讨博物馆学基础的专题讨论会、关于当前博物馆问题的研讨会、关于有趣项目的讲座,以及关于研讨会主办国博物馆状况的研究。

在 ICOFOM 委员会发展的这段时期,苏珊娜·纳什(Suzanne Nash)为索夫卡做出了重要贡献,她出生于美国,是一名图书管理员。索夫卡于 1979 年认识了她,当时她在 ICOFOM 位于巴黎的藏品信息记录中心工作。1986 年,她成为瑞典皇家科学院全球变化研究项目的信息官员,并在那里加入了索夫卡的团队。他们共同为 ICOFOM 准备研讨会、翻译和编辑出版物。2010 年,她成为 ICOFOM 执行委员会委员,同时也是该委员会出版物的编辑之一,为这些出版物的传播做出了巨大贡献。

区域小组委员会

在 1987 年至 1988 年期间,索夫卡和 ICOM 澳大利亚国家委员会成员唐·麦克尔迈尔(Don MacMichael)共同致力于更新 ICOM 章程,响应了对去中心化和区域化的要求。1989 年,在海牙 ICOM 大会上,索夫卡和即将上任的 ICOFOM 主席冯·门施将设立 ICOFOM 区域小组委员会纳入三年期计划。拉丁美洲的委员会立即组建了由巴西学者特丽莎·席奈尔和阿根廷学者奈莉·德卡罗里斯领导的 ICOM 国际博物馆学委员会拉丁美洲和加勒比地区区域小组委员会(ICOFOM LAM),欧洲和亚洲的其他委员会也相继成立,如 ICOM 国际博物馆学委员会西伯利亚区域小组委员会(ICOFOM SIB)和 ICOM 国际博物馆学委员会亚洲和太平洋区域小组委员会(ICOFOM ASPAC)。

从压迫到民主

索夫卡在担任马萨里克大学联合国教科文组织博物馆学教席负责

人期间,开展了一项过渡项目,这是 ICOFOM 的一个工作组,1995 年作为"为了促进社会、文化和环境过渡的遗产、博物馆和博物馆学"项目列入联合国教科文组织的三年期计划。1991 年,索夫卡写道:

> 博物馆作为服务社会的自由文化机构,博物馆学作为整个学科领域的哲学和理论基础,面临着新的形势和新的要求……博物馆是文化不可分割的一部分,在文化和自然遗产中占有一席之地。这些机构负有特殊目的和任务,代表着收集、保存、记录、研究、展示文化和自然遗产的特定部分,以实现纪念、欣赏、研究和教育之目的。[15]

对索夫卡来说,只有理解我们的过去,我们才能继续向其他更自由的社会形式迈进。这项倡议呼吁从事文化和自然遗产工作的人员和机构(包括大学)进行合作,向公众传达对历史的现实理解和对未来的重新认识。索夫卡的工作促使人们认识到,遗产和文化是政治、经济和社会变革的重要组成部分。[16]

学术影响

同胞斯特兰斯基的思想影响了同时代的索夫卡,并成为他致力于把博物馆学建设成一门科学学科的基础,[17]这一目标最初以东欧为背景,后来又扩展到世界其他地区。这两位学者的共同点在于对人与现实之间特定关系的理解,这种理解是通过对现实或其碎片的收集、保存和记录来表达的,在我们这个时代,这直接影响了博物馆的构成和发展。

索夫卡寻求将博物馆学思想与博物馆实践相结合,促进讨论,并在学术思想家和博物馆专业人士之间搭建桥梁,作为对斯特兰斯基论文观点的补充。需要提及的是 1971 年至 1977 年,ICOFOM 创始人兼主席耶里内克的重要影响,他在布尔诺的摩拉维亚博物馆成立了博物馆学系,为博物馆学领域开辟了新的途径和可能性。

索夫卡是 ICOFOM 第一代思想家中的一员,他直接和间接地影响了 ICOFOM 下一代成员。多年以来,ICOFOM 陆续涌现了许多杰出的思想家,他们分别是:荷兰学者冯·门施[18],索夫卡的继任委员会主席;克罗地亚学者伊沃·马罗耶维克[19],冯·门施的博士论文指导老师;克罗地亚学者托米斯拉夫·索拉[20];法国学者伯纳德·德洛什(Bernard Deloche)[21]、马蒂尔德·贝莱格[22]和安德烈·德瓦雷[23];巴西学者瓦尔迪萨·卢西奥和席奈尔[24];阿根廷学者德卡罗里斯[25];美国学者朱迪思·斯皮尔鲍尔等[26]。这样一个简短的名单远不足以对世界各地的众多博物馆学家做出公正的评价,他们维持着 ICOFOM 的运行,在索夫卡的基础上,开创了各种新方法。

索夫卡的影响更为广泛地体现在与理论和实践领域相关的讨论中,体现在 ICOFOM 指南的遵循方式、目标、定位和出版物的形式上。

主要著述[27]

Sofka, **V.**

1976

• Museologin i internationellt perspektiv [Museology in international perspectives]. *Museiteknik*, Lund, 149-153.

1978

• Research in and on the museum / La recherche dans et sur le musée. In *Possibilities and limits in scientific research typical for museums / Possibilités et limites de la recherche scientifique typique pour les musées*, ICOFOM conference in Poland. Brno, Moravské zemské muzeum: 58-68; 141-151.

1980

• Museology—science or just practical museum work? / La Muséologie—science ou seulement travail pratique du musée? *Museological Working Papers/Documents de Travail Muséologique—MuWoP/DoTraM*, No. 1: 67, 67 pp. [Thematic journal on museology, including articles and introductions by the editor].

1981

• Interdisciplinarity in museology / L'interdisciplinarité en muséologie. *Museological Working Papers/Documents de Travail Muséologique — MuWoP/DoTraM*, No. 2: 98; 102 pp. [Thematic journal on museology, including articles and introductions by the editor].

• Museologi — vad är det? [Museology, what is that?]

Stockholm, *Realia*, vol 4, no. 1: 16-20.

1983—1989

• (Ed.). *Museological News / Nouvelles Muséologiques.*
[Twice-yearly bulletin of the International Committee of ICOM for
Museology, including papers from and reports on ICOFOM seminars,
workshops, meetings, business matters] Nos. 3-12.

1983—1991

• (Ed.). *ICOFOM Study Series* (*ISS*). Stockholm, ICOFOM
and Statens Historiska Museum. [Preprints of papers presented at
annual symposia of the International Committee for Museology of the
International Council of Museums (ICOFOM), including key-note
editorials and analyses of each symposium theme by the editor].

1983

• (Ed.). Methodology of museology and professional training /
Méthodologie de la muséologie et la formation professionnelle.
Preprints to the ICOFOM Symposium in London, UK, *ICOFOM
Study Series*, vol 1: 146 pp.

• (Ed.). Museum—territory—society: new tendencies, new practices
/ Musées — territoire — societé: nouvelles tendences, nouvelles pratiques.
Preprints to the ICOFOM Symposium in London, UK. *ICOFOM Study
Series*, vol 2: 60; 60 pp.

• (Ed.). Methodology of museology and professional training /
Méthodologie de la muséologie et la formation professionnelle.
Museum-territory—society: new tendencies, new practices / Musées—
territoire—societé: nouvelles tendences, nouvelles pratiques. Addenda
1-3. Preprints to the ICOFOM Symposia in London, UK. *ICOFOM
Study Series*, vols 3, 4 & 5: 31; 36; 61 pp.

1984

• (Ed.). Collecting today for tomorrow / Collecter aujourd'hui
pour demain. Preprints to the ICOFOM Symposium in Leiden, The
Netherlands. *ICOFOM Study Series*, vols 6 & 7: 140, 32 pp.

1985

• Behövs museologi? [Do we need museology?]. *Sagt, Hänt,*

Meddelat,Stockholm, Statens Historiska Museum, 1: 41-45.

• (Ed.). Originals and substitutes in museums / Originaux et objets substitutifs dans les musées. Preprints to the ICOFOM Symposium in Zagreb, Yugoslavia. *ICOFOM Study Series*, vols 8 & 9: 220, 152 pp.

1986

• (Ed.). Museology and identity / Muséologie et identité. Preprints to the ICOFOM Symposium in Buenos Aires, Argentina. *ICOFOM Study Series*, vols 10 & 11: 343, 100 pp.

1987

• (Ed.). Museology and museums / Muséologie et musées. Preprints to the ICOFOM Symposium in Helsinki, Finland. *ICOFOM Study Series*, vols 12 & 13: 313, 170 pp.

1988

• (Ed.). Museology and developing countries—help or manipulation? / Musées et les pays en voie de développement — aide ou manipulation? Preprints to the ICOFOM Symposium in Hyderabad — Varanasi — New Delhi. *ICOFOM Study Series*, vols. 14 & 15: 283, 248 pp.

• Casts as substitute in museums: General points / Le moulage comme substitut dans les musées: généralités. Recommendations. In *Le Moulage*. Actes du Colloque international, 10-12 avril 1987. Paris, La Documentation Française: 157-168; 237.

1989

• (Ed.). Forecasting — a museological tool? Museology and futurology / La prospective — un outil muséologique? Muséologie et futurologie. Preprints to the ICOFOM Symposium in The Hague, The Netherlands. *ICOFOM Study Series*, vol 16: 384 pp.

• A galinha ou o ovo? / The chicken or the egg? [Translation to Portuguese of the introductory editorial to the preprints of the symposium on Museology and Museums, 1987]. Rio de Janeiro, pró-Memoria, *Cadernos museológicos*, 1: 9-11.

• *ICOFOM and museology: A decade of international search for the foundations of museology*. The fourth Regional Assembly of

ICOM in Asia and the Pacific. Proceedings，Tokyo—Beijing：11-22.
［Keynote speech translated into the Chinese by Yuan Kejian in Chinese
Museum，Beijing，4（1989）：10-13］.

• ICOM und ICOFOM，Wegbereiter der heutigen Museologie
［ICOM and ICOFOM：pathfinders of today's museology］. In
Museologie—Neue Wege—Neue Ziele. Bericht über ein internationales
Symposium，veranstaltet von den ICOM-Nationalkomitees der
Bundesrepublik Deutschland，Österreichs und der Schweiz vom 11. bis
14. Mai 1988 am Bodensee. München，ICOM Deutsches
Nationalkomitee，K G Saur：62-78.

1990

• （Ed.）. Museology and the environment/Muséologie et
l'environnement. Preprints to the ICOFOM Symposium in
Livingstone-Mfuwe，Zambia. *ICOFOM Study Series*，vol. 17：
114 pp.

1991

• （Ed.）. *El rol de los museos en situaciones de cambio*. Palabras
del Dr Vinoš Sofka，Miembro del Consejo Ejecutivo del ICOM
Internacional. Primer Encuentro de Museos，ICOM Paraguay，
Asunció n：8-11.

• （Ed.）. *The language of exhibitions / Le langage de
l'exposition*. Preprints to the ICOFOM Symposium in Vevey，
Switzerland. *ICOFOM Study Series*，vols. 19 & 20：204；50 pp.

1992

• Museums，museology and the changing world. In *Towards a
Europe of cultures：changes in Eastern Europe and their impact on
museum work*，Annual Meeting of ICME 1991：191-197（*Mitteilungen
aus dem Museum für Völkerkunde Hamburg*，Neue Folge，Band 22）.

• Zmeny ve svete a evropské zvraty—kulturní dedictví，muzea，
muzejní pracovní ci a muzeologie［Changes in the world and European
upheavals：heritage，museums，the museum profession and
museology］. In *Muzea，veda，kultura a soucasná Evropa*［Museums，
science，culture and Europe now］，International Cultural Meeting，

Brno, 24-25 October 1991. Brno, Moravské zemské muzeum: 9-19.

• ICOFOM: Ten years of international search for the foundations of museology. In *Report from two symposia at the Department of Museology*, *Umeå University*: *What is Museology* (1988); *Local and Global*: *two aspects of museum communication* (1989). Stockholm, Almqvist & Wiksell International: 20-49 (Umeå, Acta Universitatis Umensis, *Papers in Museology*, 1).

• Toward the year 2000: The mission of the museum. In *La Administración de Museos*. Il coloquio del ICOM para America Latina y el Caribe, San José, 1990. San José (Costa Rica), Direccion General de Museos: 23-28.

1993

• Opening address. In AFRICOM Programme. Workshop on Illicit Traffic of Cultural Property, Arusha, Tanzania, 24, 28-29 September 1993. Paris, ICOM: 120-123.

• Discours d'ouverture. In AFRICOM Programme. Atelier sur le trafic illicite des biens culturels, Arusha, Tanzanie, 24, 28-29 septembre 1993. Paris, ICOM: 137-140.

1994

• Dědičstvo, muzeologia, múzeá a náš svět globálných zmien: výzvy a zodpovědnosti [Heritage, museology, museums and our world of global changes: challenges and responsibilities]. In *Európske múzeá na cestě k 21. storočiu* [European museums on the way to the 21st century]. International museological conference, September 1992, in Kosice, Slovak Republic. Košice, Východoslovenské muzeum: 66-78.

1995

• My adventurous life with ICOFOM, museology, museologists and anti-museologists, giving special reference to ICOFOM Study Series. *ICOFOM Study Series*. (Reprint of Volumes 1-20 in 7 books). Hyderabad, ICOFOM: Book 1, 1-25.

1996

• Museums and societies in a Europe of different cultures/Musées et sociétédans l'Europe des cultures. In*Rencontres européennes* *desmusées d'ethnographie/European meeting of ethnography and social history museums.* Paris: 1993. Paris, Ecole du Louvre, Musée national des arts et traditions populaires: 27-32 (*Ethno*, 3).

• Round table 5: Museum practice, summary / Table ronde 5: Expression muséographique, synthèse. In *Rencontres européennes des musées d'ethnographie/European meeting of ethnography and social history museums.* Paris, 1993. Paris, Ecole du Louvre, Musée national des arts et traditions populaires: 213-226. (*Ethno*,3).

1999

• Human dimensions of global networking: Heritage and Transition Programe, workaction and experience of the UNESCO Chair of Museology and the World Heritage. In 3rd *International Seminar Forum UNESCO: University and Heritage.* Deakin University, Melbourne and Geelong, Australia, 4 — 8 October1998: Proceedings, edited by W. S. Logan, C. Long and J. Martin. Plenary Session 4: 72-77.

• The discussion on the topic. *ICOFOM Study Series*, 33a, Museology, Social and Economic Development. Preprints. Barcelona, Spain, 2—4 July, 2001. Munich, Museums-Pä dagogisches Zentrum, 166-169.

• Proyecto Cátedra UNESCO: Sociedades en transición. In Decarolis, N. &. Scheiner, T. C. M. (Coords.). *Actas del X Encuentro Regional del ICOFOM LAM. Museología y patrimonio intangible* (pp. 39-41). Rio de Janeiro, Brasil: Tacnet Cultural / ICOFOM LAM.

• Lo tangible y lo intangible en el patrimonio. In Decarolis, N. &. Scheiner, T. C. M. (Coords.). *Actas del X Encuentro Regional del ICOFOM LAM. Museología y patrimonio intangible* (pp. 98-103). Rio de Janeiro, Brasil: Tacnet Cultural / ICOFOM LAM.

2004

• From oppression to democracy. Changes in the world and European upheavals—heritage, museums, the museum profession and museology. *In. Museology—an instrument for unity and diversity?*

Krasnoyarsk, Belokurikha and Barnaul, Russian Federation, September 6-13, 2003. ICOFOM Study Series—ISS 33 final version. Munich, Museums-Päda — gogisches Zentrum：94, 95-101（also in Russian）.

注释

[1]2017 年 2 月，在 ICOFOM 研究项目"博物馆学史"下工作的学生和研究人员在维基百科上以英语和巴西葡萄牙语发表了该文本的初版，发表者在该平台上的用户名为 Historiadamuseologia，Joymgb 和 Ana Cristina Valentino。

[2]Van Mensch, P. J. A. (1992). *Towards a methodology of museology* (PhD thesis, University of Zagreb, 1992), pp. 19-23. 引自 http://www. muzeologie. net/downloads/mat_lit/mensch_phd. pdf, 22 January 2016.

[3][and following paragraphs] Ann Davis, *Summary of Interviews with Vinoš Sofka during the ICOM General Conference*, Vienna, 19-14 *August* 2007, Ottawa, personal archives, 4 p.

[4]Sofka, V. (1995). My adventurous life with ICOFOM, museology, museologists and anti-museologists, giving special reference to ICOFOM Study Series. In：*ICOFOM Study Series ISS*. (Reprint of Volumes 1-20 in 7 books). Hyderabad, ICOFOM：Book 1, 1-25.

[5]Van Mensch, P. J. A. (2016). Some impressions concerning Vinoš Sofka（1929 — 2016）：lawyer, bricklayer, administrator and museologist. *Museologica Brunensia*, vol. 5, n. 1, 74-76.

[6]Mrázová, L. & Drápala, D. (2015). The role of the UNESCO Chair at the Masaryk University in the system of protection, preservation and presentation of cultural heritage. *Museologica Brunensia*, vol. 4 no. 2, 65-71.

[7]Historic Meeting of ICOM Former Presidents and Honorary Members. General Conference. *ICOM News*, no. 3-4, 2007. p. 18.

[8] Sofka, V. （1976）. 'Museologin i internationellt perspektiv' [Museology in international perspectives]. *Museiteknik*, Lund, 149-153.

[9] Inbjuden till promotionsfesten i Uppsala den 31 maj 1991. Acta Univesitatatis Upsaliensis. Skrifeter rörande Uppsala universitet, B. Inbjudiningar, 98. *Vinoš Sofka*, p. 41.

[10]Jensen, V. T. & Sofka, V. (1983). ICOFOM Policy 1983. Critical analysis of ICOFOM activities with conclusions and proposals for future work. *Museological News* 4, 3-46.

［11］Schärer，M. F. （1996）. Museological training: the role of ISSOM，ICOFOM，and a Swiss example. In Z. Z. Stránský（Ed.），*Museology for tomorrow's world*，*Proceedings of the international symposium held at Masaryk University*，9-11 *Oct.* 1996 （pp. 131-135）. Brno，UNESCO Summer School of Museology，Masaryk University.

［12］Sofka，V. （1988）.（Ed.）. Museology and developing countries—help or manipulation? The topic and its framework. *ICOFOM Study Series*，14，p. 17.

［13］Schärer，M. R. （1995）.（Dir.）. *Symposium Museum and Community II* （Stavanger，Norway，July 1995），Vevey，Alimentarium Food Museum.

［14］Van Mensch，P. J. A. （1992）. *Towards a methodology of museology* （PhD thesis，University of Zagreb，1992），p. 19-23. 引自 http://www. muzeologie. net/downloads/mat_lit/mensch_phd. pdf，22 January 2016. p. 5.

［15］Sofka，V. （2003）. Changes in the world and European upheavals: Heritage，museums the museum profession and museology. Paper presented at The International Cultural Meeting Museums，Science，Culture and Europe Now，24 October 1991，Moravské Muzeum — Brno，Czechoslovakia. In Museology，an Instrument for Unity and Diversity，*ICOFOM Study Series*，33 （Final Version），95-101.

［16］Vieregg，H. （2015）. Approaches to the Transition Process from Oppression to Democracy: Authentic Sites — Memorials — Museums. *Museum International*，Paris，ICOM & Wiley，67，23-39.

［17］Stránský，Z. Z. （1980）. Museology as a Science （a Thesis），*Museologia*，v，XI，n，15，33-39.

［18］Van Mensch，P. J. A. （1992）. *Towards a methodology of museology* （PhD thesis，University of Zagreb，1992），p. 19-23. 引自 http://www. muzeologie. net/downloads/mat_lit/mensch_phd. pdf，22 January 2016.

［19］Maroévic，I. （1998）. *Introduction to Museology — The European approach*. München: Verlag Dr. Christian Müller-Straten.

［20］参见 G. Edson （1997）.（Ed.）. Museums，museology，and ethics: a changing paradigm，*Museum Ethics* （pp. 168—175）. London: Routledge.

［21］Deloche，B. （2001）. *Le musée virtuel. Vers une éthique des nouvelles images. Questions actuelles*. Paris: Presses universitaires de France.

［22］Bellaigue，M. （1992）. O desafio museológico. In: *Fórum De*

Museologia Do Nordeste (Mimeo)，5，Salvador. 8 p.

[23]Desvallées，A. (1986). Identity. *ICOFOM Study Series*，10，73-77.

[24] Scheiner，T. C. M. Museu，museologia e a ´relação específica´: considerações sobre os fundamentos teóricos do campo museal. *Ciência da Informação*，v. 42，n. 3，2013. 引自:http://basessibi. c3sl. ufpr. br/brapci/v/a/20868. Acesso em: 31 jan. 2017.

[25] Decarolis，N. (2011). Introducción. In N. Decarolis (C) oord., *Seminario de Investigación en Museología de los países de lengua portuguesa y española*，II，*Buenos Aires — El pensamiento museológico contemporáneo = O pensamento museológico contemporâneo* (pp. 15-18). Buenos Aires: Comité Internacional del ICOM para la Museología—ICOFOM.

[26]Spielbauer，J. K. (1987). Museums and Museology: a means to an active integrative preservation. *ICOFOM Study Series* 12，271-286 .

[27]维诺·索夫卡的其他出版物包括展览目录;博物馆印刷品和报告;在会议和研讨会上发表的主旨演讲和评论的副本;课程和讲座;俄罗斯和中国期刊上的文章等。

兹比内克·兹比斯拉夫·斯特兰斯基[1]

布鲁诺·布鲁隆·索耶斯

　　兹比内克·兹比斯拉夫·斯特兰斯基(Zbyněk Zbyslav Stránský)，1926 年 10 月 26 日[2]生于昆特拉·霍拉(Kutná Hora)，2016 年 1 月 21 日逝于班斯卡·比斯特里察(Banská Bystrica)，捷克博物馆学家，是搭建科学博物馆学框架的先驱者。1960 年至 1970 年，斯特兰斯基主管布尔诺摩拉维亚博物馆(Moravian Museum)博物馆学系，作为学术先驱之一，他为博物馆学构建了理论基础。在博物馆负责人扬·耶里内克的支持下，他在布尔诺创立了一个博物馆学学派，旨在将博物馆实践与特定的理论体系联系起来。斯特兰斯基在 ICOFOM 内部构建了一门被视为科学的博物馆学，创立了一套基于特定术语和概念的自主思想体系，贡献颇丰。

传　记

　　1926 年 10 月 26 日，兹比内克·兹比斯拉夫·斯特兰斯基出生于捷克斯洛伐克的昆特拉·霍拉。1946 年至 1950 年，他在布拉格的查理大学学习历史和哲学。20 世纪 50 年代，他曾在捷克斯洛伐克的几座博物馆工作。1962 年，他被任命为位于布尔诺的摩拉维亚博物馆和扬·埃万盖利斯塔·普尔基涅大学(Jan Evangelista Purkyně University)开创性博物馆学系系主任。在博物馆馆长耶里内克的影响下，他建立了世界上第一所基于博物馆学理论的博物馆学教学学校。早在 20 世纪 60

年代至 70 年代初,斯特兰斯基就被认为是中欧博物馆学派的领军人物。

在他的职业生涯中,斯特兰斯基致力于建立一套完整而连贯的博物馆学培养方案[3],旨在确立博物馆学家作为思想家和研究者的地位。1962 年,摩拉维亚博物馆的几位专业人士创建了博物馆学系,该系从体制来讲,与博物馆、扬·埃万盖利斯塔·普尔基涅大学均有联系,确立了一条博物馆学的培养路线,并以"布尔诺学派"(Brno School)闻名全球。[4]

1968 年 6 月 20 日,第一届博物馆学专业的学生在布尔诺获得了大学文凭。[5]斯特兰斯基说,这些学生大部分是博物馆的馆长或专业人士,并且已经在其他领域获得过学位。博物馆学课程为期 2 年,共有 4 期,每期 100 课时,包括理论课程和实践课程。课程的主题分为博物馆学概论和专门博物馆学。

自 1986 年开始,随着国际博物馆学暑期学校(ISSOM)的创立,学习斯特兰斯基布尔诺博物馆学课程的人数与日俱增,学生来自全球各地。国际博物馆学暑期学校依托于马萨里克大学(Masaryk University)[6],并得到联合国教科文组织的支持,一直开办到 1999 年,持续向世界各地的专业人士传播博物馆学理论知识。1998 年,斯特兰斯基离开布尔诺,移居斯洛伐克的班斯卡·比斯特里察,在那里创建了生态博物馆学系,并一直协调工作直至退休。

1980 年至 1990 年,斯特兰斯基积极参与 ICOFOM 的工作,1985 年开始负责博物馆学术语项目,旨在创建《博物馆学公约》(*Treaty of Museology*),编纂《博物馆学词典》(*Dictionarium Museologicum*)。[7]直到 20 世纪 90 年代初,ICOFOM 使命均为"将博物馆学建设成为一门科学学科"。[8]斯特兰斯基一直影响着 ICOFOM,他参加过数次相关会议,于 1986 年被选为执行委员会委员。

2002 年之前,斯特兰斯基一直在班斯卡·比斯特里察的马杰伊·贝尔大学(University of Matej Bel)教授博物馆学。随后数年中,他作为邀访讲师回到布尔诺。在 21 世纪第一个 10 年,他仍然活跃,发表了多篇博物馆学理论文章,试图重申和调整博物馆学的结构体系。2016 年 1 月 21 日,斯特兰斯基逝于班斯卡·比斯特里察。

斯特兰斯基一生中拥有多个头衔,并获得了学术界的各种荣誉。1993 年,斯特兰斯基凭其著作《博物馆学》(*De museologica*)(手稿)获评副教授(在捷克语中称为"Docent")。1996 年,斯特兰斯基拒绝了授予他的教授职称,理由是博物馆学尚未成为公认的科学。2006 年,他被马萨里克大学校长彼得·菲亚拉(Petr Fiala)授予银质奖章。

博物馆学观点

作为科学的博物馆学

博物馆学在整个 20 世纪,甚至在 20 世纪之前,[9]有着各种不同的含义,这主要归因于捷克斯洛伐克的一些博物馆专业人士想要使其获得学术上的合法性。自 20 世纪 60 年代以来,"博物馆学"这个术语有了一个新的维度,即要么是一门科学,要么是一门为博物馆工作提供基础的自主学科。在斯特兰斯基的结构化理论中,他致力于研究他认为足以构成一门科学学科的几个关键要点:

首先,一门科学必须确定具体的研究对象;

其次,一门科学必须使用自己的一套方法;

再次,一门科学必须有一套特定的术语、一种科学语言;

最后,一门科学必须以一套理论体系为基础。[10]

因此,在寻求科学合法性的过程中,应该同时根据当代科学的框架来构建博物馆学的理论体系。从这个角度来看,博物馆学主要分为以下几个方面:

(1)理论博物馆学[或元博物馆学(Metamuseology)],包括博物馆工作与现实关系的理论;

(2)历史博物馆学,作为这种关系的历史;

(3)社会博物馆学,根据斯特兰斯基的说法,是一种"应用社会学",研究社会中的博物馆化现象;

(4)应用博物馆学[或博物馆实务(Museography)],将博物馆工作理论应用于现实。[11]

元博物馆学

在 20 世纪 60 年代的背景下,斯特兰斯基提出,"博物馆学作为一门科学的诞生"是有客观原因的;[12]然而,其诞生的内部前提,即逻辑结构,却并不存在。他对博物馆学的特点提出了质疑,并由此对这一理论的理论基础进行了反思。[13]换句话说,斯特兰斯基提出了将元理论问题作为构建科学学科的起点,引入了元博物馆学的概念。[14]元博物馆学指的是"其研究对象本身就是博物馆学的理论",在某种程度上与博物馆学严格相关,但也与哲学、历史以及科学和文化理论相关。

斯特兰斯基在其元博物馆学的研究方法中,提出的第一个问题是博物馆学的研究对象。他向正在发展的元博物馆学领域提出了一些棘手的问题。最初,他否定了博物馆可被视为科学的主题[15],由此开启了一个漫长的自我反思的过程,从基础上奠定了东欧博物馆学的特点。[16]

斯特兰斯基通过指出"博物馆学的对象不是也不可能是博物馆"[17],打算将"工具"——或手段,即博物馆——和它所服务的"目的"分开。他声称,实际上在战后博物馆的背景下,有一点是显而易见的,即博物馆作为服务于特定目的的机构,不可能成为博物馆学的科学研究对象。然而,根据一些批评者的说法[18],他以某种重复自证的方式提出,博物馆学的研究对象应该就存在于博物馆工作之中;用他自己的典型术语来说,存在于生产博物馆物件(museum object,或曰 musealia)的"系统性的和思辨性的"任务之中。

博物馆性

作为一位思想家,斯特兰斯基将博物馆学的对象从作为历史机构的博物馆转换成了博物馆性(Museality)—— 可以理解为"特定的文献(藏品信息)记录价值"(special documentary value)[19]。后者是他理论的核心概念,据此,斯特兰斯基将人们对博物馆学的认知意图设想为对"人对现实的态度"(attitude of man to reality)的科学解释。在他看来,这种对事物的博物馆特性的把握,也即"博物馆性",必须作为"博物馆学认知论意图的中心"[20]。它作为这门学科的科学任务,界定了它在整个科学体系中的地位。

因此,1970 年斯特兰斯基在文章中提出了博物馆性的概念[21],视其为博物馆物件的"品质"或"价值",并建议将之作为博物馆学的真正研究对象。然而,当他首次尝试对该术语做出定义时,就遇到了逻辑上的问题。

例如,德国博物馆学家克劳斯·施莱纳(Klaus Schreiner)并没有把博物馆性视为一个物件的属性,他认为只有在某一特定的、专门的学科背景下,博物馆性才会归属于物件。根据施莱纳的说法,物件"本身"不可能有价值,斯特兰斯基意义上的博物馆性的概念只是"资产阶级-帝国主义价值论"的产物。他认为应当宣扬的哲学价值是"永恒的、无阶级的、广泛意义上非人类属性的",因此,它"将资产阶级的利益绝对化"。[22]正如彼得·冯·门施所指出,斯特兰斯基想要逐步修改博物馆性的概念,将其意义从一个价值范畴转变为"具体的价值取向"本身。[23]

博物馆化

斯特兰斯基只在其晚期文章中探讨过"博物馆化"(英语"Musealisation",捷克语"muzealizace")这一概念。在摩拉维亚博物馆和扬·埃万盖利斯塔·普尔基涅大学于1969年至1986年出版的博物馆学期刊中,"博物馆化"一词首次出现在1972年,然后到1979年才再次出现。[24]事实上,斯特兰斯基并没有创造这个术语,而是挪用了它。根据瓦茨拉夫·鲁塔尔(Václav Rutar)的说法,在20世纪70年代末和20世纪80年代初的博物馆学教科书中首次出现了这个概念,并被其他知识领域的学者在同时期的著作中采用。斯特兰斯基提及该术语时主要的参考来源是哲学家赫尔曼·吕贝(Hermann Lübbe)[25],在后者1981年的一次演讲后,这个词便在德国流行开来[26]。其他学者如让·弗朗索瓦·利奥塔(Jean François Lyotard)、让·鲍德里亚(Jean Baudrillard)以及亨利·皮埃尔·朱迪(Henri Pierre Jeudy)则使用法语"博物馆化"(muséification)一词,该词在斯特兰斯基看来带有一种负面意义。[27]

斯特兰斯基将博物馆化定义为"获得博物馆的品质",具体来说:

> 表达了人类的普遍倾向,即人类作为一种文化的存在,需要为了自身的目的去保护代表着文化价值的种种客观现实的基础部分,以抵御一切自然变化和退化。[28]

通过对博物馆化概念的运用,斯特兰斯基再次思考了"博物馆学的主题",指出它的"核心必须关注博物馆化的动机,以及事物的博物馆性和非博物馆性的条件"[29]。但正如他所认识到的:"只有通过博物馆学的特定方法,才有可能发现是什么让一个普通的物件成为博物馆的物件。"[30]他认为这种将价值归于事物的过程是一种普遍存在的过程,这就要求博物馆学重构其基本目标,从发明价值的任务转向对价值本身的研究。

这样一来,博物馆学的研究对象再次错位,从博物馆性转变为博物馆化;前者是某种产品或"品质",而后者是某种过程,在创造文化产品的同时,产生对自然和人类现实的特定挪用(appropriation)。[31]斯特兰斯基认为,博物馆化与其他保护形式的区别在于,它是物质现实从其原来的样貌提升至文化层面、提升至博物馆学现实这一转变的决定性时刻。这个被博物馆化的现实(musealised reality)通常被认为属于文化遗产的概念,但对斯特兰斯基来说这是错误的,因为这种表达方式过于模糊,而且意味着其方式是被动的。相反,博物馆化依赖主动行为,其中包括他在博物馆学理论中所确定的三个要素:选择(selection)、叙词表化(thesaurisation)和传播(communication)。

他对博物馆化的三个阶段定义如下:

(1)选择,他认为选择是允许我们识别物件"博物馆性潜力"的基本理论,可由不同的科学学科提供。选择本身,即是否把一件"承载者"(博物馆物件)从"原始情境"中移出,将取决于对其"博物馆价值"的评估。[32]

(2)叙词表化(或藏品信息记录,documentation),是将一个物件纳入收藏或博物馆新现实的藏品信息记录系统的过程。

(3)传播是一个过程,通过这个过程,一件藏品将获得意义,可被利用,并传播其科学、文化和社会价值。对于斯特兰斯基来说,传播是对待现实的博物馆学方法,它创造了与原始现实的相互联系,这种联系建立在"质的提升上"。[33]

学术影响

斯特兰斯基受到了诸多人士的影响,但并不是所有的影响都直接体现在他的文章引用中。例如,有人可能会认为,斯特兰斯基研究过比利时学者保罗·奥特勒(Paul Otlet)的书目学知识,影响了他的科学博物馆学思想。[34]我们也可能注意到,在斯特兰斯基的理论文章中,引用最多的学者包括捷克斯洛伐克学者吉瑞·内乌斯图普尼(Jiří Neustupný)、捷克学者约瑟夫·本内斯(Josef Beneš)[35]和苏联学者阿夫拉姆·莫伊塞耶维奇·拉兹贡。[36]我们还需承认学者耶里内克和维诺·索夫卡所提供的基本支持——斯特兰斯基通过参与 ICOFOM 和创建国际博物馆学暑期学校,确立了博物馆学的国际化背景,这两位学者在这中间有很多贡献。

斯特兰斯基对中欧和东欧有影响力的思想主要在 20 世纪 70 年代以后的出版物中被引用,出版物的作者包括苏联学者拉兹贡[37]、英国学者杰弗里·刘易斯(Geoffrey D. Lewis)[38]、德国学者施莱纳[39]、捷克学者安娜·格雷戈洛娃(Anna Gregorová)[40]、巴西学者瓦尔迪萨·卢西奥[41]和荷兰学者冯·门施[42]等。1990 年,若干位熟悉斯特兰斯基及其在 ICOFOM 和国际博物馆学暑期学校中的著作的博物馆学学者将他的解释和观点带入各自的国家,以产生新的理论观点,这包括法国学者伯纳德·德洛什(Bernard Deloche)[43]和巴西学者特丽莎·席奈尔[44]。

总的来说,尽管一些博物馆学家仍然打算将博物馆学学科简化为一套技术,但是来自东欧国家的学者们如格雷戈洛娃和施莱纳,还是将其定义为一门正在建设的科学学科。这一概念的首要批评者是英国学者肯尼斯·哈德森(Kenneth Hudson)[45]和美国学者乔治·艾里斯·博寇(George E. Burcaw),因此可见,那些更倾向于理论化的国家中的博物馆学家,更愿意追随由斯特兰斯基开创的更加理论化的博物馆学方法,例如来自德国、拉丁学派以及拉丁美洲国家的学者们。

冯·门施等学者提议,应当根据斯特兰斯基开创的模式来构建该学科。冯·门施将博物馆学理解为五个方面:一般博物馆学、理论博物馆学(或斯特兰斯基的元博物馆学)、专门博物馆学、历史博物馆学和应用博物馆学。[46]除了这五个方面,斯特兰斯基还建议增加社会博物馆学,以研究当代社会中的博物馆化现象。冯·门施进一步强化了斯特兰斯基对博物馆学职业化的思考。他提出了 PRC 模式[保护(Preservation)、研究(Research)和传播(Communication)][47],其基础正是将该学科视为一门真正的科学。[48]

在拉丁美洲,尤其是在巴西,随着 ICOM 国际博物馆学委员会拉丁美洲和加勒比地区区域小组委员会(ICOFOM LAM)的成立,自 20 世纪 80 年代以来,斯特兰斯基提出的理论观点已经成为其博物馆学培养方案课程体系的一部分,主要体现在位于圣保罗的学者卢西奥和位于里约热内卢的学者席奈尔的文章中,他们都基于斯特兰斯基的思想创立了"学派",其核心观点是将博物馆学作为一门科学的学科。[49]

主要著述

Stránský, **Z. Z.**

1965

• Predmet muzeologie. In Z. Z. Stránský, (Ed.), *Sborník materiálu prvého muzeologického sympozia*. (pp. 30-33). Brno, Czech Republic: Moravian Museum.

1969

• The first museology graduates in Brno. ICOM — International Council of Museums. *ICOM News / Nouvelles de l'ICOM*, vol. 22, 2, 61-62.

1970

• Múzejnictvo v relácii teórie a praxe. *Múzeum*, roč. XV, 3, 173-183.

1974

• Brno: Education in Museology. *Museological Papers* V, Supplementum 2, Brno, Czech Republic: J. E. Purkyně University and Moravian Museum. 47 p.

1977

• La voie du musée, exposition au Musée de Morave, Brno. *Museum*, vol. XXXIX, 4, 183-191. (published under the pseudonym of E. Schneider).

1978

• Museological principles of museum exhibitions. In *The Problems of Contents*, *Didactics and Aesthetics of Modern Museum Exhibitions*. *International Museological Seminary* (pp. 71-93).

1980

• Museology as a Science (a Thesis). *Museologia*, 15, XI, 33-39.

• [On the topic Museology — science or just museum work?] *Museological Working Papers — MuWoP / Documents de Travail sur la Muséologie*—*DoTraM*，1，42-44.

1981

• ［On the topic Interdisciplinarity in Museology］ *Museological Working Papers*—*MuWoP / Documents de Travail sur la Muséologie*—*DoTraM*，2，19-22.

• La théorie des systèmes et la muséologie. *Museological Working Papers*—*MuWoP / Documents de Travail sur la Muséologie*—*DoTraM*，2，72-76.

1983

• Methodology of museology and professional training. *ICOFOM Study Series*，1，126-132.

• Museum — Territory — Society. *ICOFOM Study Series*，2，27-33.

• Methodology of museology and training of personnel — Comments. *ICOFOM Study Series*，3，14-22.

• Museum — Territory — Society — Comments. *ICOFOM Study Series*，3，28-31.

1984

• Dictionarium museologicum und unsere Teilnahme. *Muzeum*，vol. 29，3，11-17.

• A provocative check list. In Collecting Today for Tomorrow. *ICOFOM Study Series*，6，7-11.

• Current acquisition policy and its appropriateness for tomorrow's needs. *ICOFOM Study Series*，6，145-151.

• Politique courante d'acquisition et adaptation aux besoins de demain. *ICOFOM Study Series*，6，152-160.

• Une check-list provocatrice. In Collectionner aujourd'hui pour demain. *ICOFOM Study Series*，6，12-14.

1985

• Working Group on the Treatise on Museology — aims and orientation. *Museological News*，Semi-Annual Bulletin of the International Committee of ICOM for Museology，8，25-28.

• Working Group on terminology. *Museological News*，Semi-

Annual Bulletin of the International Committee of ICOM for Museology, 8, 29-31.

• Originals versus substitutes. *ICOFOM Study Series*, 9, 95-102.

• Originaux contre substitutes. *ICOFOM Study Series*, 9, 103-113.

• Originaux et substituts dans les musées. Commentaires et points de vue sur les mémoires de base présentés dans l'ISS N° 8. *ICOFOM Study Series*, 9, 65-68.

• Comments and views on basic papers presented in *ISS* No. 8: Originals and Substitutes in Museums. *ICOFOM Study Series*, 9, 61-63.

1986

• La muséologie et l'identité: commentaires et points de vue. *ICOFOM Study Series*, 11, 55-60.

• Museology and identity: comments and views. *ICOFOM Study Series*, 11, 49-53.

1987

• Is museology a sequel of the existence of museums or did it precede their arrival and must museology thus programme their future? *ICOFOM Study Series*, 12, 287-292.

• La muséologie est-elle une conséquence de l'existence des musées ou les précède-t-elle et détermine leur avenir? *ICOFOM Study Series*, 12, 293-298.

1988

• Museologie: deus ex-machina. *ICOFOM Study Series*, 15, 215-223.

• Museology: deus ex-machina. *ICOFOM Study Series*, 15, 207-214.

• Comment, in Museology and Developing Countries. *ICOFOM Study Series*, 15, 237-240.

• Commentaire, in Muséologie et pays en voie de développement. *ICOFOM Study Series*, 15, 241-244.

1989

• Forecasting — a museological tool? Museology and futurology. *ICOFOM Study Series*，16，297-301.

• La prospective — un outil muséologique? Muséologie et futurologie. *ICOFOM Study Series*，16，303-308.

1991

• The language of exhibitions. *ICOFOM Study Series*，19，129-133.

1993

• The Department of Museology，Faculty of Arts，Masaryk University of Brno and the questions of defining a profile of the museology curriculum. *ICOFOM Study Series*，22，127-131.

1994

• Object — document，or do we know what we are actually collecting? *ICOFOM Study Series*，23，47-51.

1995

• *Introduction à l'étude de la muséologie.* Destinée aux étudiants de l'École Internationale d'Été de Muséologie — EIEM. Brno，Czech Republic：Université Masaryk. 116 p.

1997

• The ontology of memory and museology. *ICOFOM Study Series*，27，269-272.

2005

Archeologie a muzeologie. Brno，Czech Republic：Masarykova Univerzita. 315 p.

注释

[1]2017 年 2 月，在 ICOFOM 研究项目"博物馆学史"下工作的学生和研究人员在维基百科上以英语和巴西葡萄牙语发表了该文本的初版，发表者在该平台上的用户名为 Historiadamuseologia。

[2]译者注：原文中斯特兰斯基的出生日期前后不一致，此处出生日期原为 1926 年 10 月 16 日，经查证后更改为 1926 年 10 月 26 日。

[3]斯特兰斯基并非唯一一位在 20 世纪后半叶开设博物馆学课程的学者。开设博物馆学课程的案例还包括：雷蒙德·辛格尔顿(Raymond Singleton)和后

继者杰弗里·刘易斯(Geoffrey Lewis)在莱斯特大学开设的课程、乔治·亨利·里维埃于 1970 年在法国开设的课程、波兰托伦(Toruń)开设的专业方案、南斯拉夫萨格勒布(现克罗地亚)开设的专业方案、美国博物馆协会(American Association of Museums)在美国开设的专业方案。

[4]Cerávolo, S. M. (2004). *Da palavra ao termo: um caminho para compreender a museologia*.(主题为图书馆学和藏品信息记录的博士学位论文)—Escola de Comunicação e Artes, Universidade de São Paulo. 218 f.

[5]Stránský, Z. Z. (1969, June). The first museology graduates in Brno. ICOM—International Council of Museums. *ICOM News / Nouvelles de l' ICOM*, vol. 22, 2, 61-62.

[6]位于布尔诺的马萨里克大学创立于 1919 年,现在是捷克共和国的第二大高校。1960 年,该校更名为扬·埃万盖利斯塔·普尔基涅大学,以纪念同名的捷克生物学家。1990 年,在天鹅绒革命之后,该校恢复原名。

[7]这本博物馆学基本术语词典被翻译成 20 种不同的语言出版。参见《博物馆学词典》(*Dictionarium Museologicum*). Budapest National Center of Museums, 1983.

[8] ICOFOM — International Committee for Museology. (1992, June). *Museological News*, Semi-Anual Bulletin of the International Committee of ICOM for Museology.

[9]有关 20 世纪之前这个术语的历史,参见 Aquilina, J. D. (2011). *The Babelian Tale of Museology and Museography: A history in words*. Museology: International Scientific Eletronic Journal, 6, 1-20;以及 Desvallées, A. & Mairesse, F. (Dirs.). (2011). *Dictionnaire encyclopédique de muséologie*. Paris: Armand Colin.

[10] Stránský, Z. Z. (1980). Museology as a Science (a Thesis). *Museologia*, 15, XI, 33-39.

[11]Stránský, Z. Z. (1980). Museology as a science. *Museologia*, 15, XI, 33-40. In van Mensch, P. J. A. (Ed.). (1994). *Theoretical Museology* [textbook] (pp. 255-262). Amsterdam: Master's Degree Programme in Museology, Faculty of Museology, Reinwardt Academy; Stránský, Z. Z. (1995). *Introduction à l'étude de la muséologie*. Destinée aux étudiants de l'École Internationale d'Été de Muséologie—EIEM. Brno: Université Masaryk.

[12]Stránský, Z. Z. (1995). *Introduction à l'étude de la muséologie*. Destinée aux étudiants de l'École Internationale d'Été de Muséologie—EIEM. Brno: Université Masaryk. p. 26.

［13］Stránský，Z. Z. (1965). Predmet muzeologie. In Z. Z. Stranský，(Eds.)，*Sborník materiálu prvého muzeologického symposia* (pp. 30-33). Brno：Moravian Museum. p. 31.

［14］Stránský，Z. Z. (1995). *Introduction à l'étude de la muséologie.* Destinée aux étudiants de l'École Internationale d'Été de Muséologie—EIEM. Brno：Université Masaryk. p. 15.

［15］Stránský，Z. Z. (1965). Predmet muzeologie. In Z. Z. Stranský (Eds.)，*Sborník materiálu prvého muzeologického symposia* (pp. 30-33). Brno：Moravian Museum.

［16］参见 Brulon Soares，B. (2016). Provoking museology：the geminal thinking of Zbyněk Z. Stránský. *Museologica Brunensia*，vol. 5，2，5-17.

［17］Stránský，Z. Z. (1965). Predmet muzeologie. In Z. Z. Stranský (Eds.)，*Sborník materiálu prvého muzeologického symposia* (pp. 30-33). Brno：Moravian Museum. p. 33.

［18］参见 Desvallées，A. &. Mairesse，F. (Dirs.). (2011). *Dictionnaire encyclopédique de muséologie.* Paris：Armand Colin.

［19］ Stránský，Z. Z. (1974). Brno：Education in Museology. *Museological Papers* V，Supplementum 2，Brno：J. E. Purkyně University and Moravian Museum，p. 28.

［20］Stránský，Z. Z. (1987). Museology and Museums. *ICOFOM Study Series*，12，p. 289.

［21］ Stránský，Z. Z. (1970). Múzejnictvo v relácii teórie a praxe. *Múzeum*，roř. XV，3，173-183.

［22］Schreiner，K. (1987). Forschungsgegenstand der Museologie und Disziplingenese. *Neue Museumskunde*，vol. 23，1，4-8.

［23］ Van Mensch，P. J. A. (1992). *Towards a Methodology of Museology.* PhD Thesis. University of Zágreb，Zágreb，1992. Available at：http://www. muuseum. ee/en/erialane_areng/museoloogiaalane_ki /p_van_mensch_towar/mensch04.

［24］Rutar，V. (2012). *Geneze pojmů muzeálie，muzealita a muzealizace* na stránkách Muzeologických sešitů v letech 1969—1986. *Museologica Brunensia*，vol. 1，1，p. 11.

［25］ Stránský，Z. Z. (2000) In Rutar，V. *Geneze pojmů muzeálie，muzealita a muzealizace* na stránkách Muzeologických sešitů v letech 1969—1986. *Museologica Brunensia*，vol. 1，1，6-13.

［26］Van Mensch，P. J. A. (2016). Metamuseological challenges in the work of Zbyněk Stránský. *Museologica Brunensia*，5，2，p. 24.

［27］参见 Desvallées，A. (1998). Cent quarante termes muséologiques ou petit glossaire del'exposition. In de Bary，M.-O. & Tobelem，J.-M. (Dir.). *Manuel de Muséographie. Petit guide à l'usage des responsables de musée.* (pp. 205-251). Biarritz：Séguier，Option Culture.

［28］原文为"une expression de la tendance humaine universelle à préserver，contre le changement et la dégradation naturels，les éléments de la réalité objective qui représentent des valeurs culturelles que l'homme，en tant qu'être culturel，a besoin de conserver dans son propre intérêt."后由作者自己翻译成英文。参见 Stránský，Z. Z. (1995). *Introduction à l'étude de la muséologie.* Destinée aux étudiants de l'École Internationale d'Été de Muséologie—EIEM. Brno：Université Masaryk. pp. 28-29.

［29］同上，p. 19。

［30］同上，p. 20。

［31］同上，p. 29。

［32］Stránský，Z. Z. (1974). Brno：Education in Museology. *Museological Papers V*，Supplementum 2，p. 30.

［33］因此，斯特兰斯基认为博物馆学传播的特殊性影响着博物馆学藏品信息记录的特殊性。同上，p. 31。

［34］Mairesse，F. (2017). Zbyněk Stránský et la bibliologie. In B. Brulon Soares & A. B. Baraçal(Eds.)，*Stránský：a bridge Brno — Brazil* (pp. 101-114.). Annals of the III Cycle of Debates of the School of Museology of UNIRIO. Paris：ICOFOM / UNIRIO.

［35］译者注：约瑟夫·本内斯(1917—2005)，捷克博物馆学家、民族志学者，在博物馆研究和博物馆学领域发表过数百篇作品。

［36］例如参见 Stránský，Z. Z. (1995). *Introduction à l'étude de la muséologie.* Destinée aux étudiants de l'École Internationale d'Été de Muséologie—EIEM. Brno：Université Masaryk.

［37］参见 Razgon，A. M. (1978). Research work in museums：its possibilities and limits. In ICOFOM—International Committee for Museology. *Possibilities and limits in scientific research typical for the museums.* (pp. 20-45). Brno：Moravian Museum.

［38］参见 Lewis，G. D. (1980). *Museological Working Papers—MuWoP / Documents de Travail sur la Muséologie—DoTraM*，1，26-27.

［39］参见 Schreiner，K.（1980）. *Museological Working Papers－MuWoP / Documents de Travail sur la Muséologie－DoTraM*，1，39-41.

［40］参见 Gregorová，A.（1980）. *Museological Working Papers－MuWoP / Documents de Travail sur la Muséologie－DoTraM*，1，19-21.

［41］参见 Rússio，W.（1981）. *Museological Working Papers－MuWoP / Documents de Travail sur la Muséologie－DoTraM*，2，56-57.

［42］参见 van Mensch，P. J. A.（1992）. *Towards a Methodology of Museology*. PhD Thesis. University of Zágreb，Zágreb，1992. 引自：http:// www. muuseum. ee/en/erialane＿areng/museoloogiaalane＿ki /p＿van＿mensch＿towar/mensch04.

［43］Deloche，B.（2001）. *Le musée virtuel. Vers une éthique des nouvelles images*. Questions actuelles. Paris：Presses universitaires de France.

［44］Scheiner，T. C. M.（1998）. *Apolo e Dionísio no templo das musas－Museu：gênese，idéia e representações na cultura ocidental*. Master's Dissertation in Communication. Rio de Janeiro：Universidade Federal do Rio de Janeiro/ECO.

［45］译者注：肯尼斯·哈德森(1916—1999)，英国社会史学者、博物馆研究者，出版著作《八十年代的博物馆——世界趋势综览》(*Museums for the 1980s：A Survey of World Trends*)等。

［46］Van Mensch，P. J. A.（1992）. *Towards a Methodology of Museology*. PhD Thesis. University of Zágreb，Zágreb，1992. 引自：http:// www. muuseum. ee/en/erialane＿areng/museoloogiaalane＿ki /p＿van＿mensch＿towar/mensch04.

［47］他在后来的著述中将其定义为 APRC 模式（行政、保护、研究和传播）。参见本书中的"彼得·冯·门施"部分。

［48］PRC 模式与斯特兰斯基创立的模式很相近，也被里维埃所采纳，修订为选择、叙词表化和展示（presentation）。这个三方模式构成了博物馆活动的三个支柱，而这些活动既彼此依存又相对独立。Desvallées，A. ＆ Mairesse，F. (Dirs.).（2011）. *Dictionnaire encyclopédique de muséologie*. Paris：Armand Colin. pp. 363-364.

［49］有关斯特兰斯基的思想在里约热内卢博物馆学教学中所产生的影响，参见 Brulon Soares，B.；Carvalho，L. de；Cruz，H. de V. UNIRIO：A Model of Evolving Museology Teaching in Brazil. *Museum International*（English ed. Print），v. 68，29-42，2016. 引自：http://onlinelibrary. wiley. com/doi/ 10. 1111/muse. 12094/abstract；jsessionid＝540E452248A6FAC9756F93A97AB 8D555. f02t01.

阿夫拉姆·莫伊塞耶维奇·拉兹贡[1]

安娜·莱舍琴科

阿夫拉姆·莫伊塞耶维奇·拉兹贡(Avram Moiseevich Razgon),1920 年 1 月 6 日生于亚尔采沃(Yartsevo),1989 年 2 月 3 日逝于莫斯科,苏联历史学家、杰出的博物馆学理论家、大学教师。他于 1974 年获得科学博士(Doktor nauk)学位[2],1986 年成为大学教授。他是 ICOFOM 早期(1977 年至 20 世纪 80 年代)的活跃成员,撰写了关于博物馆学基础的重要文章。

传　记

阿夫拉姆·莫伊塞耶维奇·拉兹贡于 1920 年 1 月 6 日出生在亚尔采沃,1948 年毕业于莫斯科国立罗蒙诺索夫大学(Lomonosov Moscow State University)。他是苏联著名的俄罗斯历史编纂学专家尼古拉·鲁宾斯坦(Nikolay Rubinstein)的学生和后期助手,在莫斯科的博物馆研究所(Research Institute for Museum Studies)先后担任高级科学官员(1952 年至 1962 年)和科学部副主任(1962 年至 1972 年)。

1972 年至 1974 年,拉兹贡在革命博物馆(Museum of Revolution)担任博物馆研究部的负责人。1974 年至 1988 年,他在莫斯科的国家历史博物馆担任制图学部门的负责人。1984 年,他在全联盟艺术文化工作者专业技能提升研究所(All-Union Institute of Improvement of Professional Skills of Workers of Art and Culture)成立了博物馆研究部,并担任该部门负责人至 1989 年。同时,他还在莫斯科国立罗蒙诺索夫大学历史系和莫斯科国立历史档案研究所的博物馆研究部讲授博物馆学。在苏联，他于1986年成为博物馆研究部第一位教授级别的学者。

拉兹贡是 ICOFOM 的创始人之一，于1977年至1983年担任副主席。他积极参与了1983年和1986年出版的《博物馆学词典》(*Dictionarium Museologicum*)的编纂工作。

拉兹贡与来自德意志民主共和国的博物馆学家共同主导了一个国际项目，撰写《博物馆研究：历史博物馆》(*Muzeevedenie：Muzei istoricheskogo profilja/Museum Studies：Historical Museums*)。该书于1988年出版，多年来一直是苏联博物馆学的主要教材。在拉兹贡生命的最后时光里，他在培养专业博物馆学家的理论和方法论基础上都投入了大量精力。

国家历史博物馆和其他一些遗产机构曾组织多次会议，纪念拉兹贡在推进博物馆理论和实践方面的工作及思想。

博物馆学观点

拉兹贡撰写了逾百篇关于经济史和博物馆学的学术论文。他的研究基于印刷和存档资料，以及博物馆收藏中的各类物件。他的著作主要是关于历史、考古、军事和地方性博物馆的历史，以及如何在社会历史和科学知识发展的背景下保护历史和文化遗迹。他在于1973年提交的博士论文《1861年至1917年俄罗斯的历史博物馆》(*Istoricheskie muzei v Rossii 1861—1917*)中总结了这些思考，是俄罗斯博物馆学史上的重要著作。他指导筹备了关于博物馆工作历史的编著《俄罗斯和苏联的博物馆历史论文集(1960—1971)》[*Essays on the History of Museums in Russia and the USSR(1960—1971)*]，在该书中，拉兹贡也撰写了一篇文章，论述18世纪至1917年历史博物馆和纪念馆的状况。

博物馆学和博物馆物件

20世纪70年代中期，拉兹贡的学术兴趣主要在历史和博物馆工作的理论领域。他认为博物馆学正显示出"一个独立的科学分支的特征"[3]，这门学科一直致力于研究社会信息的保护过程、对世界的认知，以及通过博物馆物件进行知识和情感的传递过程。拉兹贡提倡"博物馆来源研究"(Muzejnoe istochnikovedenie)的理念，即把博物馆物件作为信息来源进行分析。他也一直探索如何确定博物馆学与其他科学知识领域的关系，以及如何改进博物馆学术语。拉兹贡在其关于博物馆学作为一门科学的定义中，将这一学科分为三个主要类别：

（1）博物馆系统和博物馆作为有历史条件的社会机构，其功能和内部组织；

（2）为科学和教育目的而收集和保存在博物馆收藏中的原始物件的特定方面；

（3）研究与特定博物馆概况相对应的事件、自然和社会现象的特定方面。[4]

拉兹贡有关"博物馆来源研究"属于一个独立的知识领域的观点，后来在俄罗斯博物馆学家妮娜·菲尼亚吉纳（Nina P. Finyagina）（1930—2000）和娜塔莉娅·萨马里纳（Natalia G. Samarina）（1958—2011）的著作中得到了延伸。在菲尼亚吉纳和萨马里纳看来，"博物馆来源研究"和"历史来源研究"（Istoricheskoe istochnikovedenie）之间的主要区别在于，"博物馆来源研究"强调的是博物馆物件被纳入博物馆收藏和展览之后的语义信息。

学术影响

拉兹贡的博物馆和博物馆学概念受到了兹比内克·兹比斯拉夫·斯特兰斯基的影响，自1978年在ICOFOM发表的第一篇文章开始，他就引用了斯特兰斯基的观点。[5]他曾与克劳斯·施莱纳等德意志民主共和国的博物馆学家合作，这些学者影响了他在历史博物馆和博物馆学方面思想和概念的形成。斯特兰斯基提到，拉兹贡与"国外的博物馆学家，特别是波兰、保加利亚和捷克斯洛伐克的博物馆学家建立了密切的合作关系"[6]。

拉兹贡除了影响到一些俄罗斯博物馆学家如菲尼亚吉纳和萨马里纳等，还影响了ICOFOM的第一代学者们，扬·耶里内克、维诺·索夫卡和斯特兰斯基都引用了他的文章。他对科学博物馆学的基础做出的贡献，也被杰弗里·刘易斯（Geoffrey D. Lewis）、瓦尔迪萨·卢西奥和弗洛拉·卡普兰（Flora S. Kaplan）等学者引用。俄罗斯博物馆学家奥尔加·切尔卡耶娃（Olga Cherkaeva）对拉兹贡和德国博物馆学之间的相互影响进行了研究，证明拉兹贡极大地影响了德意志民主共和国的博物馆学家,并通过其文章著作直接或间接地促进了德国博物馆理论的发展。[7]此外,根据伊古姆诺娃(Igumnova)[8]和切尔卡耶娃[9]的说法,拉兹贡的知名工作还包括倡议在西柏林创建博物馆科学研究所(Institut für Museumswesen)。[10]

主要著述

Razgon, A. M.

1968

• 50 Jahre sowjetische Museumswissenschaft. *Neue Museumskunde*, 2, 145-165.

1977

• Zur Prinzip der Parteilichkeit in der Museumsarbeit. *Neue Museumskunde*, 4, 244-254.

1978

• Research work in museums: its possibilities and limits. In *Possibilities and Limits in Scientific Research Typical for the Museums*. (pp. 20-45). Brno: Moravian Museum.

• Les possibilités et les limites du travail et de la recherche scientifiques dans les musées. In *Possibilités et limites de la recherche scientifique typiques pour les musées* (pp. 99-127). Brno: Musée morave.

1979

• Contemporary Museology and the problem of the place of museums in the system of social institutions. In *Sociological and Ecological Aspects in Modern Museum Activities in the Light of Cooperation with Other Related Institutions* (pp. 29-37). Brno: Moravian Museum.

1980

• Museological provocations 1979, in Museology—Science or just practical museum work? *Museological Working Papers—MuWop*, 1, 11-12.

• Provocations Muséologiques 1979，in la muséologie—science ou seulement travail pratique du musée? *Documents de Travail sur la Museologie—DoTraM*，1，11-12.

1981

• La multidisciplinarité en muséologie. Recherche fondamentale et appliquée. *Museological Working Papers—MuWoP*，2，53-55.

• Multidisciplinary research in museology. *Museological Working Papers—MuWoP*，2，51-53.

1987

• Das Museumsnetz in der UdSSR：Geschichte und Entwicklungstendenzen. *Neue Museumskunde*，3，180-185.

1988

• Allgemeintheoretische Fragen der Museologie in der wissenschaftlichen Literatur der sozialistischen Länder. *Lehrbrief für das Hochschulfernstudium*（pp. 5-54）. Berlin：Zentralstelle des Ministeriums für Hoch-und Fachschulwesen.

• Museologie als wissenschaftliche Disziplin. In *Museologie. Theoretische Grundlagen und Methodik der Arbeit in Geschichtsmuseen*（vol. 2，pp. 16-43）. Berlin：Deutscher Verlag der Wissenschaften.

Razgon，A. M.，& Finjagina，N. P.

1972

• *Izučenie i naučnoe opisanie pamjatnikov material'noj kul'tury* ［*Study and scientific description of the monuments of material culture*］. Moskva：Sovetskaja Rossija.

注释

[1]2014 年 11 月，在 ICOFOM 研究项目"博物馆学史"下工作的学生和研究人员在维基百科上以英语和巴西葡萄牙语发表了该文本的初版，发表者在该平台上的用户名为 Anna Leshchenko、Historiadamuseologia 和 Joymgb。

[2]在俄罗斯，科学学术博士（Doctor nauk）是在科学研究候选人［译者注：相当于哲学博士（Doctor of Philosophy）］之后获得的更高一级的博士学位。

［3］Razgon A. M.（1980）. Museological provocations 1979，in Museology
—Science or just practical museum work? *Museological Working Papers —
MuWoP*，1，11-12.

［4］同上。

［5］Razgon，A. M.（1978）. Research work in museums：its possibilities
and limits. In *Possibilities and Limits in Scientific Research Typical for the
Museums*（pp. 20-45）| Les possibilités et les limites du travail et de la
recherche scientifiques dans les muses. In *Possibilités et limites de la recherche
scientifique typiques pour les musées*（pp. 99-127）. Brno：Musée Morave.

［6］Stránský Z. Z.（1989）. In memoriam Avram M Razgon. *Museological
News*，12，p. 7.

［7］Cherkaeva O. E.（2015）. **A. M.** Razgon i sovremennaya muzejnaya
nauka i praktika v Germanii［**A. M.** Razgon and the modern museum science and
practice in Germany］. *Istoricheskij zhurnal：nauchnye issledovaniya［History
magazine—researches］*，4(28)，427-438.

［8］Igumnova T. G.（1999）. Znachenie issledovanij **A. M.** Razgona v
razvitii mezhdunarodnogo muzeevedeniya［Significance of **A. M.** Razgon's
studies for the development of international museology］. *Slovo o soratnike i
druge（K 80-letiyu* **A. M.** *Razgona）：Nauchnye chteniya［About a colleague
and a friend（to the 80th anniversary of* **A. M.** *Razgon)：scientific readings］*
（pp. 42-46）. Moskva：GIM.

［9］Cherkaeva O. E.（2015）. **A. M.** Razgon i sovremennaya muzejnaya
nauka i praktika v Germanii［**A. M.** Razgon and the modern museum science and
practice in Germany］. *Istoricheskij zhurnal：nauchnye issledovaniya［History
magazine—researches］*，4(28)，427-438.

［10］博物馆科学研究所创建于 1971 年 1 月 9 日,运作至 1993 年。

鹤田总一郎

水岛英治

鹤田总一郎(Soichiro Tsuruta),1917 年生于日本长野县,1992 年逝于日本,日本博物馆学家和学者,曾任法政大学(Hosei University)教授。他撰写了多部关于博物馆研究和博物馆学的著述,包括 1956 年由日本博物馆协会出版的文章《博物馆研究的一般理论》(*General Museum Studies*)。他自 20 世纪 50 年代末起成为 ICOM 的活跃会员,几十年来活跃在 ICOM 周围,并于 1986 年成为执行委员会委员。他在ICOFOM 成立之初就入会,并在委员会中为博物馆学的早期发展做出了贡献。从鹤田总一郎的博物馆理论来讲,他在第二次世界大战后致力于日本博物馆的振兴,并将博物馆学作为一门科学进行发展。

传　记

鹤田总一郎于 1917 年出生在长野县。他在东京文理科大学(即后来的东京教育大学,现在的筑波大学)的东京高等教育学院(Tokyo Advanced Higher Education College)学习,1941 年毕业。他在大学里学习的是生物学,主修动物生态学。因此,他对昆虫和蝴蝶特别感兴趣,青年时期经常去东京附近的丹泽山周围收集标本。这一兴趣可能决定了他博物馆学概念的形成,即博物馆学应作为一门与藏品信息记录理论等具体理论相关的科学。

1945 年 9 月,战争结束后,日本文部省进行了改组,并成立了新的科学教育局(Science Education Bureau)。当时 28 岁的鹤田总一郎被文部省任命为国立科学博物馆(National Science Museum)的官员。此后，在接下来的 30 年里，他一直为该博物馆工作。出于专业知识的考虑，他先被分配到博物馆的动物研究部门；但他对传播和推广科学知识非常感兴趣，因此一直从事着博物馆的管理和推广工作，这是他在日本国内研究博物馆学(和博物馆研究)概念的起点。

1956 年，他参与了由日本博物馆协会编辑的出版物《博物馆研究入门》(*Introduction to Museum Studies*)，该书被称为战后日本博物馆研究的关键著作。[1]他的文章《博物馆研究的一般理论》是该书的第一部分。战后，鹤田总一郎继续从事博物馆的工作和研究，这是他博物馆学文章的主要方向。同时，在随后的几年里，他在文部省担任过数个职位，包括国家自然教育公园(National Nature Education Park)副园长和国家教育博物馆馆长等。1979 年，他成为东京法政大学教育系的首位博物馆研究讲师，之后晋升为教授，另外他也在中国的复旦大学担任教授。

在发展自己的博物馆理论时，鹤田总一郎强调了博物馆在国际范围内促进和传播科学知识的作用。他受到棚桥源太郎(Tanahashi Gentaro)[2]的启发，认为教育学是西方博物馆的理论基础。鹤田总一郎是日本博物馆协会的理事会成员，当时棚桥源太郎担任该协会的主席。

1951 年，ICOM 在日本得到认可，1958 年，鹤田总一郎加入该协会，致力于收集博物馆相关的国际信息，建立一个能在国际上站住脚的博物馆理论。1979 年，他遇到了维诺·索夫卡，后者曾代表 ICOFOM 参加了在英国莱斯特举行的 ICOM 国际人员培训委员会会议。[3]索夫卡和鹤田总一郎对博物馆学理论基础的需求有着共同的看法，他们因此也成为朋友，鹤田总一郎随后加入了新成立的 ICOFOM，贡献甚多，直至 1992 年去世。

博物馆学观点

1955 年，日本的博物馆法进行了部分修订，确立了学艺员(curator)的国家资格。当时，除了于 1950 年出版的由棚桥源太郎所著的《博物馆的学术研究》(*Academic Studies of Museums*)一书之外，完全没有"博物馆研究"相关的书籍可购买，因此很有必要为资格考试提供适当的文本参考资料，而日本博物馆协会正是新文本的组织编纂机构。该协会理事会成员宫本馨太郎(Keitaro Miyamoto)找到鹤田总一郎征询相关意见。于此，鹤田总一郎决定撰写《博物馆研究入门》的概论版。

《博物馆研究入门》一书

鹤田总一郎进入文部省仅 10 年，就成为国家自然教育公园副园长。1955 年，教材编撰完成。日本博物馆协会版本的《博物馆研究入门》于当年 1 月 30 日发行，后续出版物则以"博物馆研究"（*Museum Studies*）为标题于 1956 年出版。

《博物馆研究入门》的"导论"部分被日本博物馆协会描述为"大学博物馆研究课程的教材，可作为 2 月举行的全国学艺员资格考试的参考资料，（是）博物馆学艺员和管理人员的（博物馆）管理手册"。[4] 该书第一部分专门讨论《博物馆研究的一般理论》，由鹤田总一郎独立撰写完成。该书第二部分专门讨论"博物馆的每一种理论"，共有 19 名博物馆专业人员参与撰写，他们都是协会的成员，为各种类型的博物馆撰写了文章，在这一部分中，鹤田总一郎也撰写了"植物园"博物馆类的文章。

博物馆理论

从《博物馆研究入门》的编纂情况来看，鹤田总一郎的《博物馆研究的一般理论》撰写于 20 世纪 50 年代，当时他在文部省科学教育局工作，距离他开始思考博物馆问题仅十余年。日本博物馆协会经商议后，决定将鹤田总一郎的博物馆理论编入《博物馆研究入门》一书。

鹤田总一郎本人将此书分为四个部分：

1. 博物馆研究的定义；

2. 博物馆作为机构，其基本特征分为功能方面和形态结果方面；

3. 博物馆作为聚集场所；

4. 博物馆管理的办法。

前三部分是系统性的描述。可以说，通过描述各种传统的博物馆理论，他的功能主义博物馆理论已经在文中阐释得相当完备。这个理论可以视为基础部分，尽管它给后来的日本博物馆研究带来了一些变化。

鹤田总一郎的《博物馆研究的一般理论》包括：

1. 博物馆研究的目标和方法；

2. 博物馆的历史；

3. 博物馆的目标；

4. 实现博物馆目标的方法；

5.博物馆管理。

在第一章中,博物馆的研究目标是"研究博物馆的作用以及如何实现它,旨在促进博物馆的正确发展"。[5]鹤田总一郎有关"博物馆作用的功能分析"包括"收集"(gathering/collecting)、"组织保管"(organising custody)和"教育传播"(educational dissemination)。此外,在他看来,博物馆的工作和作用包括三个不同的要素:"博物馆物件"(museum object)即物(things)、"博物馆设施"(museum facilities)即地点(place)、"学艺员"(curators)即人[6](people)。鹤田总一郎有关"教育推广方法"的观点是比较新颖的,在这之中他分析了博物馆中的"传统"展览和教育活动问题,这在当时的传统博物馆分析中并不常见。

鹤田总一郎的博物馆功能理论于 20 世纪 50 年代至 70 年代对博物馆界产生了重要影响,且影响一直持续,他的思想是今天日本博物馆研究的基础。事实上,自 20 世纪 70 年代后半期以来,日本已经出版了许多关于博物馆研究的书籍,书籍主题大多数集中在以实物和藏品为基础的博物馆理论,作者主要是艺术史、民俗学和考古学方面的专家。1978年至 1981 年,《博物馆研究丛刊》(Museum Studies Series)共出版了 10卷,鹤田总一郎是作者之一。虽然这套丛书的第一卷专门介绍了博物馆研究的一般理论,但鹤田总一郎仅负责撰写关于"国家博物馆"的文章,依据的是他所在的国立科学博物馆的经验。

此时,鹤田总一郎根据他在 ICOM 的经验,积极向日本人传达海外博物馆的新动向,从 1979 年开始,他还参与编辑了《世界博物馆词典》(World Museum Dictionary)。正如许多研究他的文章所述,尤其是在20 世纪 70 年代以后,他的写作发生了很大的变化。由于他多次访问ICOM,他能够从比当地博物馆界更为广阔的视角来看待日本的博物馆现实。

1986 年,鹤田总一郎被选为 ICOM 执行委员会委员,于 1989 年完成任期。他的国际知识和经验促使他形成了基于日本现实,但又与博物馆界的全球趋势有着明确联系的博物馆概念。他主张研究"博物馆与其社会和自然环境之间的关系"。[7]1980 年左右,他对尚未引入日本的"生态博物馆"概念产生了强烈的兴趣。鹤田总一郎积极地运用"地理学视角"(geographical viewpoint),尝试构想出"作为一个整体的博物馆"(museum as a group),将博物馆作为一个聚集地,这可能促进了"社区博物馆理论"(theory of community museums)的形成。[8]他也一直试图运用自己的思维方式，将地理学的概念与他的博物馆理论联系起来。

"博物馆科学"或博物馆学

鹤田总一郎在其早期的博物馆研究著作中，认为博物馆科学（或博物馆学）不是一门"纯科学"或"基础科学"，而是一门"高度发达的应用科学"，这种观点在传统的博物馆理论中并不常见。[9] 在日本，《博物馆研究入门》一书出版后，他的著作在十多年间成为博物馆学研究最重要的参考资料，还被认为是该国出版的唯一一本博物馆学著作。他在这本1956年出版的著作中指出：

> 博物馆学是一门高度发达的应用科学，研究的是博物馆的作用和实现这些作用的方法。最终结果应以发展博物馆为目的，为人类的幸福和世界和平做出贡献。[10]

截至20世纪70年代，日本还没有"博物馆学"这个词的准确定义，甚至连"博物馆研究"的概念也很模糊。鹤田总一郎将目光投向了致力于理解这些博物馆学术语的平台——ICOFOM，想要寻找一个适用于日本现实的博物馆学定义。他认为乔治·亨利·里维埃于1958年在巴西里约热内卢举行的联合国教科文组织国际地区博物馆研讨会上提出的关于博物馆学和博物馆实务（museology and museography）的首套定义非常重要，该套定义于1962年在墨西哥城举行的第五届地区博物馆研讨会上得到重申，最终于1974年在哥本哈根举行ICOM第十届大会之前成为官方定义，以修订《ICOM章程》（ICOM Statutes）。结合20世纪70年代末ICOM给出的所有术语定义，鹤田总一郎认为"博物馆学"在"与包括各种应用科学在内的（其他）现有科学相比，是一门独立的科学"，就这个意义而言，"它应该具有一块专业领域和一套专业的科学方法"。[11]

鹤田总一郎理解的博物馆学是"将物与人同等看待"的知识领域，是一门独立的科学。他这个想法来自20世纪80年代早期，是在博物馆学家扬·耶里内克和维诺·索夫卡的鼓励之下，由ICOFOM的学者们发起的大讨论所引发的。

从1976年起，鹤田总一郎在法政大学的课程和他的论文中，提出了几套博物馆学体系，来描述其研究路线，如：(1)自体博物馆学（Auto-Museology）——将博物馆作为一个整体进行研究；(2)专门博物馆学

(Specialised Museology)——致力于将博物馆学发展为定量的自然科学,如艺术博物馆学、历史博物馆学和(自然)科学博物馆学,这对实际的博物馆管理和专业博物馆的发展是有帮助的;(3)综合博物馆学(Syn-Museology)或群体博物馆学(Population Museology)——将所有博物馆作为"群体"来研究——研究博物馆和博物馆群体之间的现有关系,将其系统化为科学;(4)社会博物馆学——20世纪60年代以来发展起来的一种研究兴趣,即研究博物馆与自然和社会环境之间的历史背景;(5)博物馆管理——代表着博物馆的行政和管理科学。[12]

学术影响

1979年,鹤田总一郎在伦敦与索夫卡会面后,成为ICOFOM的成员。在这位博物馆学家的影响下,他成为首批撰写科学博物馆学文章的学者之一。他对这一领域知识的构想,很大程度上源于他的前辈日本学者,比如棚桥源太郎,其作品被鹤田总一郎作为书写博物馆历史的基础。20世纪80年代,在ICOFOM出版的由鹤田总一郎撰写的有关博物馆学的思考文章中,他引用了兹比内克·兹比斯拉夫·斯特兰斯基、里维埃,以及其他为博物馆学奠定基础的学者的文章。

作为20世纪50年代以来日本博物馆学的核心人物,鹤田总一郎影响了几代亚洲学者。20世纪80年代后,许多ICOFOM学者都引用了他的观点,这些学者从他的观点中看到了博物馆学作为一门科学的体系轮廓。除了索夫卡本人,还有弗洛拉·卡普兰(Flora S. Kaplan)、斯特兰斯基、朱迪思·斯皮尔鲍尔和彼得·冯·门施,他们的著作中都提到了鹤田总一郎的文章。在亚洲的当代博物馆学研究中,他的著作仍然是核心参考文献,这在水岛英治、陈国宁[13]和张婉真[14]等亚洲学者的文章中都可以发现。

主要著述

Tsuruta, S.

1952

• *Museum Curator Training Course*. Ministry of Education (Ed).

1956

• General Museum Studies. In Tsuruta, Soichiro. (Ed.). (1956). *Introduction to Museum Studies*. Japanese Association of Museums, Risousha.

1957

• The National Park for nature study, Tokyo / Le Parc National pour l'étude de la nature, Tokio. *Museum*, vol. Ⅹ, 1, 31-35.

1960

• Museum Administration in Japan. In Japanese National Commission for UNESCO (Ed). *Museums in Japan*. (pp. 1-3). Tokyo：Kasai Publishing & Printing.

1980

• La muséologie — science ou seulement travail pratique du musée? *Documents de Travail sur la Muséologie—DoTraM*, 1, 47-49.

• Museology — Science or just practical museum work? *Museological Working Papers—MuWoP*, 1, 47-49.

1981

• Adaptations in Japan. *Museum*, vol. ⅩⅩⅩⅢ, 3, 185-186.

1984

• Proposal for the museum material — environment — system. *ICOFOM Study Series*, 6, 29-39.

• Today's meaning and role of the local museum. In *Social Education*. All Japan Social Education Federation, vol. 39 (5).

1991

• Museum Basic literature collection. In Ito, T. (Ed.).

Ozorasha. History of Writing Theory of Museum Science in Introduction to Museum Studies（pp. 118-126）。

注释

［1］Tsuruta，S. (1956). General Museum Studies. In Tsuruta，Soichiro. (Ed.). (1956). *Introduction to Museum Studies*. Japanese Association of Museums，Risousha.

［2］译者注：棚桥源太郎(1869—1961)，日本科学教育家、博物馆学家。出版著作《博物馆学纲要》等。

［3］Sofka，V. (1995). My adventurous life with ICOFOM，museology，museologists and anti-museologists，giving special reference to ICOFOM Study Series. *ICOFOM Study Series*，Reprint of Volumes 1-20 in 7 books. Hyderabad，ICOFOM，Book 1，p. 16.

［4］Tsuruta，S.(Ed.). (1956). *Introduction to Museum Studies*. Japanese Association of Museums，Risousha.

［5］Tsuruta，S. (1956). General Museum Studies. In Tsuruta，Soichiro. (Ed.). (1956). *Introduction to Museum Studies*. Japanese Association of Museums，Risousha.

［6］译者注：日本语境下的"curator"译为"学艺员"。

［7］Tsuruta，S. (1980). Museology－Science or just practical museum work? *Museological Working Papers－MuWoP*，1，p. 48.

［8］Tsuruta，S. (1984). Today's meaning and role of the local museum. In *Social Education*. All Japan Social Education Federation，vol. 39 (5).

［9］Tsuruta，S. (1956). General Museum Studies. In Tsuruta，Soichiro. (Ed.). (1956). *Introduction to Museum Studies*. Japanese Association of Museums，Risousha.

［10］Tsuruta，S. (1980). Museology－Science or just practical museum work? *Museological Working Papers－MuWoP*，1，p. 48.

［11］同上。

［12］同上，p. 49。

［13］译者注：张婉真，台北艺术大学博物馆研究所教授，出版著作《论博物馆学》《当代博物馆展览的叙事转向》等。

［14］译者注：陈国宁，台湾省博物馆学会副理事长。

瓦尔迪萨·卢西奥[1]

布鲁诺·布鲁隆·索耶斯、安娜·克里斯蒂娜·瓦伦蒂诺、丹尼斯·利莫埃罗

瓦尔迪萨·卢西奥（Waldisa Rússio），1935 年 9 月 5 日生于圣保罗，1990 年 7 月 11 日逝于圣保罗。她在巴西担任教授，是一名博物馆学家，是推动巴西博物馆学理论发展和巩固博物馆学学科地位方面最有影响力的人物之一。自 1957 年起，她以国家公务员的身份担任各种角色，参与了行政改革，同时致力于巩固博物馆学的教学，加强国家对该行业的监管。1980 年起，她加入 ICOFOM，为博物馆学科学领域的讨论做出积极贡献，就该主题发表了多篇文章。[2]

传　记

瓦尔迪萨·卢西奥于 1959 年毕业于圣保罗大学（Universidade de São Paulo，简称 USP）法学院。随后在圣保罗州政府从事文化事务管理工作，这使得她在 20 世纪 70 年代和 80 年代与博物馆实践有着密切联系。

20 世纪 60 年代和 70 年代，卢西奥在巴西国内负责多个与州博物馆建设相关的项目。卢西奥将她对文化和博物馆领域相关知识的问题和思考带到了学术领域，于 1977 年获得硕士学位，并于 1980 年在圣保罗社会学和政治学基金会学校（Fundacção Escola de Sociologia e Política de São Paulo，简称 FESP/SP）研究生院获得博士学位。从自身在圣保罗州政府文化部门担任技术助理的经历，以及博物馆实践和规划

的相关学术讨论出发,她开始勾勒如何为博物馆学专业培训贡献力量。[3]

20 世纪 60 年代,ICOM 为培训该领域的专业人员——各层次的"博物馆学家"——提供了基本准则。受此启发,卢西奥于 1978 年在圣保罗社会学和政治学基金会学校开设了首个州级博物馆学课程,强调了为博物馆培养研究生水平人员的重要性。[4]1985 年,她还为该校建设圣保罗博物馆学研究所(Institute of Museology of São Paulo)做出了贡献。

圣保罗社会学和政治学基金会学校社会科学研究生院的博物馆学专业课程得益于其教学结构和形式,秉持跨学科方法。[5]为了说明此课程的必要性,卢西奥指出,由于博物馆和博物馆学的研究具备跨学科的特点,因此只有在"研究生阶段开设才是合适的,此时学生已经掌握了一门学科,并以该学科'毕业'"[6]。后来,她的建议是在已有基础上建立一门可以授予硕士学位的博物馆学课程。然而由于她在 1990 年突然去世,该课程只持续到 1992 年,没有人获取硕士学位。

卢西奥于 1976 年领导过圣保罗州文化部的博物馆技术组(Technical Group of Museums in the Department of Culture of the State of São Paulo)。她为若干博物馆学项目的发展做出了贡献,如 20 世纪 80 年代的工业博物馆(Museu da Indústria)和 1986 年至 1988 年的科学站(Estação Ciência)。她于 1977 年加入 ICOM,并于 1980 年成为 ICOFOM 的成员,同年,在墨西哥举行的第十二届 ICOM 大会上,她被选为该委员会的理事会成员。[7]自此她一直是 ICOFOM 的活跃成员,作为首位巴西博物馆学家发表了多篇博物馆学方面的理论文章[8],在委员会中赢得了国际同行的尊重。

去世之前几个月,卢西奥与圣保罗博物馆学研究所一起积极筹备第一届拉美博物馆学研讨会(I Seminar of Latin-American Museology),该会议于 1990 年在圣保罗的拉美纪念馆(Latin American Memorial)举行。[9]从会议内容可以看出,她特别关注文化和遗产的相关问题,也可以看出她想要在拉丁美洲引入博物馆学专业培训,这是她毕生的核心研究兴趣[10]之一。

博物馆学观点

"博物馆事实"或"博物馆学事实"

自 20 世纪 80 年代开始，卢西奥成为 ICOFOM 思想家的一员，他们致力于在特定的现实背景中将博物馆学视为一门社会科学。她在 ICOFOM 的论文中提出的理论基于"博物馆学事实"或"博物馆事实"的概念，这个概念源自社会学家埃米尔·涂尔干（Émile Durkheim）和马塞尔·莫斯（Marcel Mauss）所构想的"社会事实"。"博物馆事实"（巴西葡萄牙语为"fato museal"）也受到兹比内克·兹比斯拉夫·斯特兰斯基的影响，他认为博物馆学是专门解释"人对现实的态度"的科学[11]，卢西奥将其理解为"人、认知主体和客体之间的深远关系：人属于现实的一部分，并且人有能力对现实采取行动"[12]。这种关系在博物馆中发生，并取决于传播。

为了创建这样一套理论，卢西奥转而采纳了涂尔干的思想，尤其见于后者的《社会学方法的准则》（The Rules of Sociological Method）一书。涂尔干指出，"社会事实"可以被理解为一个群体或社会的一套共同实践，因此，"除非有一个明确的社会组织，否则任何社会事实都不会存在"[13]。社会机制（social institution）的含义与这个概念直接相关。

在卢西奥看来，"博物馆事实"必须考虑：

1. 人，也即这个世界上的人类，处于不断地发展当中，生来敏感而理性，具备记忆和想象力，能够行动和创造。

2. 物件，在某个时空背景之下偶然存在于"此时此地"，是可以被感知的现实的记录和见证。

3. 博物馆，一个持续的过程，处于人类和社会现实之中。[14]

在卢西奥看来，博物馆为感知博物馆事实提供了必要条件。基于斯特兰斯基和施莱纳等学者的观点，她指出，博物馆本身虽然是博物馆事实的必要机构基础，但它不能被理解为博物馆学的核心主题。[15]根据她的观点，博物馆的"特殊性在于其创建的初衷以及公众对其作为博物馆（即真正的机构）的认可"[16]。

卢西奥的观点如今可被视为巴西社会博物馆学的支柱之一，她的观点来源于社会学基础。事实上，"博物馆事实"的概念能够与雨果·戴瓦兰提出的"三要素结构"(triptych scheme)[17]相提并论,后者在整个 20 世纪 80 年代深刻地渗透到博物馆学思想的方方面面,是那十年间新博物馆学(New Museology)的基础。通过比较,可以看到卢西奥与戴瓦兰观点的相似之处:[18]

博物馆事实=	人	/	物件	/	情境
	↓		↓		↓
传统博物馆=	公众	+	收藏	+	建筑
新博物馆=	居民	+	遗产	+	地域

这种博物馆学的概念化强调了一种方法,即在任何给定的背景下,将物件解释为社会进程的证据。因此,博物馆事实的概念提出了一种与传统相左的观点——在那之前的博物馆界,博物馆物件通常被孤立地考虑,人们并不考虑其社会历史背景或其社会施为者的结果。

博物馆学和跨学科性

博物馆基本上是由人类和人类生活构成的,这使得博物馆学的进程和方法具有跨学科的特性,因为对人类、自然和人类生活的研究属于不同的知识分支。[19]在卢西奥看来,如果博物馆本身以社会为基础,那么其研究方法从本质上来讲就是跨学科的。卢西奥认为:"博物馆学的研究和行动必须以跨学科的方法来进行,因此,跨学科也是博物馆和博物馆从业人员进行培训提升的工作方法。"[20]

对卢西奥来说,跨学科性是博物馆学领域的基础,支持其作为社会科学的分支。她认为,"这一事实表明,博物馆学的理论和实践,是一个相互依存、互惠互利的过程······使得科学研究、专业培训和实践成为一个系统"[21]。因此,博物馆学的跨学科性,决定了研究和博物馆学实践之间的不断互动——这最终成为一个包含博物馆事实的综合系统。

卢西奥提出了她自己对博物馆学的解释:作为一门综合性的学科,博物馆学包括社会学、教育学和政治学的概念。她结合不同的研究领域和理论趋势,挑战在巴西被理解为博物馆学的知识主体。

职业:博物馆学家

在卢西奥的科学观点中,博物馆学家是一位需要了解见证物件(testimonial object)的专业人士:他或她必须对其进行识别、分类和记录。博物馆学家需要了解物件背后的人（man），即创造和接收物件所传达信息的人；需要了解这种关系的性质，是情感的、理性的还是认知的；还需要了解这种关系所发生的情境（scenario）。[22]

在这个意义上，她的博物馆学方法既是理论的，也是实践的。对卢西奥来说，理论来自实践，理论从实践工作中提升。因此，她的理论观点使人们能够将博物馆学理解为博物馆学家实践领域的扩展：

> 作为一门建构中的科学，博物馆学正从单纯的观察和描述现象中解放出来，转而从展示物件的系统化构建中去思考博物馆事实。而思考的角度有两种：其一，通过某种语义学理解此概念；其二，通过某种背景超越"人和物件"（Man-Object）的关系，更为深刻地思考"博物馆—人—社会"（Museum-Man-Society）的关系。[23]

卢西奥将跨学科性设想为一种科学方法和基础，将这一概念运用到专业领域：

> 因此，博物馆学家也是技术人员：他在日常工作中运用极其多样和复杂的科学知识。无论本身的专业是什么，当前的博物馆技术人员必须拥有从保护科学到传播科学的种种概念，有坚实的人类学/社会学基础，这意味着他必须是典藏研究员（curator）、文化遗产保护员（conservator）和博物馆学家的结合。[24]

身处这一职业，博物馆学家会受到日常生活的影响，他必须意识到，博物馆学"不允许保持中立，正是因为它对生活做出了承诺"[25]。对卢西奥来说，这意味着这个职业应该在这二者中做出选择："一类人致力于保护和留存生活，同时又对未来敞开心胸，另一类人出于怀旧或其他兴趣总想着回到过去。"[26]

在这些新的视野之下，卢西奥和巴西其他地区的一些专业人士一起完成了博物馆学家职业规范的起草工作，促成了于 1984 年 12 月 18 日制定的相关法律条文（第 7.287 号）[27]，并从那时起在巴西国内建立了一个博物馆学专业委员会。

学术影响

卢西奥深受社会学家涂尔干的影响，将"博物馆事实"作为其理论的核心概念。在将博物馆学确定为科学的、专业的领域的过程中，以及在定义其研究对象时，她的博物馆学工作也受到了斯特兰斯基和安娜・格雷戈洛娃（Anna Gregorová）[28]的影响。此外，博物馆学家维诺・索夫卡在从事 ICOFOM 活动和出版物全球传播的过程中，也将卢西奥的想法传播到了世界各地。[29]在博物馆学之外，卢西奥的观点是基于巴西教育家保罗・弗莱雷（Paulo Freire）的思想和意大利马克思主义哲学家安东尼奥・葛兰西（Antonio Gramsci）的一些概念。[30]

　　如巴西学者所言，在拉丁美洲博物馆学中，卢西奥式的思想是所有博物馆学科学性捍卫者的参考依据。卢西奥在她作为理论学家的早期阶段就说服了巴西博物馆学家特丽莎・席奈尔[31]加入 ICOFOM，后者也因此与委员会的学者们有了接触。如今，在巴西博物馆学界，很多人均为卢西奥的忠实追随者，其中包括博物馆学家玛丽亚・克里斯蒂娜・奥利维拉・布鲁诺（Maria Cristina Oliveira Bruno）[32]、马努埃利纳・杜阿尔特・坎迪多（Manuelina Duarte Cândido）[33]、马塞洛・马托斯・阿劳霍（Marcelo Mattos Araújo）[34]和马里奥・查加斯（Mário Chagas）[35]等。

主要著述

Rússio，W.

1974

• Museu：uma organização em face das expectativas do mundo atual. In Bruno，M. C. O. (Coord.). (2010). *Waldisa Rússio Camargo Guarnieri：textos e contextos de uma trajetória profissional.* (pp. 45-56). V. 1. São Paulo：Pinacoteca do Estado / ICOM Brasil：Brazilian National Committee of the International Council of Museums.

1976

• Algumas considerações sobre uma política cultural para o estado de São Paulo. In Bruno，M. C. O. (Coord.). (2010). *Waldisa Rússio Camargo Guarnieri：textos e contextos de uma trajetória profissional.* (pp. 57-68). V. 1. São Paulo：Pinacoteca do Estado / ICOM Brasil：Brazilian National Committee of the International Council of Museums.

1977

• *Museu，um aspecto das organizações culturais num país em desenvolvimento* (Dissertação de Mestrado). São Paulo：FESP/SP.

1979

• Museologia e museu. In Bruno，M. C. O. (Coord.). (2010). *Waldisa Rússio Camargo Guarnieri：textos e contextos de uma trajetória profissional.* (pp. 78-86). V. 1. São Paulo：Pinacoteca do Estado / ICOM Brasil：Brazilian National Committee of the International Council of Museums.

• Existe um passado museológico brasileiro? In Bruno，M. C. O. (Coord.). (2010). *Waldisa Rússio Camargo Guarnieri：textos e contextos de uma trajetória profissional.* (pp. 86-95). V. 1. São Paulo：Pinacoteca do Estado / ICOM Brasil：Brazilian National Committee of the International Council of Museums.

• Os Museus e a criança brasileira. In Bruno，M. C. O. (Coord.). (2010). *Waldisa Rússio Camargo Guarnieri：textos e contextos de uma trajetória profissional.* (pp. 96-102). V. 1. São Paulo：Pinacoteca do Estado / ICOM Brasil：Brazilian National Committee of the International Council of Museums.

1980

• *Um Museu de Indústria para São Paulo.* Tese (Doutorado)—São Paulo：FESP/SP.

• Museus de São Paulo. In Bruno，M. C. O. (Coord.). (2010). *Waldisa Rússio Camargo Guarnieri：textos e contextos de uma trajetória profissional.* (pp. 103-115). V. 1. São Paulo：Pinacoteca do Estado / ICOM Brasil：Brazilian National Committee of the International Council of Museums.

1981

• A interdisciplinaridade em Museologia. In Bruno，M. C. O. (Coord.). (2010). *Waldisa Rússio Camargo Guarnieri：textos e contextos de uma trajetória profissional.* (pp. 123-127). V. 1. São Paulo：Pinacoteca do Estado / ICOM Brasil：Brazilian National Committee of the International Council of Museums.

- Interdisciplinarity in museology. *Museological Working Papers*, 2, 56-57.
- L'interdisciplinarité en muséologie. *Museological Working Papers*, 2, 58-59.

1982

- O mercado de trabalho do museólogo na área da Museologia. In Bruno, M. C. O. (Coord.). (2010). *Waldisa Rússio Camargo Guarnieri: textos e contextos de uma trajetória profissional.* (pp. 215-223). V. 1. São Paulo: Pinacoteca do Estado / ICOM Brasil: Brazilian National Committee of the International Council of Museums.

1983

- Sistema da Museologia. In Bruno, M. C. O. (Coord.). (2010). *Waldisa Rússio Camargo Guarnieri: textos e contextos de uma trajetória profissional.* V. 1. (pp. 127-136). São Paulo: Pinacoteca do Estado / ICOM Brasil: Brazilian National Committee of the International Council of Museums.
- La muséologie et la formation: une seule méthode? *ICOFOM Study Series*, 5, 32-39, Comments.
- Methodology of museology and professional training. *ICOFOM Study Series*, 1, 114-125.

1983/1985

- Alguns aspectos do patrimônio cultural: o patrimônio industrial. In Bruno, M. C. O. (Coord.). (2010). *Waldisa Rússio Camargo Guarnieri: textos e contextos de uma trajetória profissional.* (pp. 147-160). V. 1. São Paulo: Pinacoteca do Estado de São Paulo / ICOM Brasil: Brazilian National Committee of the International Council of Museums.

1984

- Critères de sélection des objets de musée. *ICOFOM Study Series*, 6, 51-59.

1986

- La muséologie et l'identité. *ICOFOM Study Series*, 10, 245-255.

- Exposição：texto museológico e o contexto cultural. In Bruno，M. C. O. (Coord.). (2010). *Waldisa Rússio Camargo Guarnieri：textos e contextos de uma trajetória profissional*. (pp. 137-143). V. 1. São Paulo：Pinacoteca do Estado de São Paulo / ICOM Brasil：Brazilian National Committee of the International Council of Museums.

- Formação profissional. In Bruno，M. C. O. (Coord.). (2010). *Waldisa Rússio Camargo Guarnieri：textos e contextos de uma trajetória profissional*. (pp. 224-231). V. 1. São Paulo：Pinacoteca do Estado / ICOM Brasil：Brazilian National Committee of the International Council of Museums.

1987

- A difusão do patrimônio：novas experiências em museus，programas educativos e promoção cultural. In：Bruno，M. C. O. (Coord.). (2010). *Waldisa Rússio Camargo Guarnieri：textos e contextos de uma trajetória profissional*. (pp. 164-175). V. 1. São Paulo：Pinacoteca do Estado / ICOM Brasil：Brazilian National Committee of the International Council of Museums，pp. 164-175.

1989

- Muséologie et futurologie：esquisse d'idées. *ICOFOM Study Series*，16，219-226.

- Museologia e identidade. In Bruno，M. C. O. (Coord.). (2010). *Waldisa Rússio Camargo Guarnieri：textos e contextos de uma trajetória profissional*. (pp. 176-185). V. 1. São Paulo：Pinacoteca do Estado de São Paulo / ICOM Brasil：Brazilian National Committee of the International Council of Museums.

- Museus nacionais：o Museu da República. In Bruno，M. C. O. (Coord.). (2010). *Waldisa Rússio Camargo Guarnieri：textos e contextos de uma trajetória profissional*. (pp. 186-194). V. 1. São Paulo：Pinacoteca do Estado de São Paulo / ICOM Brasil：Brazilian National Committee of the International Council of Museums.

- Presença dos museus no panorama político-científico-cultural. In Bruno，M. C. O. (Coord.). (2010). *Waldisa Rússio Camargo Guarnieri：textos e contextos de uma trajetória profissional*. (pp.

195-202). V. 1. São Paulo: Pinacoteca do Estado de São Paulo /
ICOM Brasil: Brazilian National Committee of the International
Council of Museums.

• Museu, Museologia, museólogos e formação. In Bruno, M. C.
O. (Coord.). (2010). *Waldisa Rússio Camargo Guarnieri: textos e
contextos de uma trajetória profissional.* (pp. 243-252). V. 1. São
Paulo: Pinacoteca do Estado / ICOM Brasil: Brazilian National
Committee of the International Council of Museums.

1990

• Conceito de cultura e sua inter-relação com o patrimônio
cultural e a preservação. In Bruno, M. C. O. (Coord.). (2010).
*Waldisa Rússio Camargo Guarnieri: textos e contextos de uma
trajetória profissional.* (pp. 203-210). V. 1. São Paulo: Pinacoteca
do Estado de São Paulo / ICOM Brasil: Brazilian National Committee
of the International Council of Museums.

• Museologia: formação profissional no Brasil — a proposta do
Instituto de Museologia de São Paulo / Fesp. In Bruno, M. C. O.
(Coord.). (2010). *Waldisa Rússio Camargo Guarnieri: textos e
contextos de uma trajetória profissional.* (pp. 253-262). V. 1. São
Paulo: Pinacoteca do Estado / ICOM Brasil: Brazilian National
Committee of the International Council of Museums.

[No date]

• Museu para quê? (A necessidade da arte). In Bruno, M. C.
O. (Coord.). (2010). *Waldisa Rússio Camargo Guarnieri: textos e
contextos de uma trajetória profissional.* (pp. 69-77). V. 1. São
Paulo: Pinacoteca do Estado / ICOM Brasil: Brazilian National
Committee of the International Council of Museums.

• Bem e patrimônio cultural. In Bruno, M. C. O. (Coord.).
(2010). *Waldisa Rússio Camargo Guarnieri: textos e contextos de
uma trajetória profissional.* (pp. 119-122). V. 1. São Paulo:
Pinacoteca do Estado de São Paulo / ICOM Brasil: Brazilian National
Committee of the International Council of Museums.

• 1° Seminário Internacional de Legislação Comparada no Setor de Cultura. In Bruno，M. C. O. (Coord.)．(2010)．*Waldisa Rússio Camargo Guarnieri：textos e contextos de uma trajetória profissional*. (pp. 160-163)．V. 1. São Paulo：Pinacoteca do Estado de São Paulo / ICOM Brasil：Brazilian National Committee of the International Council of Museums.

• Formação do museólogo：por que em nível de pós-graduação? In Bruno，M. C. O. (Coord.)．(2010)．*Waldisa Rússio Camargo Guarnieri：textos e contextos de uma trajetória profissional*. (pp. 232-236)．V. 1. São Paulo：Pinacoteca do Estado / ICOM Brasil：Brazilian National Committee of the International Council of Museums.

• Quem são e o que são os museólogos? In Bruno，M. C. O. (Coord.)．(2010)．*Waldisa Rússio Camargo Guarnieri：textos e contextos de uma trajetória profissional*. (pp. 237-242)．V. 1. São Paulo：Pinacoteca do Estado de São Paulo / ICOM Brasil：Brazilian National Committee of the International Council of Museums.

注释

[1]2015 年 4 月，在 ICOFOM 研究项目"博物馆学史"下工作的学生和研究人员在维基百科上以英语和巴西葡萄牙语发表了该文本的初版，发表者在该平台上的用户名为 Juliana Carpinelli、Historiadamuseologia 和 Joymgb。

[2]参见她的作品选集 M. C. O. Bruno (Coord.)．(2010)．*Waldisa Rússio Camargo Guarnieri：textos e contextos de uma trajetória profissional*. V. 1. São Paulo：Pinacoteca do Estado de São Paulo / ICOM Brasil：Brazilian National Committee of the International Council of Museums.

[3]Rússio，W. (1983)．La museologie et la formation：une seule méthode? *ICOFOM Study Series*，5，32-39，Comments.

[4]同上。

[5]Rússio，W. (n. d.)．Formação do museólogo：Por que em nível de pós-graduação? In Bruno，M. C. O. (Coord.)．(2010)．Waldisa Rússio Camargo Guarnieri：textos e contextos de uma trajetória profissional. V. 1. São Paulo：Pinacoteca do Estado de São Paulo / ICOM Brasil：Brazilian National Committee of the International Council of Museums，p. 234.

[6]同上。

[7]1980 年，第 12 届 ICOM 大会在墨西哥城技术博物馆召开，被推选为

ICOFOM 理事会成员的学者还有：墨西哥博物馆实务学家马里奥·巴斯克斯（Mario Vásquez）、苏联学者阿夫拉姆·莫伊塞耶维奇·拉兹贡、瑞典学者（原籍捷克斯洛伐克）维诺·索夫卡、法国学者安德烈·德瓦雷，以及另外两位女性博物馆学家——古巴学者玛尔塔·阿尔霍纳（Marta Arjona）和英国学者弗洛拉·卡普兰（Flora Kaplan）。参见 ICOFOM（May 1981）*Museological News*，Semi-Annual Bulletin of the International Committee of ICOM for Museology，1.

［8］Rússio，W.（1981）. Interdisciplinarity in museology. *Museological Working Papers*，2，56-57.

［9］Bruno，M. C. O.（Coord.）.（2010）. *Waldisa Rússio Camargo Guarnieri：textos e contextos de uma trajetória profissional*. V. 1. São Paulo：Pinacoteca do Estado / ICOM Brasil：Brazilian National Committee of the International Council of Museums，p. 20.

［10］Rússio，W.（1983）. La muséologie et la formation：une seule méthode? *ICOFOM Study Series*，5，32-39，Comments.

［11］参见本书中的"兹比内克·兹比斯拉夫·斯特兰斯基"部分。

［12］Rússio，W.（1981）. Interdisciplinarity in museology. *Museological Working Papers*，2，p. 56.

［13］Durkheim，E.（1982）. *The rules of sociological method*. New York，London，Toronto，Sydney：The Free Press. pp. 52-53.

［14］Rússio，W.（2010）. Formação profissional. In Bruno，M. C. O.（Coord.）.（2010）. *Waldisa Rússio Camargo Guarnieri：textos e contextos de uma trajetória profissional*. V. 1. São Paulo：Pinacoteca do Estado de São Paulo / ICOM Brasil：Brazilian National Committee of the International Council of Museums. p. 128.

［15］Schreiner，K.（1981），p. 60-61 In W. Rússio.（1983）. Sistema da Museologia. In Bruno，M. C. O.（Coord.）.（2010）. *Waldisa Rússio Camargo Guarnieri：textos e contextos de uma trajetória profissional*. V. 1.（pp. 127-133）. São Paulo：Pinacoteca do Estado / ICOM Brasil：Brazilian National Committee of the International Council of Museums. p. 128.

［16］Rússio，W.（1981）. Interdisciplinarity in museology. *Museological Working Papers*，2，p. 56.

［17］参见本书中的"雨果·戴瓦兰"部分。

［18］Cândido，M. M. D.（2010）. Teoria Museológica：Waldisa Rússio e as correntes internacionais. In Bruno，M. C. O.（Coord.）. *Waldisa Rússio Camargo Guarnieri：textos e contextos de uma trajetória profissional*. V. 2.

São Paulo：Pinacoteca do Estado / ICOM Brasil：Brazilian National Committee of the International Council of Museums. p. 151.

[19]Rússio，W. （1981）. Interdisciplinarity in museology. *Museological Working Papers*，2，p. 57.

[20]同上。

[21]Rússio，W. （1983）. Sistema da Museologia. In Bruno，M. C. O. (Coord.). （2010）. *Waldisa Rússio Camargo Guarnieri：textos e contextos de uma trajetória profissional*. V. 1. São Paulo：Pinacoteca do Estado de São Paulo / ICOM Brasil：Brazilian National Committee of the International Council of Museums. p. 134.

[22]Rússio，W. （n. d.）. Quem são e o que são os museólogos? In Bruno，M. C. O. （Coord.）. （2010）. *Waldisa Rússio Camargo Guarnieri：textos e contextos de uma trajetória profissional*. V. 1. São Paulo：Pinacoteca do Estado de São Paulo / ICOM Brasil：Brazilian National Committee of the International Council of Museums. p. 241.

[23]Rússio，W. （1979）. Museologia e Museu. In Bruno，M. C. O. (Coord.). （2010）. *Waldisa Rússio Camargo Guarnieri：textos e contextos de uma trajetória profissional*. V. 1. São Paulo：Pinacoteca do Estado de São Paulo / ICOM Brasil：Brazilian National Committee of the International Council of Museums. p. 78.

[24]Rússio，W. （n. d.）. Quem são e o que são os museólogos? In Bruno，M. C. O. （Coord.）. （2010）. *Waldisa Rússio Camargo Guarnieri：textos e contextos de uma trajetória profissional*. V. 1. São Paulo：Pinacoteca do Estado de São Paulo / ICOM Brasil：Brazilian National Committee of the International Council of Museums. p. 241.

[25]同上，p. 242。

[26]同上。

[27]Bruno，M. C. O. （Coord.）. （2010）. *Waldisa Rússio Camargo Guarnieri：textos e contextos de uma trajetória profissional*. V. 1. São Paulo：Pinacoteca do Estado de São Paulo / ICOM Brasil：Brazilian National Committee of the International Council of Museums. p. 23.

[28] 参见 Rússio，W. （1981）. Interdisciplinarity in museology. *Museological Working Papers*，2，56-57.

[29]译者注:保罗·弗莱雷(1921—1997),20 世纪批判教育理论和实践方面最重要和最有影响的作家之一,出版著作《被压迫者教育学》等。

［30］例如,她有关博物馆学家作为"社会工作者"的概念,可参见 Rússio, W. （1987）. A difusão do patrimônio: novas experiências em museus, programas educativos e promoção cultural. In Bruno, M. C. O. （Coord.）. （2010）. *Waldisa Rússio Camargo Guarnieri: textos e contextos de uma trajetória profissional*. （pp. 164-175）. V. 1. São Paulo: Pinacoteca do Estado / ICOM Brasil: Brazilian National Committee of the International Council of Museums.

［31］Brulon-Soares, B. C. & Magaldi, M. （2015）. Museologia: reflexões sobre o campo disciplinar. *Anais do 2º Seminário Brasileiro de Museologia*, v. 1, Recife－PE, Museu do Homem do Nordeste, November 16-20, p. 383.

［32］译者注:玛丽亚·克里斯蒂娜·奥利维拉·布鲁诺,巴西博物馆学家、大学教授。

［33］译者注:马努埃利纳·杜阿尔特·坎迪多,巴西博物馆学家、大学教授、博物馆研究所所长,对社会博物馆学有所研究。

［34］译者注:马塞洛·马托斯·阿劳霍,巴西博物馆学家,在巴西博物馆领域担任过多项职务。

［35］译者注:马里奥·查加斯,巴西诗人、博物馆学家、科学家、管理者。个人主页:https://mariochagas.com/.

朱迪思·斯皮尔鲍尔

苏珊娜·纳什

朱迪思·斯皮尔鲍尔(Judith K. Spielbauer),1943 年 9 月 2 日生于美国明尼苏达州,美国博物馆学家、人类学家,曾在美国俄亥俄州牛津市的迈阿密大学担任讲师。在 20 世纪 80 年代和 90 年代,她是 ICOFOM 的活跃成员,撰写了若干有影响力的文章,讨论博物馆学的意义。[1]

传　记

朱迪思·斯皮尔鲍尔于 1943 年 9 月 2 日出生在美国明尼苏达州明尼阿波利斯市,父亲阿尔文·安德森(Alvin Anderson)博士和母亲多萝西·安德森(Dorothy Anderson)都有瑞典血统。斯皮尔鲍尔与她的父亲是校友,她的父亲是明尼苏达大学水利工程专业的教授,斯皮尔鲍尔于 1964 年获得了明尼苏达大学文学士学位,主修人类学。之后她在该校人类学系从事收藏工作,这份工作使她对博物馆产生了终生的兴趣。受密尔沃基公共博物馆(Milwaukee Public Museum)馆长斯蒂芬·博尔赫伊(Stephen Borhegyi)的影响,她于 1968 年在威斯康星大学密尔沃基分校(University of Wisconsin-Milwaukee)获得人类学和博物馆研究专业的硕士学位。

斯皮尔鲍尔和她的丈夫都曾在俄亥俄州牛津市的迈阿密大学教书,她的丈夫——如今已荣休的教授罗纳德·斯皮尔鲍尔(Ronald Spielbauer)教的是考古学,她教的是博物馆课程。授课过程中,她对博物馆学的理解开始发生变化。正如她所说,"只有当你不得不把你的专业学科教给别人时，你才会真正了解它"[2]。她教的课程包括"全球民族""文化、艺术和文物""博物馆发展""博物馆哲学和社会背景""博物馆展览、收藏管理和保护"等。她还教授"独立研究"和"系所荣誉课程"，在后者中，每学期她直接和一名学生一起为博物馆工作，学生由此可以取得荣誉毕业证书（Honors diplomas）。[3]

1973 年至 2010 年，斯皮尔鲍尔在迈阿密大学人类学系的博物馆开展了大量的博物馆活动。人类学博物馆收藏了 16000 件考古学和人类学方面的文物，这些文物被用于展览、课堂和学生的独立研究，使得她的学生可以参与博物馆工作的各个方面。[4]2010 年从迈阿密大学正式退休后，她继续在印第安纳大学东分校（Indiana University East）教授文化人类学、部落艺术和博物馆方法等相关课程。

1979 年 ICOFOM 成立后不久，斯皮尔鲍尔就加入其中，她认为这是一个完美的研究环境，可以与志同道合的博物馆人一起讨论，寻找博物馆工作的理论基础。她成为该组织最活跃的成员之一：她是《博物馆学新闻》（*Museological News*）的编辑，1984 年至 1987 年担任《博物馆学工作论文集》（*MuWoP*）的编辑委员会成员，1983 年至 1989 年当选为 ICOFOM 的执行委员会委员，1989 年至 1993 年担任 ICOFOM 的副主席。她还于 1991 年至 1993 年期间创立并主持了 ICOFOM 的美国工作组。[5]

参与 ICOFOM 工作期间[6]，斯皮尔鲍尔作为副手为委员会组织了几场研讨会，其中重点包括：1984 年 10 月在荷兰莱顿举行的"为了明天收藏今天"（Collecting Today for Tomorrow）研讨会，1985 年 11 月在南斯拉夫萨格勒布举行的"博物馆中的原件和替代物"（Originals and Substitutes in Museums）研讨会。她参加了美国博物馆协会于 1988 年 6 月在匹兹堡举行的"ICOFOM 的博物馆学概念和理论"（Museological Concepts and Theory in ICOFOM）专题讨论会，1983 年 7 月由 ICOM、ICOM 国际人员培训委员会和 ICOFOM 在伦敦联合举办的"博物馆学的方法论和人员培训——总结与分析"（Methodology of Museology and the Training of Personnel-Summary and Analysis）研讨会，并为 1982 年 10 月在巴黎举行的"博物馆的系统和跨学科性"（Systems and Interdisciplinarity in Museums）研讨会撰稿。[7]

博物馆学观点

理论在博物馆学和博物馆工作中的地位

自加入 ICOFOM 开始，斯皮尔鲍尔就在她的博物馆学论文中突破性地对博物馆现象及其与人类的关系给出了一个广义的定义。[8]为了完成 ICOFOM 的使命——定义博物馆学，斯皮尔鲍尔将博物馆学视为一门不断发展的科学，并认为必须在理论、结构和数据方面形成正式的规范，以使博物馆学成为一门被学术界认可的学科和一个专业。[9]她指出，如果将博物馆学作为一门科学，"它就不仅仅是博物馆各种功能的简单相加，更不仅仅是对相关学科的概念、理论和方法的借用"。[10]因此，若要解释种种博物馆现象和博物馆概念所依存的现实，理论是非常必要的。

斯皮尔鲍尔强调了理论在科学方法中的作用，她说，所有博物馆学家都是在一个理论结构中工作的。然而，要获得对该理论的各种感知，并不能依据实践，而是依据对博物馆工作某种程度的意识或自觉。[11]在这层意义上，理论是提出有关博物馆活动的种种问题的基础，这些问题应该解决"为什么"和方法论上的"如何"，从而产生博物馆学思维中的知识。从这个角度来看，理论来自理性思辨，如果仅仅从现象的描述中，或者"从那些只有在日常使用和重复中才能得到真理和有效性的陈述中"，去产生类别或术语的定义，这样做并不能构成科学。[12]

博物馆在博物馆学中的地位素有理论之争，1987 年在芬兰埃斯波（Espoo）举行的 ICOFOM 国际研讨会上，斯皮尔鲍尔发表的论文《博物馆和博物馆学：一种积极的综合保护手段》(*Museums and Museology：A means to active integrative preservation*)是该讨论的重要里程碑。[13]这篇论文中，她对博物馆的相关陈述非常重要，学者们引述次数甚高：

> 已有的博物馆是达到目的的一种手段，而不是目的本身。这些目的可以用多种方式来表述。它们包括不同的观点，通过在更为辽阔的背景中提供信息和体验，以及培养对自我的理解，从而扩大个体关于他所生存的社会、审美和自然世界的相互依存的感知。知识的增加和传播，生活质量的提高，以及为后代进行保存的行为，都是理性逻辑的常见外在展示形式。[14]

博物馆与社会的关系和价值问题

斯皮尔鲍尔的人类学背景使她对探索博物馆与社会的关系产生了兴趣，这是她博物馆学理论中的一个重要主题。还有一些博物馆学家也是人类学家，例如耶里内克和乔治·艾里斯·博寇（George Ellis Burcaw），他们的人类学知识背景涉及人类活动的环境和意义方面，促进了他们对博物馆及其与人类关系的深刻思考。根据安娜·格雷戈洛娃（Anna Gregorová）在 1980 年第一期《博物馆学工作论文集》上的评论，斯皮尔鲍尔建议未来的博物馆学发展"将会从博物馆作为包罗万象的宇宙的概念转变为博物馆作为理解人类及其与格雷戈洛娃和其他学者称之为现实（reality）的关系的工具"[15]。

兹比内克·兹比斯拉夫·斯特兰斯基率先提出了"人与现实的关系"议题[16]，而按照斯皮尔鲍尔的说法，它将为"博物馆在过去和现在的社会中的具体作用打开一个全新的知识领域"，也促使她对博物馆学中价值（value）的地位进行反思。据她所言，科学界有责任了解是什么构成了一个对社会有价值的博物馆，这比维护和理解博物馆更重要。如此说来，她预计博物馆学作为一门科学，有能力"以可定义的正确术语去分析基于博物馆与社会相互关系实质的价值问题"。[17]

学术影响

在 ICOFOM 时任主席维诺·索夫卡的启发下，斯皮尔鲍尔促进了博物馆学方法的发展，对 ICOFOM 做出了贡献。在她博物馆学和博物馆研究的学术生涯中，她受到来自密尔沃基公共博物馆斯蒂芬·博尔赫伊教授的影响。她对博物馆和博物馆学理论的思考则烙有捷克博物馆学家斯特兰斯基和格雷戈洛娃的印记。

斯皮尔鲍尔的观点是 ICOFOM 理论博物馆学发展的核心，她对博物馆学科学特征的讨论影响了后来的博物馆学家。她发表于 20 世纪 80 年代和 90 年代的论文被很多学者所引用，其中包括索夫卡、斯特兰斯基、杰弗里·刘易斯（Geoffrey Lewis）、彼得·冯·门施和特丽莎·席奈尔等学者，而她对博物馆学基础的思考构成了该学科的基本参考文献，如今仍被学者所引述。

主要著述

Spielbauer, J. K.

1972

• Nazca Figurines from the Malcolm Whyte Collection. *Archaeology*, 25 (1), 20-25.

1981

• Points of View. *Museological Working Papers*, 2, 78-80.

• Summary and Analysis. *ICOFOM Study Series*, 2, 133-146.

• Museology — Science or just Practical Museum Work. *Museological Working Papers*, 2, 16-18.

1984

• Long-Term Program, and Rules of Procedure. *Museological News*, 6, 36-38.

1986

• Identity and Museums' Accepted for publication in Museological Working Papers, 3. (Volume not published).

• Implications of Identity for Museums and Museology. *ICOFOM Study Series*, 10, 273-282.

1987

• Museums and Museology: a means to active integrative preservation. *ICOFOM Study Series*, 12, 271-277.

• Viewpoint 2: The museum and museology: a spontaneous or rational relation—or none at all. *ICOFOM Study Series*, 13, 125-128.

1988

• Museology and Developing Countries—Help or Manipulation? *ICOFOM Study Series*, 14, 249-256.

• Museology and development—the development of Museology. *ICOFOM Study Series*, 15, 137-140.

1989

- Analysis of 1 & 2：Forecasting — A Museological Tool？ *ICOFOM Study Series*，16，363-365.

- Approaches to a Museological Future. *ICOFOM Study Series*，16，281-286.

- A short unscientific appraisal of the work of ICOFOM. *Museological News*，12，79-82.

- Identidade（reprinted and translated from above）. *Cadernos Museologicos*，1，29-37.

- Museology and Futurology：Some background and beginning thoughts. *ICOFOM Study Series*，16，21-23.

- United States Regional Working Group of the International Committee for Museology. US—*ICOFOM Newsletter*，5-7.

1990

- Taking Responsibility：Museum Participation in Nurturing the Natural Environment. *ICOFOM Study Series*，17，109-114.

1991

- The Language of Exhibition：Interpretation and World View. *ICOFOM Study Series*，19，121-126.

注释

[1] Desvallées，A. & Mairesse，F.（Dirs.）.（2011）. *Dictionnaire Encyclopédique de Muséologie*，Paris，Armand Colin，p. 365.

[2]来自她与苏珊娜・纳什的交谈。

[3]美国俄亥俄州牛津市迈阿密大学朱迪思・斯皮尔鲍尔的搜索结果。引自：http:// miamioh. edu/search/index. html？ x ＝ 0&y ＝ 0&q ＝ Judith ＋ Spielbauer.

[4]写作奖－罗纳德・斯皮尔鲍尔和朱迪思・斯皮尔鲍尔考古学和物质文化最佳论文奖－迈阿密大学文理学院人类学系。引自：http://miamioh. edu/cas/academics/departments/anthropology/about/awards-recognition/writing-awards/index. html.

[5]Sofka，V.（Ed.）.［entries on the organisation of and the participation in ICOFOM symposia as well as working Papers by Judith Spielbauer］ *Museological News*，Nos. 3：7-11（1983），4：30-46（co-author policy

document，1983）5：11，15-21（1984）．6：22-27（author of policy document，1984），7：1，13，15，29（1985），8：11，49（1985），9：10，24，47（1986）10：40，51（1987）12：79-82（1989），ICOFOM，Stockholm，March 1983—1989.

［6］Van Mensch，P. J. A.（1992）. *Towards a methodology of museology* (PhD thesis，University of Zagreb），p. 10，35，43. 引自：http://www. muzeologie. net/downloads/mat_lit/mensch_phd. pdf，25 January 2016.

［7］Sofka，V.（1983）. *Museological News*，3，8-10.

［8］Van Mensch，P. J. A.（1992）. *Towards a methodology of museology* (PhD thesis，University of Zagreb），p. 10，35，43. 引自：http://www. muzeologie. net/downloads/mat_lit/mensch_phd. pdf，25 January 2016.

［9］Spielbauer，J. K.（1981）. Museology — Science or just Practical Museum Work. *Museological Working Papers*，2，16-18.

［10］同上，p. 16。

［11］同上，p. 16-17。

［12］同上，p. 17。

［13］Desvallées，A. & Mairesse，F.（Dirs.）.（2010）. 'Museology'，*Key Concepts of Museology*，Paris，Armand Colin，p. 58.

［14］Spielbauer，J. K.（1987）. Museums and Museology：a means to active integrative preservation'，*ICOFOM Study Series*，12，p. 273.

［15］Spielbauer，J. K.（1981）. Museology — Science or just Practical Museum Work. *Museological Working Papers*，2，p. 18.

［16］参见本书中的"兹比内克·兹比斯拉夫·斯特兰斯基"部分。

［17］Spielbauer，J. K.（1981）. Museology — Science or just Practical Museum Work. *Museological Working Papers*，2，pp. 17-18.

雨果·戴瓦兰

安娜·克里斯蒂娜·瓦伦蒂诺、布鲁诺·布鲁隆·索耶斯

雨果·戴瓦兰(Hugues M. de Varine-Bohan),1935 年 11 月 3 日生于法国梅斯(Matz),法国考古学家、历史学家和博物馆学家。1965 年至 1974 年,他担任 ICOM 秘书长,继续推进 ICOM 第一届秘书长乔治·亨利·里维埃发起的工作。20 世纪 70 年代,他在法国积极工作,担任社区发展顾问。他是"生态博物馆"(ecomuseum)一词的创造者。在新博物馆学运动(New Museology movement)中,产生了各种实验性的博物馆形式,这些博物馆形式需要被理论化,要有一个词能概而括之,于此,在戴瓦兰的有力影响之下,"生态博物馆"一词于 20 世纪 80 年代应运而生。

传　记

雨果·戴瓦兰于 1935 年 11 月 3 日出生在梅斯,此地属于法国洛林(Lorraine)的历史地区。他在卢浮宫学院(École du Louvre)学习历史学、考古学和艺术史,之后在黎巴嫩贝鲁特(Beirut)的法国考古研究所(French Institute of Archaeology)工作,该研究所与法国大使馆有联系,他在大使馆担任了两年的文化和技术藏品信息记录中心的主任。[1]回到法国后,戴瓦兰以副秘书长的身份协助 ICOM 时任秘书长里维埃。在里维埃离开 ICOM 后,戴瓦兰于 1965 年被任命为秘书长,任期 9 年。[2]

1971 年,戴瓦兰认为有必要对欧洲的博物馆进行重塑,当时人们对生态学的关注日益增长,他据此提出了"生态博物馆"一词。该词在当时还没有明确的定义,但已孕育在克勒索(Le Creusot)的城市社区之中,正是在此地,1974 年诞生了法国第一个正式的"生态博物馆"。戴瓦兰与里维埃一起担任该馆顾问。基于此,在接下来几年出版的专著和文章里,他对"生态博物馆"进行了思考。[3]

20 世纪 80 年代,戴瓦兰在法国和海外的地区和国家政府部门中担任了各种职务。1982 年至 1984 年,他是里斯本的法国-葡萄牙研究所(Instituto Franco-Portuguêss, 简称 IFP)的负责人,成立了一个地方社区发展咨询机构,后来于 1989 年至 1999 年领导该机构十年。20 世纪 80 年代以来,戴瓦兰的名字就与国际新博物馆学运动(International Movement of New Museology, 简称 MINOM)联系在一起,该运动组织于 1984 年创立,并于次年得到官方认可,在里斯本正式成立,他将自己在生态博物馆方面的丰富经验融入运动之中。通过这一世界性运动的发展,特别是在拉丁语系国家里,戴瓦兰在许多生态博物馆从业者和理论家心目中拥有了重大影响力,成为世界各地这些机构的主要支持者之一。

从 20 世纪 90 年代至 21 世纪初,他继续参与国际生态博物馆之间的合作,在全球范围内提升了人们对基于地方遗产的文化、社会和经济发展的认识。他在法国和欧盟的城市及农村社区做了许多工作,鼓励文化实践,巩固地方发展。他还曾参与了德国、瑞典、墨西哥、巴西、加拿大、葡萄牙、希腊、匈牙利、爱尔兰和英国等国家的项目。[4]

博物馆学观点

20 世纪 70 年代,博物馆界遭遇了一场"危机"[5],导致人们在博物馆学研究中,重新思考博物馆在社会中的运营管理、地位和进程。在政治、经济和社会变革的背景下,博物馆不能只作为艺术品和人类与环境物质证据的存放地。正是在这种背景下,一些人对博物馆在社会中的作用提出了质疑,新博物馆学运动[6]便出现了,其主要目的是使博物馆能够应对社会对于文化遗产的代表性和民主化的要求。新博物馆学的核心思想受到了多方面的影响,包括 20 世纪 60 年代民权运动和非洲殖民地国家的独立运动,以及美洲的博物馆创新实验性实践,后者与本地身份意识的涌现紧密相关。[7]

有两个重要事件促使人们对博物馆重新定位,并推进了对博物馆社会作用的思考:第一件事是 1971 年在格勒诺布尔(Grenoble)、第戎(Dijon)和巴黎举行的第九届 ICOM 大会[8],会议直接由戴瓦兰组织,主题是"为人民服务的博物馆,今天和明天"(The Museum at the service of men, today and tomorrow);第二件事是 1972 年 5 月 20 日至 31 日举行的智利圣地亚哥圆桌会议(Round Table of Santiago de Chile)[9],该会也是在戴瓦兰的领导下组织起来的,联合国教科文组织提供了支持[10]。圆桌会议上提出的《智利圣地亚哥宣言》(*The Declaration of Santiago de Chile*)是博物馆学的一个转折点,根据一些学者的说法,这代表着跳出欧洲中心主义框架研究博物馆经验的新趋势。在博物馆的新模式和经典模式之间出现了对立,社区博物馆成为新兴的新博物馆学的优先关注对象。1979 年,戴瓦兰通过比较传统博物馆和社区博物馆的主要特征,以三要素结构界定了二者的区别:

> 撇开各种学术定义不论,博物馆在过去和当下都是:建筑＋收藏＋公众。这三个要素的实体是什么呢? 未来几十年里,博物馆会发生什么? ……建筑被地域所取代,也就是某个社区所在的确切地区。……收藏包括这个地区上的一切,包括属于其居民的一切,无论是可移动的还是不可移动的,家具,有形的还是无形的。它是一种活态遗产(living heritage),在不断变化和创造。……公众是该地域的全体居民,其次才是外地的游客。[11]

"生态博物馆"概念

1971 年,戴瓦兰与里维埃、法国环境部顾问谢尔盖·安托万(Serge Antoine)在巴黎塞居尔大街(avenue de Ségur)举行的非正式会议上创造了"生态博物馆"一词。[12]当年 9 月 30 日,在第戎举行的 ICOM 第九届大会期间,环境部部长罗伯特·普贾德(Robert Poujade)在演讲中首次使用了这一术语,该术语随即因其极富创新意味而获得认可并合法化。戴瓦兰根据他在克勒索-蒙特梭煤矿生态博物馆(Écomusée Le Creusot-Montceau-les-Mines)的经验[13],于 1978 年发表了一篇基于"社区生态博物馆"理论的文章,他在文中指出:

> 生态博物馆是促进社区发展的首选方式。它的目标不是文化

遗产的知识和开发，不是简单地支持教育系统或信息系统，也不是人类旷世杰作的文化进步和民主化工具。这就是为什么它不同于传统博物馆，也不吻合传统博物馆的定义，因为后者无法与之对应。[14]

在法国，生态博物馆模式已经成为社区博物馆的典型代表，其地位在 20 世纪 80 年代得到了法国博物馆管理局（Direction des Musées de France）的认可。戴瓦兰认为，生态博物馆的作用是多方面的：以项目为核心凝聚民众，将居民转变为自己遗产的行动者和使用者，建立一个社区数据库，以此来推进相关的讨论、会议和立法提案。

克勒索-蒙特梭煤矿生态博物馆

生态博物馆的发展起源于法国克勒索-蒙特梭煤矿生态博物馆的成立。1971 年至 1974 年间，在时任 ICOM 秘书长戴瓦兰，以及里维埃、安德烈·德瓦雷的支持和推进下，在马塞尔·埃弗拉德（Marcel Évrard）的指导下，生态博物馆经历了一段前所未有的发展历程。人们决定在勃艮第-弗朗什-孔泰（Bourgogne-Franche-Comté）地区的克勒索市建立一座博物馆，以突出该城市的工业历史，同时也想以此促成与该城市的缔造者施耐德家族（Schneider dynasty）的脱离，其时，施耐德家族的印记出现在纪念碑上、教堂里，无处不在，掩盖了社区的历史。[15]作为一个实验原型，生态博物馆与这片广袤而又分散的地域联系起来，它的特点是一个"活跃的博物馆"（exploded museum）[16]，通过为社区成员开展各种活动来谋求发展。

生态博物馆的社会目的是由当地人推动，并为他们自身谋求发展。埃弗拉德和马蒂尔德·贝莱格在克勒索将该目的付诸实践，使戴瓦兰的观点从经典的博物馆模式转向了社区博物馆的概念。

生态博物馆的概念在 20 世纪 80 年代中期的讨论中占据主导地位，而戴瓦兰将其推向国际层面。在他的影响下，这个概念延伸到了大西洋彼岸。在加拿大的魁北克，皮埃尔·梅朗（Pierre Mayrand）[17]是主要的新博物馆学理论家和国际新博物馆学运动的积极成员，也是戴瓦兰观点的接受者。梅朗采用了基本的"生态博物馆的三角结构"（triangulation of the ecomuseum）作为其理论架构的根本，特点是三个中心运动：从单学科到多学科，从公众到社区，从建筑到地域。[18]1992 年，戴瓦兰作为受邀专家参加了在巴西里约热内卢西区筹建圣克鲁斯屠宰场文化街区生态博物馆（Ecomuseum of the Quarteirão Cultural do Matadouro de Santa Cruz）的讨论，这是巴西第一座以他的理念为基础、以他的专业知识为依托的博物馆。[19] 戴瓦兰得到该国一些生态博物馆研究人员的认同，对他们的著述产生了重大影响，其中包括奥达米斯·普里奥斯蒂（Odamice M. Priosti）、亚拉·马托斯（Yára Mattos）和马里奥·查加斯（Mário Chagas）等。

博物馆、博物馆学和社会

戴瓦兰对博物馆及其在社会中作用的思考，概括了他的博物馆学基本观点。他认为："博物馆应该向一切开放，向一切对生活有贡献的事物开放。对我来说，博物馆既是手段，也是目的。"[20] 博物馆作为手段，意思是将之作为一种工具，作为一种力量来表现。而博物馆作为目的，则是说它应该具有社会目标。在克勒索经验的启发下，这种由居民建立并为之服务的博物馆的概念，使戴瓦兰将这个社会机构设想为一种变革的力量，一种为所有社区寻求共同目标的工具。他"活态遗产"的概念是博物馆作为建立在社区基础之上的社会发展工具这一观点的核心。

戴瓦兰致力于不脱离社会的博物馆实践，提出了关于文化遗产非物质层面的理论问题：

> 有遗产，但没有非物质遗产！也就是说，存在一个非物质的层面和一个物质的层面。我认为，我在克勒索工作期间（1970 年至1990 年），我们从未使用过物质或非物质这样的术语。它们是不合理的概念。遗产是存在的，不管是什么东西：工业的、手工的或前工业设备、农业设备等等。我们都有必要了解与之相关的知识，因为没有非物质层面的东西就没有意义。[21]

对他来说，关于非物质文化遗产的讨论与新博物馆学的理想密切相关，它为博物馆学领域带来了新的视角，并对博物馆进行了新的反思，打破了藏品和观众之间既定的等级制度。关于当前的新博物馆学运动及其意义，戴瓦兰说：

> 有两个原则。第一，圣地亚哥原则（1972 年，智利圣地亚哥圆桌会议，提出了《圣地亚哥宣言》，即博物馆的社会功能，这意味着参与）。第二个原则，是所有发展模式中地方运动的经典原则，也就是每个人都有其技能，都有其知识，而不仅仅是被定义为非物质遗产！

我们每个人都拥有关于生活的知识,我们必须运用这种知识,否则就是别人知识的受害者。这是保罗·弗莱雷(Paulo Freire)的一个原则。弗莱雷说,我们每个人都知道很多,如果我们重视每个人的知识,就会拥有海量的知识财富,可用于地方发展、政治等一切事务,包括遗产管理、创建教育机构和博物馆类机构等等。一方面,我们需遵循政治原则,即社会功能的原则;另一方面,还须遵循经验原则,即运用人们的知识。而如果这两个原则在一个项目中结合在一起,那么我们就参与其中了。[22]

上面这个基于社区工作和知识的博物馆学运用的观点,关键之处在于把地方发展视为一种"为休闲、教育、记忆、保护文化遗产和居民身份的社会文化服务"[23]。

学术影响

在戴瓦兰的博物馆学生涯中,显然受到了里维埃的影响,他们曾一同在 ICOM 工作,后来又共同定义了生态博物馆的概念,并用于实践。尽管戴瓦兰在博物馆实践中主要是与当地学者进行讨论,但他对生态博物馆和博物馆学的理论研究受到了不少非欧洲学者的影响,他常常特意提及的有:美国学者约翰·基纳德(John Kinard)[24]、墨西哥学者马里奥·巴斯克斯(Mario Vázquez)[25]、尼日利亚学者保罗·图塞特(Pablo Toucet)[26]、贝宁学者斯坦尼斯拉斯·阿多特维(Stanislas Adotevi)[27]、印度学者阿马伦杜·博斯(Amalendu Bose)[28]、巴西学者弗莱雷和阿根廷学者豪尔赫·哈多伊(Jorge H. Hardoy)。[29]

戴瓦兰在博物馆的社会作用和生态博物馆的实际应用方面的观点,直接或间接地影响了一些博物馆学家,包括德瓦雷、贝莱格、阿尔法·奥马尔·科纳雷、马里奥·穆蒂尼奥(Mário Moutinho)[30]、诺玛·鲁斯科尼(Norma Rusconi)和查加斯等学者。德瓦雷在里维埃和时任 ICOM 秘书长戴瓦兰的支持下,在法国博物馆管理局中建立了一项支持新博物馆的基金,这促进了新的生态博物馆在法国的发展,并使这个实验性的博物馆学领域得到了国际认可。从德瓦雷在生态博物馆方面的经验来看,他是戴瓦兰和里维埃思想的最有影响力的传播者[31],强调了这两位博物馆学家思想中的交集和分歧。

在法国之外,1982 年至 1984 年,戴瓦兰与葡萄牙的联系比较紧密,当时他是位于里斯本的法国–葡萄牙研究所的主任，与负责法国–葡萄牙的新兴项目和交流项目的博物馆学家建立了关系，从而影响了葡萄牙当地的博物馆学。此外，该研究所还支持葡萄牙的专业人员去法国的博物馆和生态博物馆进行考察访问，并支持了 1985 年在里斯本举行的第二届国际新博物馆学和地方博物馆研讨会（II International Atelier of New Museology and Local Museums）[32]。戴瓦兰的思想以葡萄牙语传播，并与拉丁美洲建立了联系，因此他成为巴西和拉丁美洲其他国家社会博物馆学运动的重要代言人，具有举足轻重的影响力。

主要著述

De Varine，**H.**

1969

• Musée et développement. *Nouvelles de l'ICOM*，22（4），2-5.

1971

• Coopération. *Nouvelles de l'ICOM*，24（1），2-5.

1973

• Un musée 'éclaté'：le Musée de l'homme et l'industrie. Le-Creusot-Montceau-les-Mines. *Museum*，Paris，25（4），242-249.

1974

• *A experiência internacional*. São Paulo：Faculdade de Arquitetura e Urbanismo da Universidade de São Paulo / Instituto do Patrimônio Histórico e Artístico Nacional.

1976

• *La culture des autres*. Paris：Seuil.

• Le musée moderne：conditions et problèmes de rénovation. *Museum*，XXVIII，3，121-139.

1978

• *Le mécénat en France*. Paris：Ministère de la Culture.

• L'initiative communautaire et le renouveau de la culture. *Cultures*，V，1，66-90.

• Le soutien privé à l'action culturelle. *Futuribles*，17，537-554.

1979

• L'exposition itinérante: moyen de communication, d'information, d'éducation. *Revue archéologique de l'Oise*, 15, 3.

• Le musée peut tuer ou... faire vivre. *Technique et architecture*, 326, 82-83.

• de Varine, H. *Entrevista com Hugues de Varine-Bohan*. (1979). In R. Rojas(Ed.), *Os Museus no Mundo*. Rio de Janeiro: SALVAT Editora do Brasil.

1983

• Vol et viol des cultures: un aspect de la dégradation des termes de l'échange culturel entre les nations. *Museum*, XXXV, 3, 152-157.

1985

• L'écomusée, au-delà du mot. Museum, XXXVII, 4, 185.

1986

• La muséologie et l'identité: observations. *ICOFOM Study Series*, 11, 71-72.

• Rethinking the museum concept. *ICOFOM Study Series*, 10, 323-333.

1987

• Quelques remarques sur le thème, in Muséologie et musées. *ICOFOM Study Series*, 13, 97.

• *O tempo Social*. Trad. Fernanda de Camargo-Moro and Lourdes Rego Novaes. Eleutherias Collection. Rio de Janeiro: Eça Editora.

1991

L'initiative communautaire: recherche et expérimentation. Savigny-le-Temple: Éditions W-MNES.

1992

• Cultural Action—a concept and its ambiguities. In *Papers in Museology I*. Umea, Sweden: Umea University, p. 179.

• L'écomusée (1978). In A. Desvallées; M. O. De Barry & F. Wasserman. (Coords.), *Vagues: une anthologie de la Nouvelle Muséologie*, 1. (pp. 446-487). Collection Museologia. Savigny-le-

Temple: Éditions W-MNES.

• Ecomuseu: a experiência europeia. In *Anais do 1º Encontro Internacional de Ecomuseus* (pp. 273-300). Rio de Janeiro: Prefeitura do Rio de Janeiro. Secretaria Municipal de Cultura, Turismo e Esporte.

1993

• *La commune et l'insertion par l'économique* (Ed.). Mâcon: Éditions W et Asdic.

1995

• Minhas lembranças da mesa redonda de Santiago. In M. M. Araújo; M. C. O. Bruno. (Orgs.), *Memória do Pensamento Museológico Contemporâneo*. São Paulo: Brazilian Committee of ICOM.

1996

• Economie solidaire et développement local. *Territoires*, 368, 9-17.

2000

• Acerca da Mesa Redonda de Santiago do Chile. *Publics et Musées*, 17, 1, 180-183.

• La place du Musée Communautaire dans les stratégies de développement. In O. Priosti & W. V. Priosti(Coords.), *Anais do II Encontro Internacional de Ecomuseus / IX ICOFOM LAM. Museologia e desenvolvimento sustentável na América Latina e no Caribe*. (pp. 57-62). Santa Cruz, Rio de Janeiro: Tacnet Cultural / ICOFOM LAM.

• Patrimônio e cidadania. In Z. R. Possamai & E. Leal. (Orgs.), *Museologia Social*. Porto Alegre: Unidade Editorial, Secretaria Municipal de Cultura.

2001

• Patrimônio e educação popular. *Ciência & Letras*. Journal of the Faculdade Porto-Alegrense de Educação, Ciência e Letras. Porto Alegre: FAPA 31, 287-296.

2002

• *Les Racines du Futur — Le patrimoine au service du développement*. Lusigny-sur-Ouche：Asdic Editions.

2005

• Pour un développement patrimoine durable. *Pouvoirs locaux*，63，99-103.

• Decolonising Museology. *ICOM News*，3，3.

2006

• *La dynamique du développement local — Les choix du Beaufortain*. Lusigny-sur-Ouche：Asdic Editions.

2007

• El ecomuseo, una palabra, dos conceptos, mil prácticas. *Mus-A* (Revista de los museos de Andalucía)，8，19-29.

• Quelques idées sur le Musée comme instituition politique. *Cadernos de Sociomuseologia*，28，28，7-14.

2008

• Musées et développement local, un bilan critique. In M. C. O. Bruno & K. R. F. Neves. (Eds.)，*Museus como Agentes de Mudança Social e Desenvolvimento -Propostas e reflexões museológicas* (pp. 11-20). Sergipe：Museu de Arqueologia de Xingó.

2014

• Sur les Vagues de la nouvelle muséologie. *ICOFOM Study Series*，Hors-Série-Tribute to André Desvallées，75-77.

2017

• *L'écomusée singulier et pluriel：un témoignage sur cinquante ans de muséologie communautaire dans le monde*. Paris：L'Harmattan.

De Varine, H. & Monfort, J. M.

1995

• *Ville，culture et développement*. Paris：Syros.

De Varine, H. & Debary, O.

2000

Un entretien avec Hugues de Varine. *Publics et Musées*, 17-18. L'écomusée：rêve ou réalité（under the direction of André Desvallées），203-210.

注释

[1]De Varine，H. (1979). Entrevista com Hugues de Varine-Bohan. In R. Rojas（Org.），*Os Museus no Mundo*（pp. 8-21；pp. 70-81). Rio de Janeiro：SALVAT Editora do Brasil.

[2]De Varine，H. & Debary，O. (2000). Un entretien avec Hugues de Varine. *Publics et Musées*，17-18. L'écomusée：rêve ou réalité（under the direction of André Desvallées），203-210.

[3]关于戴瓦兰在生态博物馆领域的思考和经验的最新概述，可参见他的著作 de Varine，H. (2017) *L'écomusée singulier et pluriel：a témoignage sur cinquante ans de muséologie communautaire dans le monde*. Paris：L'Harmattan.

[4]Museu das Missões recebe especialista francês em museus e patrimônio（Museum of Missions receives French specialist in museums and heritage）. *Portal do Instituto Brasileiro de Museus*［online］. 引自：http://www. museus. gov. br/tag/hugues-de-varine/.

[5]De Varine，H. (1979). In G. Bazin；R. Moulin & A. Desvallées（1982）. Crise de l'institution mséologieque. 'Muséologie'［*Encyclopædia Universalis* online］. 引自：https://www. universalis. fr/encyclopedie/museologie/.

[6]关于新博物馆学，参见 Desvallées A. & Mairesse，F. (2005). Sur la muséologie. In：*Culture & Musées*，6，146-149.

[7]De Varine，H. (2005). Decolonising Museology. *ICOM News*，3，3.

[8]ICOM (1972)，9ᵉ *Conférence Générale de l'ICOM：Le musée au service des hommes aujourd'hui et demain*. ICOM UNESCO，Paris，p. 189.

[9]Rôle du musée dans l'Amérique latine d'aujourd'hui. Round Table organised by UNESCO，Santiago de Chile，1972. (1973). *Museum*，XXV，3，1973，129-133.

[10]Bazin，G.；Moulin，R. & Desvallées，A. (1982). Crise de l'

institution muséologique. 'Muséologie' [*Encyclopædia Universalis online*]. 引自：https://www. universalis. fr/encyclopedie/ museologie/.

[11]同上。

[12]关于这个术语的历史，参见 de Varine，H. L'écomusée (1978). *La gazette：Association canadienne des musées*，11，2，republished in Desvallées，A；de Barry，M. O. ；Wasserman，F. (Coord.). *Vagues：une anthologie de la Nouvelle Muséologie*，1. (pp. 446-487). Collection Museologia. Savigny-le-Temple：Éditions W-MNES.

[13]在不同程度上与生态博物馆相关的学者还包括马蒂尔德·贝莱格、乔治·亨利·里维埃和安德烈·德瓦雷。

[14]关于这个术语的历史，参见 de Varine，H. L'écomusée (1978). *La gazette：Association canadienne des musées*，11，2，republished in Desvallées，A；de Barry，M. O. ；Wasserman，F. (Coord.). *Vagues：une anthologie de la Nouvelle Muséologie*，1. Collection Museologia. Savigny-le-Temple：Éditions W-MNES，446-487.

[15]Brulon-Soares，B. C. (2015). A invenção do ecomuseu：o caso do Ecomusée du Creusot Montceau-les-Mines e a prática da museologia experimental. *Mana*，21，2，267-295. 引自：https:// dx. doi. org/10. 1590/ 0104-93132015v21n2p267.

[16]法语原文是"musée éclaté"。参见 de Varine，H. (1973). Un musée éclaté：le Musée de l'Homme et de l'Industrie. *Museum*，vol. XXV，4，242-249.

[17]Mayrand，P. (1989). L'écomusée dans ses rapports avec la nouvelle muséologie. *Musées*，XI，3-4，11-13.

[18]Fernández，L. A. (1999). *Introducción a la Nueva Museología*. Madrid：Alianza Editorial.

[19]参见 de Varine，H. (1992). Ecomuseu：a experiência europeia. In *Anais do 1º Encontro Internacional de Ecomuseus* (pp. 273-300). Rio de Janeiro：Prefeitura do Rio de Janeiro. Secretaria Municipal de Cultura，Turismo e Esporte.

[20]De Varine，H. (1979). *Entrevista com Hugues de Varine-Bohan*. In R. Rojas (Ed.)，Os Museus no Mundo. Rio de Janeiro：SALVAT Editora do Brasil. p. 17.

[21]Carvalho，A. (2015). O Fascínio do Patrimônio e dos Museus：Entrevista com Hugues de Varine. *Cadernos de Sociomuseologia*，5，145-165. 引自：*revistas. ulusofona. pt/index. php/cadernosociomuseologia/article/*

view/5203/3358.

[22]同上。

[23]8° Encontro Paulista de Museus：*Articulando Museus e Comunidades* — Hugues de Varine-Bohan. 11'58'. 引自：https：//www. youtube. com/watch? v=bDCGEL6StVc.

[24]译者注：约翰·基纳德(1936—1989)，史密森学会首位非裔美籍博物馆馆长，阿纳卡斯蒂亚邻里博物馆(Anacostia Neighborhood Museum)创建者。

[25]译者注：马里奥·巴斯克斯(1923—2020)，墨西哥博物馆实务学家、博物馆学家，曾任墨西哥国立人类学博物馆馆长，智利圣地亚哥圆桌会议重要参与者。

[26]译者注：保罗·图赛特，布布·哈马国家博物馆(Musée National Boubou Hama)首任文化遗产保护员(conservator)。布布·哈马国家博物馆是尼日尔的国家博物馆。

[27]译者注：斯坦尼斯拉斯·阿多特维(1934—)，贝宁政治家、联合国儿童基金会官员，曾担任博物馆馆长。

[28]译者注：阿马伦杜·博斯(1918—?)：印度聚合物科学家、科学博物馆奠基人之一。曾担任 ICOM 印度国家委员会主席，ICOM ASPAC 主席。

[29]De Varine，H. （2005）. Decolonising Museology. *ICOM News*，3，2005，3.

[30]译者注：马里奥·穆蒂尼奥，葡语国家人文与技术大学(Universidade Lusófona de Humanidades e Tecnologias)教授、研究员，研究兴趣为社会博物馆学(Sociomuseologia)。

[31] 参见 Brulon-Soares，B. C.；Desvallées，A. （2015）. André Desvalleés：Entre muséologies (Entretien). *ICOFOM Study Series*：Tribute to André Desvallées，Hors-série，274-293.

[32]Carvalho，A. In C. Camacho. （1999）. *Renovação museológica e génese dos museus municipais da Área Metropolitana de Lisboa*：1974-90. Lisboa：Universidade Nova de Lisboa. Dissertação de Mestrado. Em Hugues de Varine [No Mundo dos Museus blog]. 引自：https：//nomundodosmuseus. hypotheses. org/2826.

安德烈·德瓦雷[1]

弗朗索瓦·梅黑斯、布鲁诺·布鲁隆·索耶斯

安德烈·德瓦雷(André Desvallées),1931 年 7 月 20 日生于法国滨海古维尔(Gouville-sur-Mer),法国博物馆学家,法国遗产名誉首席文化遗产保护员(Honorary General Conservator of Heritage in France)。1959 年至 1977 年的 18 年间,他在国家民间艺术与传统博物馆(National Museum of Popular Arts and Traditions,简称 MNATP)担任乔治·亨利·里维埃的助理。他引领了博物馆学科的发展,创造了若干概念,并给出其定义,包括法国的"新博物馆学"(Nouvelle Muséologie)。自 1980 年以来,他一直是 ICOFOM 的活跃成员,撰写了不少伦理学和博物馆学方面的图书和文章,颇具影响力。2013 年,他被授予 ICOM 荣誉成员称号。

传　记

安德烈·德瓦雷于 1931 年出生在诺曼底的滨海古维尔,后来搬到了巴黎郊区,就读于塞纳河畔讷伊(Neuilly-sur-Seine)的巴斯德中学(Lycée Pasteur)。他的第一份职业在电影界:他推行了法国高级电影研究学院(Institute for Advanced Cinema Studies,简称 IDHEC)[2]的入学考试,并成为电影中心(Cinema Centre,简称 CNC)的编辑,在这个职位上工作了 8 个月后,他认识了未来的导演、电视制作人米歇尔·苏比拉(Michel Subiela),几年后又认识了伯纳德·沙尔代尔(Bernard Chardère),后者是《正片》(Positif)杂志的创始人,德瓦雷从 1953 年开

始为该杂志撰稿。[3]之后,他来到摩洛哥,开始在包括拉巴特民间艺术与传统博物馆(Museum of Popular Arts and Traditions of Rabat)在内的一些博物馆工作。1956 年至 1958 年间,他在阿尔及利亚的奥兰服兵役,然后回到法国。

回到法国后,1959 年至 1977 年,德瓦雷被巴黎国家民间艺术与传统博物馆的创立者里维埃聘用,后者委托他管理该博物馆的博物馆实务和博物馆学部。担任管理工作期间,他负责博物馆的临展计划和三个常设展厅。1972 年,他在常设展厅开设了研究馆,三年后又开设了文化馆。落成开幕之时,国家民间艺术与传统博物馆被认为是全球最富创意的博物馆之一。[4]

德瓦雷发表了一些民族学方面的文章和著述[5],因此得以担任博物馆分类和控制总监(General Inspector of Classified and Controlled Museums)一职,负责该地区的民族志博物馆。当第一批生态博物馆和科技文化中心发展起来时,他开始在法国博物馆管理局内建立实验部门,协助这些新形式的博物馆谋求发展。从 1984 年到 1987 年,他在国家工艺美术学院工作,担任国家技术博物馆(现在的工艺美术博物馆)的负责人。后来,他成为法国博物馆(又称法国博物馆服务处,前身为法国博物馆管理局,法国文化部机构的主体)馆长顾问。随后,他成为国家民间艺术与传统博物馆的顾问,与该博物馆馆长米歇尔·科拉德尔(Michel Colardelle)一起工作。德瓦雷担任该职务一直到 1997 年退休。

除此之外,德瓦雷还在不同的遗产研究协会中担任职务,包括南泰尔历史协会(Nanterre History Society)、法国民族学协会(French Ethnology Society)、博物馆和公共收藏品总协会(General Association of Museum and Public Collections)、法国风车之友联合会(French Federation of Friends of Windmills)等。1978 年起,他开始在卢浮宫学院任教,开设了一门关于科技和工业遗产的课程,还讲授另外两门课程"博物馆学的本质"和"展览的语言"。

德瓦雷是 ICOFOM 高级咨询委员会的成员,并从 2013 年起成为 ICOM 的荣誉成员。自 1970 年以来,他一直居住在南泰尔(上塞纳省),1971 年至 1989 年在该市担任市议员。

博物馆学观点

德瓦雷于 1966 年成为 ICOM 的成员,于 1981 年至 1995 年担任

ICOM 法国国家委员会的成员。1980 年，在 ICOFOM 成立三年后，他成为其成员。1980 年至 1983 年，他担任 ICOFOM 的秘书。1983 年至 1998 年，他担任 ICOFOM 的副主席。2001 年，他被任命为常设顾问。2007 年，他承担了《ICOFOM 研究丛刊》(*ICOFOM Study Series*)编辑委员会的工作。当时，他还是科学杂志《公众与博物馆》(*Publics et Musées*)[现更名为《文化与博物馆》(*Culture et Musées*)]的编委会成员。[6]他蜚声海外，经常被邀请去国外讲学。

伯纳德·德洛什(Bernard Deloche)认为，德瓦雷的思考有他特有的原则：民间风格(vernacular)，即一个国家、民族或地区所特有的；技艺(technique)，或者说对日常生活和实用性的特殊兴趣，这在他工作过的所有博物馆中都能找到；与物件的关系，以及在其背景下考虑物品的必要性；对观众的实际看法，这体现在藏品中；最后，对他性(alterity)的优先考虑。这些原则和他在整个职业生涯中通过举办展览和撰写若干文章而采用的民族学方法有关。[7]

新博物馆学

作为密切参与新的实验性博物馆形式发展的一员，德瓦雷在里维埃和雨果·戴瓦兰的支持下，在法国的一些博物馆设立了一个基金，以支持这些新的实践经验，例如自 20 世纪 70 年代以来一直颇受国际认可的克勒索—蒙特梭煤矿生态博物馆(Écomusée du Creusot Montceau-les-Mines)。[8]为了讨论这些实践经验，他在 1981 年为《世界百科全书》(*Encyclopedia Universalis*)撰写的一篇文章中使用了"新博物馆学"(Nouvelle Muséologie)这一术语。[9]新的博物馆实践经验旨在将人置于博物馆的中心，将藏品置于次要地位，并强调博物馆工作对社会及其发展的贡献。[10]赞同这种工作方式的专业人士广泛使用"新博物馆学"的概念。因此，1982 年新博物馆学和社会实验协会(association Muséologie nouvelle et expérimentation sociale，简称 MNES)成立。1985 年[11]，皮埃尔·梅朗(Pierre Mayrand)[12]发起了国际新博物馆学运动(International Movement for New Museology，简称 MINOM)，德瓦雷是创始人之一。

1983 年在伦敦举行的 ICOFOM 研讨会是该运动的一座里程碑，经加拿大博物馆学家梅朗提议，一群理论家要求成立一个专门研究"社区博物馆学"的工作组。[13]这一想法是发起国际新博物馆学运动的第一步,在 ICOFOM 内部引起了广泛讨论,据德瓦雷说,最终决定"只能存在一种博物馆学,旧博物馆学与新博物馆学是一个整体"[14]。

德瓦雷发表了大量新博物馆学和生态博物馆方面的著作,其中最为知名的是《浪潮:新博物馆学选集》(*Vagues:une anthologie de la nouvelle muséologie*),[15]由他于 1992 年至 1994 年间与玛丽-奥迪尔·德巴里(Marie-Odile de Bary)和弗朗索瓦兹·瓦瑟曼(Françoise Wasserman)合作编辑[16]。

博物馆学发展:术语和概念

对德瓦雷来说,如果新博物馆学对博物馆领域具有重要的历史意义,那么很早之前,在他沿着里维埃开辟的道路行进时,他就对这一学科的历史、理论和概念定义表现出特别的兴趣。正是在建设发展国家民间艺术与传统博物馆文化馆的过程中,他对博物馆实务实践中的理论概念越来越感兴趣。他深受邓肯·卡梅隆(Duncan Cameron)[17]的影响,特别是他的文章《观点:作为传播系统的博物馆》("A Viewpoint:The Museum as a Communication System")[18]。他以传播的逻辑为原则,与里维埃一起设计了国家民间艺术与传统博物馆展厅的博物馆实务。正是在这种背景下,他提出了法语术语"expôt"的概念,以翻译卡梅隆用来定义展览材料单位系统的英语术语"展品"(exhibit)一词。同一研究背景下,与生态博物馆相关的是,德瓦雷在展厅中落实了里维埃所设想的"生态单元"(ecological units)的展示,这是一种在新的博物馆实务背景下构建的"复原物件的模式"(真实物,法语为"vraie chose")。[19]

德瓦雷从事的概念定义工作(包括与展览有关的词汇)和有关博物馆机构历史的具体工作[20],促使他于 1993 年在 ICOFOM 内着手编写《博物馆学叙词表》(*A Thesaurus of Museology*),他为此发表了若干篇预备性文章。2000 年,梅黑思加入他的工作之中,他们二人于 2007 年共同出版了《论博物馆的重新定义?》(*Vers une redéfinition du musée?*)一书[21]。2010 年,他们一起编辑了《博物馆学关键概念》(*Les concepts clés de la muséologie*)一书,该书在 ICOM 和 ICOFOM 的支持下出版,后来被翻译成十几种语言。[22]2011 年,他们又出版了《博物馆学百科全书》(*Dictionnaire encyclopédique de muséologie*),这是研究博物馆学领域的重要参考资料。

展览实务

德瓦雷为博物馆领域创造和构思的术语中，"展览实务"（expography）最为突出。1993 年，他在《博物馆实务手册：博物馆管理人员实用指南》（*Manuel de Muséographie：petit guide à l'usage des responsables de musée*）[23]一书中，为博物馆实务补充了一个自创术语"展览实务"，用以更准确地描述展览技术[24]。基于这一主张，展览实务成为"书写展览"的技术[25]，依靠研究和概念化来传达信息，并与观众建立联系。这个术语与场景实务（scenography）不同，场景实务指的是展览的形式，而展览实务同时关注形式和内容。博物馆实务是一整套的博物馆实践，展览实务的方式则较为简化，指的是为设计和执行博物馆展览而开发的一套特定的技术手段。

学术影响

在德瓦雷的职业生涯中，他与里维埃和戴瓦兰的关系非常密切。后两位学者都研究了生态博物馆，以及这种新形式博物馆的建设性方法，关注社会各方面，以及他们合作的社区的物质和非物质文化遗产。里维埃与德瓦雷共事多年，对德瓦雷在国家民间艺术与传统博物馆的工作方式和在法国的生态博物馆工作产生了影响。戴瓦兰是"生态博物馆"一词的创造者，他激励德瓦雷进一步扩展这一概念，并在"新博物馆学"中提出他对传统博物馆学的批评。

同时，除了对 ICOFOM 的术语项目产生概念上的影响外，德瓦雷的（新）博物馆学观点影响了整整一代专注于法国生态博物馆实践的专业人员，而这一观点也是新博物馆学和社会实验协会的起源。[26]在法国，他的观点被玛丽-奥迪尔·德巴里、弗朗索瓦兹·瓦瑟曼、亚历山大·德拉杰（Alexandre Delarge）、西尔维·杜斯·德拉萨勒斯（Sylvie Douce de la Salles）[27]和乔尔·勒马雷克（Joëlle Le Marec）[28]等博物馆学家所采纳。在博物馆学具体术语和概念定义的项目中，德瓦雷的想法为 ICOFOM 的一些文章作者提供了参考，包括伯纳德·德洛什、弗朗索瓦·梅黑斯、特丽莎·席奈尔、奈莉·德卡罗里斯和玛丽亚·哈维尔·库里（Marília Xavier Cury）[29]等。

主要著述

Desvallées, A.

1975

• Musée national des Arts et traditions populaires. Petits guides des grands musées. Paris: RMN, 19 p.

1979

• L'Aubrac. Tome 6.1, Ethnologie contemporaine, IV, Technique et langage. *Les Burons*. (pp. 15-18): Introduction générale, (pp. 25-308): Estivage bovin et fabrication du fromage sur la montagne. Paris: CNRS.

1980

• Museology—Science or just practical museum work? *Museological Working Papers—MuWoP*, 1, 17-18.

• La muséologie — science ou seulement travail pratique du musée? *Documents de Travail sur la Muséologie—DoTraM*, 1, 17-18.

1981

• Muséologie (nouvelle). In *Encyclopaedia universalis, Supplément*, t.2., pp. 958-961 (6 colonnes).

1983

• Les écomusées. *ICOFOM Study Series*, 2, 15-16.

1985

• L'écomusée: musée degré zéro ou musée hors les murs. *Terrain*, 5, 84-85.

• Muséologie nouvelle 1985. *Nouvelles muséologiques*, Bulletin semestriel du Comité International de l'ICOM pour la muséologie, Stockholm, 8, 65-69.

• Objets substituts justifiés et injustifiés. Les implications déontologiques et aspects juridiques. *ICOFOM Study Series*, 8, 87-92.

• Justified and unjustified substitutes. The ethical implications and legal aspects. *ICOFOM Study Series*, 8, 93-99.

• Originaux et substituts dans les musées. Commentaires et points de vue sur les mémoires de base présentés dans l'ISS N° 8. *ICOFOM Study Series*, 9, 21-26.

1986

• La nouvelle muséologie. In Nicolas, A. (Ed.). *Nouvelles muséologies*. (pp. 45-52). Marseille, MNES.

• Identity. *ICOFOM Study Series*, 10, 73-77.

• L'identité. *ICOFOM Study Series*, 10, 79-84.

1987

• Un tournant de la muséologie. *Brises*, 10, 5-12.

• La muséologie et les musées: changements de concepts. *ICOFOM Study Series*, 12, 85-95.

• Museology and museums: a change in concepts. *ICOFOM Study Series*, 12, 97-107.

• Quelques brutales réflexions préscandinaves. *ICOFOM Study Series*, 13, 39-41.

1988

• Pays en voie de développement ou non: il n'existe qu'une seule muséologie. *ICOFOM Study Series*, 14, 129-136.

• Developing country or not: there is only one museology. Résumé. *ICOFOM Study Series*, 14, 137-144.

1989

• La prospective — un outil muséologique? *ICOFOM Study Series*, 16, 133-137.

• Forecasting—a museological tool? *ICOFOM Study Series*, 16, 139-143.

1990

• Seulement quelques naïves remarques sur le rapport entre muséologie et environnement. *ICOFOM Study Series*, 17, 45-50.

1991

• Contribution au Projet de développement des musées. Rennes：MHS et MNES，34 p.

• Le langage de l'exposition. *ICOFOM Study Series*，19，37-42.

• The language of exhibitions. Abstract. *ICOFOM Study Series*，19，43-45.

1992

• Présentation. In Desvallées A.，de Bary M.-O.，Wasserman，F.（1992）*Vagues，une anthologie de la nouvelle muséologie*.（pp. 15-39）. Macon et Savigny-le-Temple，W et Mnes，t.1，533 p.

• Y a-t-il des limites au musée? *ICOFOM Study Series*，21，12-18.

1993

• Le musée，les identités et les minorités culturelles，*ICOFOM Study Series*，22，31-35.

1994

• Musée et communauté —esquisse de synthèse. *ICOFOM Study Series*，24，93-94.

• Musée et communauté：des ambiguïtés à éclaircir. *ICOFOM Study Series*，24，33-37.

• Museum and community：some ambiguities to be cleared up. *ICOFOM Study Series*，24，38-42.

• Object or document? *ICOFOM Study Series*，23，96-102.

• Objet ou document? *ICOFOM Study Series*，23，89-95.

1995

• Muséologie et art：le point de vue du muséologue. *ICOFOM Study Series*，26，58-60.

1996

• Museología y arte：el punto de vista del museólogo. *ICOFOM Study Series*，26，202-203.

1997

• Avant-propos in Muséologie et mémoire，Actes. *ICOFOM Study Series*，28，5-7.

• Foreword, in Museology and Memory, Proceedings. *ICOFOM Study Series*, 28, 8-9.

1998

• Cent quarante termes muséologiques ou petit glossaire de l'exposition. In de Bary, M.-O. & Tobelem, J.-M. (Dir.). *Manuel de Muséographie. Petit guide à l'usage des responsables de musée.* (pp. 205-251). Biarritz: Séguier, Option Culture.

• Musée et patrimoine intégral: le futur du passé. *ICOFOM Study Series*, 29, 25-33.

2000

• Introduction. pp. 11-31. In: Desvallées, A. (Dir.). *Publics et Musées*. L'écomusée: rêve ou réalité, n°. 17-18, Presses Universitaires de Lyon, 2000.

• Muséologie et 'Patrimoine immatériel': muséalisation, visualisation. *ICOFOM Study Series*, 32, 45-52.

2001

• Muséologie, patrimoine, changement économique et développement social. *ICOFOM Study Series*, 33a, 32-38.

2002

• Muséologie et expologie: du réel au virtuel. *ICOFOM Study Series*, 33 b, 53-61.

2004

• La muséologie et les catégories de patrimoine immatériel. Questions de terminologie, à propos de Intangible heritage // patrimoine immatériel et patrimoine intangible. *ICOFOM Study Series*, 33 Supplement, 7-10.

• Museology and categories of intangible heritage — uses of terminology: the relevance of *patrimoine immatérial* and *patrimoine intangible* in French, and intangible heritage in English. *ICOFOM Study Series*, 33 Supplement, 11-14.

2005

• Quels musées pour quels publics? *ICOFOM Study Series*, 35, 55-60.

2008

• *Quai Branly：un miroir aux alouettes? À propos d'ethnographie et d'« arts premiers ».* Paris：L'Harmattan，198 p.

Desvallées，A. & Lacotte，R.

1966

• *Métiers de traditions.* Paris：Braun-Crédit Lyonnais，188 p.

Desvallées，A. & Rivière，G. H.

1975

• *Arts populaires des Pays de France*，t. 1：Matières，techniques et formes. Paris：J. Cuénot，207 p.

Desvallées，A.，de Bary M.-O.，Wasserman，F.（Dir.）.

1992/1994

• *Vagues，une anthologie de la nouvelle muséologie.* Macon et Savigny-le-Temple，W et Mnes，2 vols.：t. 1，1992，533 p.，t. 2，1994，275 p.

Desvallées，A. & Mairesse，F.（Dir.）.

2007

• *Vers une redéfinition du musée.* Paris：L'Harmattan，227 p.

2010

Concepts clés de muséologie. Paris，Armand Colin et ICOM，87 p. Available at the ICOM website（www. icom. museum）.

2011

Dictionnaire encyclopédique de muséologie. Paris：Armand Colin，723 p.

注释

[1]2014 年 11 月，在 ICOFOM 研究项目"博物馆学史"下工作的学生和研究人员在维基百科上以法语和巴西葡萄牙语发表了该文本的初版，发表者在该平台上的用户名为 Anna Leshchenko，EcoleduLouvre，Historiadamuseologia 和

Joymgb。

[2]译者注：现名为法国高等国家影像与声音职业学院（简称为"La Femis"，其所对应的名称是 Fondation européenne des métiers de l'image et du son）。

[3]Desvallées，A. (1953). Mark Donskoi：Un homme dont l'œuvre sonne fier，*Positif*，5，p. 30.

[4]参见 Gorgus，N. （2003）. *Le magicien des vitrines. Le muséologue Georges Henri Rivière. Textes et témoignages*. Paris：Maison des sciences de l'homme ；and Rivieère，G. H. et al. （1989）. La muséologie selon Georges Henri Rivieère，Paris：Dunod.

[5]例如，Desvallées，A. （1975）. *Musée national des Arts et traditions populaires*. Petits guides des grands musées. Paris，RMN，19 p. ill. （la Galerie culturelle） ；Rivieère，G. H. & Desvallées，A. （1975）. *Arts populaires des Pays de France*，t. 1：Matieères，techniques et formes. Paris：J. Cuénot，ill. ；Desvallées，A. （1979）. L'Aubrac. Tome 6.1，Ethnologie contemporaine，IV，Technique et langage. *Les Burons*. （pp. 15-18）：Introduction générale，（pp. 25-308）：Estivage bovin et fabrication du fromage sur la montagne. Paris：CNRS.

[6]《公众与博物馆》期刊可在 Persée 门户网站的出版物中查阅：http://www. persee. fr/［archive］.

[7] Deloche，B. （2014）. André Desvallées，penseur de la nouvelle muséologie. *ICOFOM Study Series*，Hors-Série，149-158.

[8]Hudson，K. (1977). *Museums for the 1980s — A Survey of World Trends*. London，UNESCO—Macmillan.

[9]Desvallées，A. （1981）. Muséologie（nouvelle）. In *Encyclopaedia universalis*，*Supplement*，t. 2.，pp. 958-961 （6 columns）（included the 1985 edition）.

[10] De Varine，H. （1978）. L'écomusée. *La Gazette* （Canadian Association of Museums），11.

[11]参见"国际新博物馆学运动"档案，http://www. minom-icom. net/［archive］.

[12]译者注：皮埃尔·梅朗（1935—2011），加拿大博物馆学家、大学教授，师从乔治·亨利·里维埃，生态博物馆创建者、工作者。

[13]Sofka，V. （1984）. Compte rendu de la Sixieème réunion annuelle et la Troisieème Assemblée Générale del'ICOFOM. *Nouvelles muséologiques*，5，Bulletin semestriel du comité international de l'ICOM pour la muséologie，p. 12.

［14］Desvallées，A.（septembre 1985）. Muséologie nouvelle 1985. *Nouvelles muséologiques*. Bulletin semestriel du comité international de l'ICOM pour la muséologie，Stockholm，8，p. 69.

［15］Desvallées，A.（1983）. Les écomusées. *ICOFOM Study Series*，2，15-16；Desvallées，A.（1985）. L'écomusée：musée degré zéro ou musée hors les murs. *Terrains*，5，84-85；Desvallées，A.（1986）. La nouvelle muséologie. In Nicolas，A.（Ed.）. *Nouvelles muséologies*.（pp. 45-52）. Marseille，MNES；Desvallées，A.（1987）. Un tournant de la muséologie. *Brises*，10，5-12；etc.

［16］Desvallées A.；de Bary M.-O.；Wasserman，F.（Dir.）.（1992/1994）. *Vagues*：Une anthologie de la nouvelle muséologie，Mâcon，Ed. W. et M. N. E. S.，2 vol.

［17］译者注：他曾提出"博物馆究竟是神庙还是论坛"之问。

［18］Cameron，D.（1968）. A Viewpoint：the Museum as a communication system and implications for museum education. *Curator*，11，33-40（Included under the title：Un point de vue：le musée considéré comme système de communication et les implications de ce système dans les programmes éducatifs muséaux，in Desvallées A.；de Bary M.-O.；Wasserman，F.（Dir.）.（1992/1994）. *Vagues*. Une anthologie de la nouvelle muséologie.（pp. 259-270）. Mâcon，Ed. W. et M. N. E. S.，2 vol，t. 1.

［19］所有术语的定义参见 Mairesse，F. & Desvallées，A.（Dir.）.（2011）. *Dictionnaire encyclopédique de muséologie*，Paris：Armand Colin.

［20］Desvallées，A.（1992）. La muséographie des musées dits « de société »：raccourci historique. In *Musées et sociétés*（collect.）.（pp. 130-136）. Paris，Direction des Musées de France（Annals of the National Conference 'musées et sociétés'，Mulhouse-Ungersheim，juin 1991）；Desvallées，A.（1992）. Musées scientifiques，musées techniques，musées industriels：l'exemple français. In *La Société industrielle et ses musées. Demande sociale et choix politiques* 1890-1990.（pp. 97-115）. Cité des Sciences et de l'Industrie et Éditions des archives contemporaines（Annals of the Conference CSI，14-15 mars 1991，dir. Brigitte Schroeder-Gudehus）.

［21］Mairesse F. & Desvallées A.（Dir.）.（2007）. *Vers une redéfinition du musée?* Paris：l'Harmattan.

［22］Desvallées A. & Mairesse F.（Dir.）.（2010）. *Concepts clés de la muséologie*. Paris：Armand Colin et ICOM. 参见 ICOM 网站（www. icom. museum）。

[23]Desvallées, A. (1998). Cent quarante termes muséologiques ou petit glossaire del'exposition. In de Bary, M.-O. & Tobelem, J.-M. (Dir.). *Manuel de Muséographie. Petit guide à l'usage des responsables de musée.* (pp. 205-251). Biarritz: Séguier, Option Culture.

[24]Polo, M. V. (2006). Estudos sobre expografia: quatro exposicções paulistanas do século XX. Masters dissertation in Art, São Paulo: Universidade Estadual Paulistana, 2006, p. 11.

[25]Bauer, J. E. (2014). A construção de um discurso expográfico: Museu Irmão Luiz Godofredo Gartner X. UFSC: Florianópolis, SC.

[26]参见 Brulon Soares, B. (2015). L'invention et la réinvention de la Nouvelle Muséologie. *ICOFOM Study Series*, 43a, 57-72.

[27]译者注:西尔维·杜斯·德拉萨勒斯,具有艺术史和社会学背景的法国文化遗产保护员(conservator)。

[28]译者注:乔尔·勒马雷克,在法国多所大学工作过,研究兴趣是博物馆学及其与知识的关系。

[29]译者注:玛丽亚·哈维尔·库里,巴西博物馆学家、博物馆教育者,圣保罗大学教师。

伊沃・马罗耶维克

布鲁诺・布鲁隆・索耶斯、张云顺

伊沃・马罗耶维克(Ivo Maroević),1937 年 10 月 1 日生于克罗地亚斯塔里格勒(Stari Grad),2007 年 1 月 20 日逝于克罗地亚萨格勒布,克罗地亚博物馆学家、艺术史学家,曾任萨格勒布大学(University of Zagreb)哲学学院的博物馆学教授,将博物馆学作为一门科学、作为一个成熟的学习和研究分支,对中欧地区的博物馆学做出了重大贡献。在克罗地亚,他致力于为保护文化遗产和历史遗迹而立法,并在 20 世纪末和 21 世纪初,为萨格勒布的城市重建做出了努力。[1]他发表了若干份有关博物馆学、遗产和保护的学术论文、教科书和报纸文章。作为 ICOFOM 的忠实贡献者,他在《ICOFOM 研究丛刊》(*ICOFOM Study Series*)中发表了多篇文章,拓宽了博物馆物件的理论视角,探索了博物馆性的概念,将之作为这门假定科学的基本观念。

传　记

伊沃・马罗耶维克于 1937 年 10 月 1 日出生在克罗地亚赫瓦尔岛的斯塔里格勒。他在萨格勒布大学哲学学院获得了艺术史和英语学位,并于 1960 年在格鲁比什诺波列(Grubišno Polje)的一所小学谋得他的第一个职位。[2]他还在阿达梅茨(Adamec)的小学和马克西米尔国家公园(National Park of Maksimir)工作过。他于 1965 年至 1969 年在锡萨克博物馆(Sisak Museum)担任过典藏研究员(curator)、文化遗产保护员(conservator)和藏品信息记录部主任;于 1969 年至 1983 年在克罗地亚修复研究所（Croatian Restoration Institute）担任顾问和所长。最后在萨格勒布大学哲学学院工作，成为该大学博物馆学系的全职教授。[3] 1971 年，他获得了艺术史博士学位，论文题目是《锡萨克：城市和建筑》（*Sisak-City and Architecture*）。

1983 年至 2007 年，他在萨格勒布大学教授"古迹保护"课程。他曾是保护系和艺术史系的主任，于 1975 年针对研究生开设了博物馆学课程，后成为该大学博物馆学系和信息科学系的主任。[4] 作为研究生课程的教授，他参与了几个研究项目，如从 1983 年开始的斯普利特（Split）建筑遗产保护项目和从 1983 年至 1990 年的杜布罗夫尼克（Dubrovnik）"亚得里亚海东岸文化"（Culture of the Eastern Coast of the Adriatic）项目。[5]

为了保护文化遗迹，并为博物馆学相关的问题寻求解决方案，马罗耶维克积极参与了许多委员会、工作组和专家团的工作。20 世纪 80 年代至 90 年代，他是文化古迹保护委员会（Council for the Protection of Monuments of Culture）和克罗地亚博物馆委员会（Museum Council of Croatia）的成员（他曾担任两届主席：1988 年至 1991 年、1995 年至 1996 年）。1982 年至 1989 年，他是杜布罗夫尼克地震后修复专家咨询委员会的成员；1990 年至 1999 年，他是杜布罗夫尼克重建委员会的成员。[6] 从 2004 年起，他参与了政府的国家物质规划委员会（National Physical Planning Council）和克罗地亚联合国教科文组织委员会（Croatian Commission for UNESCO）（于 2005 年成立）的工作。[7] 除此之外，他还担任了若干国际组织的成员，如 1965 年至 1990 年任克罗地亚文化遗产保护员协会（Association of Conservators of Croatia）成员，1976 年至 1998 年任国际古迹遗址理事会（International Council on Monuments and Sites，简称 ICOMOS）成员等。他于 1975 年成为 ICOM 的成员，在 20 世纪 80 年代初加入 ICOFOM，终生与该委员会合作。

在马罗耶维克的专业和学术生涯中，他担任过许多职位，如英语教授、文化遗产保护员、藏品信息记录主任、大学教授和哲学学院院长。除了学术论文，他还出版了博物馆学和博物馆专业相关的教科书，发表了相关报纸文章。马罗耶维克还出版过《遗产的当下》（*The Present Moment of Heritage*，1986 年）、《萨格勒布，自述》（*Zagreb, in Its Own Words*，1999 年）、《新保护主义者的分裂》（*New Conservationist Splinters*，2000 年）、《萨格勒布建筑编年史（1981—2002）》（*A Chronicle of Zagreb*

Architecture 1981—2002, 2002 年）、《萨格勒布建筑选集》（*Anthology of Zagreb Architecture*, 2003 年）、《博物馆学导论》（*Introduction to Museology*, 1993 年）、《博物馆学导论：欧洲方法》（*Introduction to Museology：The European Approach*, 1998 年）。2004 年，他编著了《走进文化遗产的世界》（*Into the World with the Cultural Heritage*）一书，精选了他在博物馆学、保护和建筑领域的主要理论文章。[8]他涉猎的主题包括博物馆学、城市主义、历史和当代建筑、保护和修复。[9]

　　终其一生，马罗耶维克的著述获得了认可，并荣获多个奖项，包括由南斯拉夫文化遗产保护员协会联合会（Federation of Associations of Conservators of Yugoslavia）进行的表彰和颁发的匾牌，于 1975 年获得的博齐达尔·阿吉亚（Božidar Adžija）杰出学术工作奖[10]；因《博物馆学导论：欧洲方法》一书，荣获由南斯拉夫保护联盟（Conservation Union of Yugoslavia）授予的奖项、奇金十字勋章（Čikin Cross）和萨格勒布城市奖[11]；因文化和城市历史遗迹保护主题的专著《萨格勒布建筑选集》荣获约瑟夫·尤拉伊·斯特罗斯迈尔（Josip Juraj Strossmayer）奖。他还于 2002 年获得了克罗地亚博物馆协会的帕沃·里特-维特佐维奇（Pavao Ritter-Vitezovic）终身工作奖。马罗耶维克去世之后，还因 2013 年出版的《锡萨克：城市和建设》（*Sisak：City and Construction*）和《生命之谷的马赛克（1937—2007）》（*Grain of Life Mosaic 1937—2007*）两本著作，被追授锡萨克终身工作奖（City of Sisak Award for Life Work）。

　　2007 年 1 月 20 日，马罗耶维克在萨格勒布去世，享年 70 岁。

博物馆学观点

博物馆学与遗产

　　马罗耶维克的博物馆学方法与建筑遗产的保护密切相关，尤其侧重于萨格勒布和克罗地亚 19 世纪至 20 世纪的遗产。他在《ICOFOM 研究丛刊》之外的许多文章专著都集中在遗产问题上，如《锡萨克：城市和建筑》（*Sisak—The City and Architecture*）和《独自伫立的萨格勒布》（*Zagreb with It Alone*）。[12]值得注意的是，体现出博物馆学和遗产保护之间直接关系的是《遗产的呈现》（*Present of the Heritage*）[13]一书，该书中，他提出了遗产重建历史方法的理论意义，对应该保护什么年代的

遗产提出了疑问，还提出了历史上用于重建的"干预"方法和战争后插补
(interpolation)处理的方法。[14]

在欧洲遗产保护的理论和实践方面，马罗耶维克先于他的时代。[15]
例如，在《博物馆和战后地方社区的发展》（Museums and the
development of local communities after the war）一文中，他研究了战争
对整个克罗地亚的破坏，尤其是历史建筑、村庄和城市，如 1979 年被列
为世界遗产地的杜布罗夫尼克。[16]总之，他的观点与文化遗产的真实性
和修复概念的扩展有关。[17]

此外，马罗耶维克的研究重点是理论博物馆学，受托米斯拉夫·索拉
的影响，用"遗产学"（heritology）和"遗产公共记忆术"（mnemosophy）[18]
两个术语检验遗产的价值和非物质遗产的使用背景。[19]在征得彼得·
冯·门施（马罗耶维克是冯·门施博士论文的指导老师）的同意下，他在
《博物馆学导论》一书中发表了许多博物馆学的理论概念，该书以克罗地
亚语、德语和英语出版，被认为是欧洲博物馆学文献中的重要资料[20]，
其中涵盖了博物馆作为一个机构及其发展的博物馆学理论问题，将博物
馆和遗产的概念相结合，生成了一个新的定义：

> 博物馆是一个为社会服务的非营利机构，其使命是研究、收集、
> 保存和传播人类文化遗产以及自然遗产的物质和非物质证据，从而
> 在新的背景下解释和真实地表现过去。[21]

生态博物馆学概念与当代收藏

在《博物馆和战后地方社区的发展》[22]一文中引起读者共鸣的是生
态博物馆发展的前提条件，以及在战争破坏之后，村庄、城镇和城市应该
如何努力去修复遗产中的技术和真实性。在马罗耶维克的文章《罗维尼
烟草厂的建筑》（The architecture of Rovinj's tobacco factory）中，他研
究了保护罗维尼烟草厂烟草加工历史技术的理论意义：它与原始建筑的
改变之间的关系，以及翻新、重建、"当代建筑的插补"与现有结构的混杂
(mélange)，还有多层次的价值、人们的身份和博物馆对历史的解释。[23]

马罗耶维克还强调了保护集体记忆的重要性，关注在那些饱受战争
摧残的国家中，博物馆、档案馆和图书馆如何能够真正发挥关键作用。
他强调了对自然和建筑的保护，映射基础设施被悲剧性破坏的生态博物
馆学背景，这为克罗地亚的历史和集体记忆的未来奠定了基础。他提到

了一些与集体记忆有关的敏感问题,如"种族清洗"和"传统"、身份的保护和恢复、博物馆在产生"人们新的社区意识和对特定环境的归属感"方面的作用,以及将地方和区域博物馆作为汇集语言多样性的工具[24]。

马罗耶维克认为传统的收藏在一个饱受战争蹂躏的国家已经过时,而当代的收藏又表明,这些想法受到了生态博物馆的影响。[25]他讨论的内容还包括流亡中的博物馆、博物馆传播的力量、以巡回展览和展览开幕式作为社会事件和教育手段来创造新的身份的话题。[26]

信息科学和博物馆学

马罗耶维克强调博物馆学是一门信息科学,这是他著述的核心所在。在"全球信息基础设施环境下的合作可能性"(Possibilities for Cooperation in the Environment of the Global Information Infrastructure)研讨会上,他讨论了这个话题,确定了信息化实践的问题,从本质上讲,它被纳入了所有的博物馆学实践,重点是图书馆和信息技术的标准化。此外,他还强调了跨学科以及在档案馆和博物馆内使用数据库的问题,"信息创造"(information-creation)有望成为应用于博物馆学理论的一门博物馆实务的技术。[27]在研讨会的结论中,马罗耶维克提出了一个理论框架,用以描述档案馆和博物馆藏品信息记录中心的收藏单位,并提出了管理这种收藏的具体方法。[28]

马罗耶维克把"博物馆学定义为一门信息科学"[29],并作为"社会人文领域"的一部分,其中包括:

> 藏品信息记录学、传播学、分类系统理论、系统一般理论、图书馆学、书目学、科学的科学、档案学、博物馆学、词典学、人工语言理论、解决非数字问题的理论、密码学等对信息的发射、收集、选择、评估、鉴定、归档检索、传输、分发、解释、使用和保护过程的系统研究,以及所有形式的社会交流。[30]

根据马罗耶维克的说法,博物馆学是保存记忆的一个跨学科领域。[31]他通过博物馆学理论预测了一些博物馆实务技术:虚拟博物馆(或网络博物馆)、视频和只读光盘。[32]

博物馆物件和博物馆性

马罗耶维克的理论著作从藏品信息记录和信息的角度描述了博物

馆物件。在这个意义上,他将"博物馆性"定义为"在一个现实中记录了另一个现实的物件的特质"[33],追求博物馆学的哲学、符号学和信息学方法。他采纳兹比内克·兹比斯拉夫·斯特兰斯基"博物馆物件"(musealia)和"博物馆性"(museality)的概念来定义更广泛的信息(藏品信息记录)和交流过程,这也可以解释为他对博物馆化的定义,他在文章中用缩写"INDOC"来表示这个定义。[34]基于特定术语,他对"INDOC"的定义如下:

> 博物馆学是一门科学学科,它通过博物馆物件研究博物馆性,通过各种信息和藏品信息记录系统,创造和阐述可用的科学文化信息,并改进所有这些成果在博物馆实践中的应用方法。[35]

因此,马罗耶维克对博物馆藏品的定义是以斯特兰斯基的理论为根本基础的:

> 捷克博物馆学家斯特兰斯基曾对博物馆物件给出过一个广泛的定义,他说,一件处在博物馆现实中的物件应被视为它所处现实的记录。[36]

此外,马罗耶维克还指出:

> 博物馆性是物件的一个特征,它将物件从其现实环境中分离出来,置于博物馆的环境中,成为它所分离出来的那个现实的记录,即成为博物馆物件。自然,博物馆性是一系列的特征,而且,归根结底是博物馆物件的多层次内容。[37]

继艾琳·胡珀-格林希尔(Eilean Hooper-Greenhill)[38]之后,马罗耶维克将博物馆性描述为一种非物质或无形的价值,他称之为"记忆剧场"[39]。

因此,博物馆物件的意义取决于文化遗产的记忆保存,无论是在原址还是在博物馆内。遗产受到社会的影响,也影响着社会,其价值取决于如何管理、保存、研究和传播。因此,遗产是关于价值的,它的经验可以根据符号学的"三位一体经验"(triad experience)来解释,换句话说,通过符号、能指和所指。[40]博物馆物件和博物馆性,作为这些物件的非物质意义,通过博物馆学的方式进行管理、保存、研究和传播。[41]

基于对博物馆物件的这一定义,博物馆化可以被视为从其他语境向博物馆学语境的过渡过程。这个过程不一定与博物馆有关,根据博物馆学语境的特定概念,它也可以发生在非博物馆的开放空间,包括文化遗产。按照马罗耶维克的说法,物件流入博物馆学语境的程度远远超过流出的程度,流动的速度和方向取决于各种社会因素(经济、政治、军事和文化)。[42]

马罗耶维克直接参照冯·门施的信息方法,并考虑了实际的和理论的定义之下的博物馆学语境。两位学者都概述了博物馆化的具体过程,指向博物馆物件获得的不同属性:其结构和物理属性将对信息和现实记录的意图、感知和传输产生影响。[43]在这个过程中,传输的信息在具有选择性时就是"科学的",在具有结构性时就是"文化的"。[44]那么,物件就是"意义的总和",而博物馆学处理的是调查、发现和解释(但也产生)博物馆性的工作。

博物馆传播、符号学和替代物

马罗耶维克采用了斯特兰斯基对博物馆传播的分类。[45]他还提到了罗杰·迈尔斯(Roger Miles)[46]所讨论的博物馆观众研究,以及观众研究的术语"目标观众"(target audience),该术语在当代分析中被广泛使用。此外,他还提到了 M. 图得门(M. Tudman)[47]关于观众体验的结构和文化层面。根据马罗耶维克的观点,博物馆传播有三个方面:人的身体、参与和社会(与物理结构和时间顺序相关)。[48]博物馆是社会环境和教育环境的一部分,展览是它最重要的呈现性交流形式。在马罗耶维克看来,灵活性、模糊性和独特性是博物馆展览的基本特征。[49]

冯·门施的符号学概念也是马罗耶维克博物馆传播概念的核心。依据苏珊·皮尔斯(Susan Pearce)[50]用于博物馆领域的符号学模型[51]来看:第一个维度是符号;第二个维度是符号的内容——它代表一个物件;第三个维度是解释和解释者("主体"),因为符号是心理建构,并与参观者的经验有关。知识的表现,以及通过解释和记忆对知识的潜在呈现被理解为符号的三位一体或"博物馆物件的材料、形式和意义的符号学三位一体"。[52]展览是创造性的,在时间和地点上具有主观性的博物馆物件的交流艺术是由社会背景决定的。

马罗耶维克还讨论了虚拟世界中展览项目的保存问题。同时,他也关注虚拟博物馆对物件和记忆的操纵。他的立场是,虚拟博物馆缺乏真实性,同时也是诱人的和主观的,尽管它可以帮助理解物件[53]和现象。马罗耶维克并不认为物件和概念之间存在二元对立,但他对虚拟现实的倾向提出警告，并指出博物馆学可以帮助稳定它。

关于博物馆传播中的真实性，马罗耶维克讨论了替代物的类型，并探讨了它们与博物馆物件（"真实物"）之间的复杂关系。[54]他提出了"被真正的现实验证"的博物馆领域的现实（museal reality）概念，指的是实现"物件和现实在博物馆内外的统一性"。替代物的类型有三种，第一类替代物是指在博物馆内为保护原物或因难以运输原物，而在原地制作的复制品，以及主要为教育目的而制作的铸造品，以此来反映博物馆领域的现实。第二类替代物是由于原件丢失或损坏而制作复原的。精确地复制有时是不可能的，因此会依据数据和理论假设制作替代物。它们被用于重建和发挥博物馆的功能，例如露天博物馆和卫星生态博物馆。第三类替代物是模型或比例模型。它们不是在博物馆里制作的，而是收集来的，是原物的替代品，但具有与原物相同的博物馆学价值。马罗耶维克进一步将替代物的概念延伸到二维对象，如照片、幻灯片、全息图、视频和电影。此外，他还展示了使用替代物时的理论意义和问题，以及它们对人类学和艺术博物馆的意义。[53]

学术影响

马罗耶维克的博物馆学论著受到了东欧和中欧学者的影响，比如斯特兰斯基和索拉，甚至他的学生如冯·门施，马罗耶维克运用了他们的术语并进一步探索其主要观念。他有关博物馆、传播和信息科学的论著，受到格林希尔和皮尔斯等博物馆研究者的影响。他还受到 J. 迪特兹（J. Deetz）、T. J. 施勒思（T. J. Schlereth）和 J. 斯维齐茨基（J. Swiecimski）等物质文化研究学者的影响。

马罗耶维克指导了冯·门施的博士论文，两位博物馆学家彼此之间产生了深刻的影响。由于他是 20 世纪 80 年代和 90 年代 ICOFOM 部分出版物的作者，还有些后继博物馆学家引用了他的观点，如巴西学者特丽莎·席奈尔和玛丽亚·哈维尔·库里（Marília Xavier Cury），以及克罗地亚学者札尔卡·武吉奇（Žarka Vujić）[56]和海伦娜·史杜比奇（Helena Stublić）[57]。

主要著述

Maroević, I.

1970

• *Sisak—The City and Architecture*. Sisak, Croatia: Matica hrvatska Ogranak; Muzej Sisak.

1983

• Museology as a part of information sciences. *ICOFOM Study Series*, 5, 43-46.

1985

• Substitutes for museum objects. Typology and definition. *ICOFOM Study Series*, 8, 117-121.

1986

• *Present of the Heritage*. Zagreb, Croatia: Društvo povjesničara umjetnosti SR Hrvatske.

• Identity as a constituent part of museality. *ICOFOM Study Series*, 10, 183-188.

1989

• *The Grahor Building Family*. Zagreb, Croatia: Društvo historičara umjetnosti Hrvatske.

1991

• The exhibition as presentative communication. *ICOFOM Study Series*, 19, 73-80.

1992

• *Filozofski fakultet Sveučilišta u Zagrebu Odsjek za povijest umjetnosti*. (pp. 235-252). Rad. Inst. povij. umjet., 16. Retrieved from https://www. ipu. hr/content/radovi-ipu/RIPU-16-1992 _ 235-252-IMaroević . pdf

1994

• The museum object as a document. *ICOFOM Study Series*, 23, 113-120.

1995

• *War and Heritage in Croatia*. Zagreb, Croatia: Matica hrvatska, Ogranak Petrinja.

• The museum message: between the document and information (pp. 200-214). In Eilean Hooper-Greenhill(Ed.). *Museum, Media, Message*. New York, USA: Routledge.

1996

• Museology in the future world. In Stránský, Z. Z. (Ed.). *Museology for Tomorrow's World: Proceedings of the International Symposium Held in Masaryk University, Brno, Czech Republic*. (pp. 21-25). Brno, Czech Republic: ISSOM & UNESCO International School of Museology. Retrieved from https://goo. gl/oavqW1.

• Art in museology. *ICOFOM Study Series*, 26, 96-103.

1997

• The role of museality in the preservation of memory. *ICOFOM Study Series*, 27, 120-125.

1998

• Virtual museums: the challenge of globalisation. *ICOFOM Study Series*, 29, 66-71.

• *Introduction to Museology: The European Approach*. Vlg. Dr. C. Müller-Straten.

• Museums and the development of local communities after the war. In *Towards a Museology of Reconciliation*. Dubrovnik, Croatia: UNESCO/ICOM/ICTOP. Retrieved from http://www. maltwood. uvic. ca/tmr/ Maroević . html.

• The phenomenon of cultural heritage and the definition of a unit of material. *Nordisk Museologi*, 2, 135-142.

1999

• *Zagreb with It Alone*. Zagreb, Croatia: Durieux.

2000

• Museology and the intangible heritage together against the traditional museum, or are we returning to the original museum? *ICOFOM Study Series*, 32, 84-91.

- *Konzervatorsko novo iverje*. [New conservationist splinters]. Petrinja: Matica Hrvatska.

- Museology as a field of knowledge. *ICOM Study Series / Cahiers d'étude de l'ICOM*, 8, 5-7.

2002

- What is it that we are presenting in a museum — objects or ideas? *ICOFOM Study Series*, 33b, 69-73.

- *Chronicle of Zagreb Architecture*, 1981 — 1991. Zagreb, Croatia: Inst. for History of Art.

2003

- *Antologija Zagrebačke Arhitekture*. Zagreb, Croatia: Azinović.

2004

- *Into the World with the Cultural Heritage*. *Museology — Conservation—Architecture*. Petrinja, Croatia: Matica hrvatska.

2007

- *About Zagreb by the Way: The choice of texts about Zagreb architecture and urbanism*, 1970—2005. Zagreb, Croatia: Institute for the History of Art.

2010

The Architecture of Rovinj's Tobacco Factory. Adris. Retrieved from http://www. adris. hr/en/biti-bolji-biti-drugaciji/arhitektura-tvornice-duhana-u-rovinju.

注释

[1] HR-DAZG-1242: Ivo Maroević (25 November, 2010). *Fonda Signature*. State Archives in Zagreb. 引自 http://www. daz. hr/vodic/site/article/hr-dazg-1242-maroevic-ivo.

[2]Jurić, Z. (1 February, 2007). *Remembrance: Ivo Maroević* (1937 — 2007). *Matica hrvatska*. Vijenac 337. 引自 http://www. matica. hr/vijenac/337/vjerodostojan-uzor-6548/

[3]Dautbegović, J. (13 November, 2002). *Ivo Maroević. Collections, Funds Archives: A personal archive of meritorious museers*. 引自 http://www. mdc. hr/hr/mdc/zbirke-fondovi/arhiv/personalni-arhiv-zasluznih-muzealaca/Maroevi％C4％87-Ivo,49. html.

[4]Jurić，Z. (1 February，2007). *Remembrance：Ivo Maroević* (1937 — 2007). *Matica hrvatska*. Vijenac 337. 引自 http：//www. matica. hr/vijenac/337/vjerodostojan-uzor-6548/.

[5]关于作者参见 Maroević，I. (2004). *Into the World with the Cultural Heritage. Museology — Conservation — Architecture*. Petrinja：Matica hrvatska，P. 11.

[6]同上。

[7] HR-DAZG-1242：Ivo Maroević. (25 November，2010，). *Fonda Signature*. State Archives in Zagreb. 引自 http：//www. daz. hr/vodic/site/article/hr-dazg-1242-maroevic-ivo.

[8]Maroević，I. (2004). *Into the World with the Cultural Heritage. Museology—Conservation—Architecture*. Petrinja：Matica hrvatska.

[9]Dautbegović，J. (13 November，2002). *Ivo Maroević. Collections，Funds Archives：A personal archive of meritorious museers. Muzejski dokumetacijski centar*. 引自 http：//www. mdc. hr/hr/mdc/zbirke-fondovi/arhiv/personalni-arhiv-zasluznih-muzealaca/Maroevi%C4%87-Ivo，49. html.

[10]关于作者参见 Maroević，I. (2004). *Into the World with the Cultural Heritage. Museology—Conservation—Architecture*. Petrinja：Matica hrvatska，p. 11.

[11] HR-DAZG-1242：Ivo Maroević (25 November，2010). *Fonda Signature*. State Archives in Zagreb. 引自 http：//www. daz. hr/vodic/site/article/hr-dazg-1242-maroevic-ivo.

[12]Maroević，I. (1970). *Sisak — The City and Architecture*. Sisak，Croatia：Matica hrvatska ＜Ogranak＞；Muzej Sisak；Maroević，I. (1989). *The Grahor Building Family*. Zagreb，Croatia：Društvo historićara umjetnosti Hrvatske；Maroević，I. (1999). *Zagreb with It Alone*. Zagreb，Croatia：Durieux；Maroević，I. (2003). *Antologija zagrebaćke arhitekture*. Zagreb，Croatia：Azinović；Maroević，I. (2007). *About Zagreb by the way：the choice of texts about Zagreb architecture and urbanism，1970 — 2005*. Zagreb，Croatia：Institute for the History of Art.

[13]Maroević，I. (1986). *Present of the Heritage*. Zagreb，Croatia：Društvo povjesničara umjetnosti SR Hrvatske.

[14]Jurić，Z. (1 February，2007). *Remembrance：Ivo Maroević* (1937-2007). *Matica hrvatska* —Vijenac 337. 引自 http：//www. matica. hr/vijenac/337/vjerodostojan-uzor-6548/；Maroević，I. (1995). *War and Heritage in*

Croatia. Zagreb, Croatia: Matica hrvatska, Ogranak Petrinja; Maroević, (2000). *Conservatory New Jigsaw*. Petrinja, Croatia: Matica hrvatska.

[15]Jurić, Z. (1 February, 2007). *Remembrance: Ivo Maroević* (1937— 2007). *Matica hrvatska* — Vijenac 337. 引自 http://www. matica. hr/vijenac/ 337/vjerodostojan-uzor-6548/.

[16] Maroević, I. (1998). Museums and the development of local communities after the war. In: *Towards a Museology of Reconciliation*. Dubrovnik, Croatia: UNESCO/ICOM/ICTOP. 引自 http://www. maltwood. uvic. ca/tmr/maroevic. html; Old City of Dubrovnik, *UNESCO World Heritage Convention*. 引自 https://whc. unesco. org/en/list/95/.

[17] 相关出版物包括: Maroević, I. (1995). *War and Heritage in Croatia*. Zagreb: Matica hrvatska, Ogranak Petrinja; Maroević, I. (1996). *Art in museology*. *ICOFOM Study Series*, 26, 96-103; Maroević, I. (2000). *Konzervatorsko novo iverje*. [New conservationist splinters]. Petrinja: Matica Hrvatska.

[18]参见本书中的"托米斯拉夫·索拉"部分。

[19]Maroević, I. (1994). The museum object as a document. *ICOFOM Study Series*, 23, 113-120.

[20] Van Mensch, Peter. (Forthcoming). Introduction. Russian Translation of *towards a Methodology of Museology*; Maroević, I. (1998). *Introduction to Museology: The european approach*. Vlg. Dr. C. Müller-Straten.

[21] Maroević, I. (1998). *Introduction to Museology: The european approach*. Vlg. Dr. C. Müller-Straten, HR-DAZG-1242: Ivo Maroević (25 November, 2010). *Fonda Signature*. State Archives in Zagreb. 引自 http:// www. daz. hr/vodic/site/article/hr-dazg-1242-maroevic-ivo; Maroević, *I*. 引自 P. van Mensch In Mairesse, F. &. Desvallées, A. (Dirs.). (2007). *Vers une redéfinition du musée?* Paris: L'Harmattan; Maroević, I. (10 April, 2018). Wikipédia. 引自 https:// fr. wikipedia. org/wiki/Ivo_Maroevic.

[22] Maroević, I. (1998). Museums and the development of local communities after the war. In: *Towards a Museology of Reconciliation*. Dubrovnik, Croatia: UNESCO/ICOM/ICTOP. 引自 http://www. maltwood. uvic. ca/tmr/maroevic. html.

[23]Maroević, I. (6 October, 2010). The architecture of Rovinj's Tobacco Factory. Adris. 引自 http://www. adris. hr/en/biti-bolji-biti-drugaciji/

arhitektura-tvornice-duhana-u-rovinju.

［24］Maroević, I. (1998). Museums and the development of local communities after the war. In: *Towards a Museology of Reconciliation*. Dubrovnik, Croatia: UNESCO/ICOM/ICTOP. 引自 http://www. maltwood. uvic. ca/tmr/maroevic. html.

［25］Desvallées, A. (1983). Les ecomusées. *ICOFOM Study Series*, 15, 16 ; Rivière, G. H. (1985). The ecomuseum—an evolutive definition. Museum XXXVII (4), 182-183 ; Fédération des écomusées et des musées de société. (1996). *En avant la memoire*. Besançon, France: Author.

［26］Maroević, I. (1998). Museums and the development of local communities after the war. In: *Towards a Museology of Reconciliation*. Dubrovnik, Croatia: UNESCO/ICOM/ICTOP. 引自 http://www. maltwood. uvic. ca/tmr/maroevic. html.

［27］同上。

［28］Wiler, M. (1998). About AKM. Arhivi, Knjiznice, Muzeji. 引自 http://theta. ffzg. hr/akm/About%20AKM. htm.

［29］Maroević, I. (1997). Museology as a discipline of Information Sciences. *Nordisk Museologi*, 2, 77; Navarro, Ó. *Museos Y Museología*: *Apuntes Para Una Museología Crítica*. El Marco Conceptual De La Museología Crítica. 引自 http://www. ilam. org/viejo/ILAMDOC/MuseosMuseo-logiaCritica. pdf.

［30］Maroević, I. (1983). Museology as a part of information sciences. *ICOFOM Study Series*, 5, 43-46.

［31］Maroević, I. (1997). The role of museality in the preservation of memory. *ICOFOM Study Series*, 27, p. 124.

［32］Maroević, I. (1998). Museums and the development of local communities after the war. In: *Towards a Museology of Reconciliation*. Dubrovnik, Croatia: UNESCO/ICOM/ICTOP. 引自 http://www. maltwood. uvic. ca/tmr/maroevic. html.

［33］Maroević, I. (1997). The role of museality in the preservation of memory. *ICOFOM Study Series*, 27, p. 121.

［34］Maroević, I. (1994). The museum object as a document. *ICOFOM Study Series*, 23, 113-120.

［35］Maroević, I. (1986). Identity as a constituent part of museality. *ICOFOM Study Series*, 10, p. 183.

［36］Maroević，I.（1994）. The museum object as a document. *ICOFOM Study Series*，23，p. 113；另参见 Desvallées，A. & Mairesse，F.（Eds.）.（2011）. *Dictionnaire encyclopédique de muséologie*. Paris，France：Armand Colin.

［37］Maroević，I.（1986）. Identity as a constituent part of museality. *ICOFOM Study Series*，10，p. 183.

［38］伊沃·马罗耶维克还与艾琳·胡珀-格林希尔合作出版了专著《博物馆、媒体和信息》(*Museum，Media，and Message*)，马罗耶维克所著章节为"博物馆的信息：在记录和信息之间"（The museum message：between the document and information）Maroević，I.，（1995）. The museum message：between the document and information. In：Eilean Hooper-Greenhill（Ed.）*Museum，Media，Message*.（pp. 200-214）. New York，USA：Routledge. 译者注：艾琳·胡珀-格林希尔，英国莱斯特大学博物馆研究系荣退教授。出版著作《博物馆与知识的塑造》(*Museums and the Shaping of Knowledge*)等。

［39］Maroević，I.（1997）. The role of museality in the preservation of memory. *ICOFOM Study Series*，27，p. 120.

［40］Maroević，I.（1997）. The role of museality in the preservation of memory. *ICOFOM Study Series*，27，pp. 123-124.

［41］同上，p. 122.

［42］Maroević，I.（1987）. Museum objects as the document. *ICOFOM Study Series*，23，113-119；Maroević，I.（1997）. The role of museality in the preservation of memory. *ICOFOM Study Series*，27，p. 120；Maroević，I.（1996）. Museology in the future world. In Stránský，Z. Z.（Ed.）. *Museology for Tomorrow's World：Proceedings of the international symposium held in Masaryk University，Brno，Czech Republic*.（pp. 21-25）. Brno，Czech Republic：ISSOM & UNESCO International School of Museology.

［43］Peter van Mensch 引自 Maroević，I.（2006）. The museum object as historical source and document. *ICOFOM Study Series*，35，352-356.

［44］Peter van Mensch 引自 Maroević，I.（1997）. The role of museality in the preservation of memory. *ICOFOM Study Series*，27，120-125.

［45］Maroević，I.（1991）. The exhibition as presentative communication. *ICOFOM Study Series*，19，73-80.

［46］译者注：罗杰·迈尔斯，曾任伦敦自然博物馆公共服务部主任，主编著作《面向未来的博物馆——欧洲的新视野》(*Towards the Museum of the Future：New European Perspectives*)。

［47］同上，p. 76.

［48］同上，p. 77.

［49］同上，p. 78.

［50］基于美国符号学家查尔斯·桑德斯·皮尔士(Charles Sanders Peirce)(1839—1914)建立的模型。译者注:苏珊·皮尔斯,英国莱斯特大学博物馆研究系荣退教授。她的研究兴趣一直集中在物质文化,特别是人类和人工制品世界的关系以及收藏的性质和过程。

［51］受法国符号学家弗迪南·德·索绪尔(Ferdinand de Saussure)(1857—1913)的理论影响。

［52］Maroević，I. (2002). What is it that we are presenting in a museum—objects or ideas? *ICOFOM Study Series*，33b，p. 75.

［53］Maroević，I. (2002). What is it that we are presenting in a museum—objects or ideas? *ICOFOM Study Series*，33b，74-78.

［54］Maroević，I. (1985). Substitutes for museum objects. Typology and definition. *ICOFOM Study Series*，8，117-121.

［55］同上，p. 121.

［56］译者注:札尔卡·武吉奇(1959—),萨格勒布大学教授,研究兴趣包括历史博物馆学、理论博物馆学、博物馆学和艺术史的关系。

［57］参见例如 Vujić，Žarka & Stublić，Helena (2012). Acknowledged and empowered visitors in socialist Croatia:a diachronic exploration. *ICOFOM Study Series*，41，319-326.译者注:海伦娜·史杜比奇,萨格勒布大学教师,研究兴趣包括博物馆学、遗产管理。

彼得·冯·门施

张云顺

彼得·冯·门施(Peter van Mensch),1947 年 6 月 7 日生于荷兰豪达,荷兰博物馆学家,现居德国。他是阿姆斯特丹艺术学校瑞华德学院的文化遗产学教授,帮助该校建立了博物馆学这门学科,并为理论博物馆学和博物馆伦理作为新课程方案的综合核心奠定了基础。[1]他于 1989 年至 1993 年期间担任 ICOFOM 主席。

传　记

彼得·冯·门施于 1975 年在阿姆斯特丹大学获得动物学和考古学理学硕士学位,并一直活跃在博物馆领域。1967 年至 1970 年,他在穆登(Muiden)的穆登古堡国立博物馆(Rijksmuseum Het Muiderslot)担任教育工作者;1971 年至 1974 年,他在洛斯德莱特(Loosdrecht)的赛佩斯泰因城堡博物馆(Kasteel-museum Sypesteyn)工作,担任助理典藏研究员;1974 年至 1975 年,他在阿默斯福特(Amersfoort)的国家考古土壤研究所(Rijthe ksdienst voor het Oudheidkundig Bodemonderzoek)担任研究助理;1976 年至 1977 年,他在阿姆斯特丹的 A. E. 范吉芬原史时代研究所(A. E. van Giffen Instituut voor Prae en Protohistorie)担任研究员,并于 1977 年至 1982 年在莱顿的国家自然博物馆(Rijksmuseum van Natuurlijke Historie)担任教育和展览部主任。[2]

冯·门施在博物馆领域的实践和研究经验促成了他的教学理念,从 1978 年开始,他在莱顿瑞华德学院担任自然博物馆的讲师,随后于 1982

年担任理论博物馆学的高级讲师，最终于 2006 年成为首位文化遗产学教授，2011 年从学院退休。

自 1983 年以来，冯·门施一直是 ICOFOM 理事会成员，他于 1989 年当选为 ICOFOM 主席，于 1993 年结束任期，目前是高级顾问委员会成员。这些都反映了他在博物馆领域的实践经验，使他在理论博物馆学方面的教学和写作事业取得了突出成就。

在 ICOM，他于 1979 年至 1982 年担任 ICOM 国际教育和文化行动委员会（ICOM International Committee for Education and Cultural Action）主席；于 1989 年至 1991 年担任术语工作组［ICOM 国际藏品信息记录委员会（ICOM International Committee for Documentation）］主席；于 2010 年担任 ICOM 国际收藏委员会（ICOM International Committee for Collecting）主席；于 2011 年至 2016 年担任 ICOM 国际收藏委员会资源工作组主席；[3] 于 2011 年至 2016 年担任 ICOM 伦理委员会的成员。他一直活跃在《文化》（Cultuur）、《民族学期刊》（Tijdschrift voor Etnologie）、《博物馆和社会》（Museum & Society）[4]、《ICOFOM 研究丛刊》（ICOFOM Study Series）、《博物馆学的问题》（The Problems of Museology）[5] 和《布尔诺博物馆学》（Museologica Brunensia）[6] 的编辑委员会。

1993 年获得信息科学博士学位后，冯·门施构建了关于博物馆功能和遗产概念化的理论框架，其中关于博物馆化的主要观点受到中欧学派思想的影响。他的导师是克罗地亚博物馆学家、萨格勒布大学教授伊沃·马罗耶维克。[7]

虽然冯·门施的博士学位论文没有作为著作出版，但值得注意的是，它的部分内容被翻译成了西班牙文、葡萄牙文和中文，而全文已被翻译成塞尔维亚文、法文和俄文。[8] 原文和基于它的文章被广泛引用。[9]

在他的职业生涯中，冯·门施一直积极地在世界各地讲学，授课的学校包括荷兰莱顿大学、巴西圣保罗大学、荷兰阿姆斯特丹大学、斯洛文尼亚采列国际博物馆学学校和德国维阿德里纳欧洲大学，此外他还在中国、哥斯达黎加、英国和莫桑比克等许多国家授课，被邀请在非洲、拉丁美洲、亚洲和欧洲的博物馆界担任全球客座演讲嘉宾。

冯·门施目前与他的夫人——博物馆学家莱昂廷·梅耶-冯·门施（Léontine Meijer-van Mensch）生活在德国。

博物馆学观点

理论博物馆学与专业培训

冯·门施将博物馆学的理论基础发展得接近于信息科学[10]的灵感来自他撰写第一篇考古动物学博士论文的过程中,该论文内容是关于研究物件的新认识(该论文仍未完成)。他于 1983 年在伦敦举行的 ICOFOM-ICOM 国际人员培训委员会会议上发表了以物件为导向的博物馆学成果。

作为瑞华德学院的讲师,冯·门施逐渐对中欧博物馆学,即兹比内克·兹比斯拉夫·斯特兰斯基的作品产生兴趣。当他开始积极参与 ICOM 各委员会的工作时,他决定在萨格勒布大学与马罗耶维克合作撰写他的博士论文,后者恰好是当时欧洲唯一的博物馆学教授。[11] 1998 年,冯·门施成为瑞华德学院国际硕士项目的课程主任,将他的理论背景运用到专业人员培训的创新课程中。

在冯·门施即将出版的新书"寻找博物馆实践背后的理论依据:在瑞华德学院搭建桥梁"(Looking for a rationale behind museum practice: Building bridges at the Reinwardt Academie)一章中,他考察了瑞华德学院所奉行的教学理念的演变:

> 价值评估、社会包容、参与、学习等新理念的实施,融合了英国新博物馆学和葡萄牙/巴西社会博物馆学,为课程注入了新的活力,并重新加强了(理论)博物馆学课程与博物馆实务(museography)课程之间的互动。[12]

元博物馆学(Metamuseology)和 ICOFOM

20 世纪 80 年代初,在斯特兰斯基和维诺·索夫卡关于元博物馆学思想的刺激下,ICOFOM 已经成为冯·门施担任瑞华德学院理论博物馆学讲师这一新角色的理想平台。一个新的博物馆学词汇正被中欧的博物馆学家们引入铁幕之外的欧洲其他地区。[13] 在冯·门施看来,ICOFOM 与教学和研究的相关性在于,它具有包容性,是拉丁美洲、非洲、亚洲和欧洲大陆的"开放论坛",而英澳研究则没有与欧洲大陆的思想流派建立联系。[14]

许多博物馆学家可能有意或无意地忽略代表不同文化、语言和观点的作者的多样性。[15]作为最早致力于研究 ICOFOM 这一博物馆学多元化平台的学者之一,冯·门施在 1992 年发表的博士学位论文中专门论述了这一特定主题。

冯·门施的目标是发展"元博物馆学反思"[16],将其作为博物馆学的一部分,并作为遗产的"整体和综合方法"[17]。他希望 ICOFOM 继续理解和研究元博物馆学,并通过出版物和讨论将这些理论介绍给初学者,这一期冀在今天仍然是有意义的。

概念导向型方法和环境教育

冯·门施的职业生涯始于自然博物馆,他在早期作品中明确阐述的概念导向型方法的观点,其基础来自环境教育。[18]在他 20 世纪 80 年代以后的作品中,可以看到对多学科、博物馆的三方模式以及作为整合博物馆的环境记录中心的概念的介绍。[19]冯·门施有关展览概念导向型或理念导向型方法的整体见解在博物馆学中是具有开创性的,因为他指出了博物馆和观众之间的密切关系,参观者可以作为诸如生态学等展览主题的决策者。在 20 世纪 70 年代的荷兰,艺术博物馆的内部调整和以公众为导向的方法是讨论的一部分。然而,冯·门施在自然博物馆的环境中引入了一种概念导向型方法,强调整体环境教育因素的重要性;换句话说,与环境的关系是一个整体,而不是与社会分离。[20]此外,他在讨论博物馆作为一种社会关系的新范式和方法时,提到了托米斯拉夫·索拉。[21]在这个意义上,冯·门施指出了 19 世纪中期的博物馆方法和 20 世纪末的博物馆功能之间的七个不同点,具体如下:

1. 从以物件为中心到以评论为中心的转变是新博物馆学和生态博物馆学的一个特点,后者侧重于社区内的环境和历史技术的保护。[22]

2. 博物馆物件概念的扩展,包括非物质遗产和新技术实践。

3. 倾向于原地保存,也就是语境化保存。

4. 去中心化博物馆概念的兴起,不仅有国家博物馆,而且有地方和社区博物馆,[23]这是直接受到安德烈·德瓦雷等生态博物馆学家和身份博物馆理念影响的结果[24]。

5. 概念化倾向,其目标是建立思想导向的博物馆,而不是建立物件导向的博物馆。

6.博物馆管理的合理化,即博物馆职能的外部专业化。

7.文化和商业机构的博物馆化,如艺术博物馆。[25]

因此,总的来说,冯·门施对源于环境教育背景的概念导向型方法的观点可以概括如下:

鉴于世界各地不同的政治、经济和文化状况,博物馆学不应被视为一门规范科学。在使命和政策方面做出选择是博物馆本身和支持它的社区的责任。[26]

遗产的整体概念

冯·门施认为,遗产既是文化景观,也是自然景观,它是由社会或社区关于遗产传播的理念所定义的;遗产的意义既不是人类社会的产物(artefact)中固有的,也不是自然进程的产物(naturfacts)中固有的。[27]在他关于《方法论博物馆学抑或论博物馆实践的理论》(Methodological museology; or, towards a theory of museum practice)[28]的论文中,广泛讨论了非原地物件的去语境化(de-contextualisation of ex situ objects)与原地物件的语境化(contextualised objects in situ)。他提出的遗产概念受到了彼得·艾姆斯(Peter Ames)的影响,考虑到遗产与社会的关系,可以视之为对博物馆理论的重要贡献。[29]

根据冯·门施对遗产的整体概念的图示,内圈或核心由自然遗产和文化遗产组成。内圈之外的次内圈代表行政、保护、研究和传播的功能(冯·门施提出的"APRC"模式)。次内圈之外的次外圈代表不同种类的机构、博物馆和遗产。最外圈象征着社会。[30]

遗产的整体概念于2001年被瑞华德学院接受,在档案管理的推动下,以及在批判遗产研究学者索拉和皮埃尔·梅朗(Pierre Mayrand)的影响下,课程范围从博物馆扩大到了遗产。[31]根据冯·门施的教学理念,遗产也与地方或"纪念场所"(lieux de mémoire)有空间联系,体现了超越边界和实体机构的集体记忆。在最近的一次采访中,冯·门施将最外圈称为遗产社区。[32]然而,这个概念随着遗产社区的迫切需要而扩展,通过赋权和参与来形成一种批判的思想,这种思想应该渗透到内部,[33]这与旧的思想流派不同,后者认为遗产是思想传播的开始。

博物馆学物件(museological objects)、博物馆物(musealia)[34]、博物馆化(musealisation)和符号学

冯·门施作品中研究的不同博物馆学物件类别的发展阶段有:(1)严格意义上的人工制品(artefacts sensu stricto);(2)文献;(3)书籍;(4)建筑;(5)进入博物馆环境的生物体,并将类别扩展到整个文化和自然遗产领域,这是参考了索拉的论述。[35]在研究的早期阶段,他探索了关于博物馆物的各种定义,并受到斯特兰斯基、克劳斯·施莱纳和马罗耶维克的影响。[36]值得注意的是,冯·门施使用的是斯特兰斯基关于博物馆物(musealium)的定义,即"从实际的现实中分离出来的物件,转移到一个新的博物馆现实中,以记录它所分离出来的现实"[37]。

关于施莱纳和斯特兰斯基对冯·门施所产生影响的更多证据还可以在《ICOFOM 研究丛刊》第七卷《为了明天收藏今天》(Collecting Today for Tomorrow)中找到,其中冯·门施讨论了文化和历史影响之于博物馆领域(museal)活动的重要性。[38]此外还要提及马罗耶维克,他在物件数据结构的保护方面所谈及的古锈难题(patina dilemma)、功能身份和概念身份在冯·门施《作为文献的博物馆物件》(Museum object as a document)一文中有所体现,即在理解物件不同的层次和语境时,将数据解释为四个不同的要素,将其作为物品身份的一部分来处理非文本的物件。根据马罗耶维克的说法,冯·门施还确定了除考古学和博物馆学、物理和概念等语境成分外的另外两个要素。[39]

冯·门施在瑞华德学院创造的最有首创性的纲要之一是《博物馆分析模型:一份纲要》(Museum Analysis Model:An Outline),它是分析博物馆物件层次和语境的基础,这些层次和语境"就像俄罗斯的套娃"一样互相嵌套。[40]博物馆物件语境是概念性的、结构性的、物理性的和功能性的,其分析方式与人工制品分析模型相似。分析的层次和主要参数包括:(1)环境中的博物馆建筑;(2)博物馆建筑的外观;(3)博物馆建筑的结构(平面图);(4)宏观层面博物馆藏品的组织;(5)展览室;(6)中观层面博物馆藏品的组织;(7)作为展品的博物馆物件。[41]

此外,冯·门施所论述的博物馆传播功能,即展品符号学的另一项基本研究,是在瑞华德的教科书《理论博物馆学》(Theoretical Museology)中的一篇文章中首次提出的,这篇文章后来发表在一本期刊上。[42]文章在第一部分指出,博物馆展览符号学所研究的活动甚广,主要包括展览、

出版物、教育方案和教育活动。博物馆传播的核心是展览,它被认为是博物馆学的卓越艺术品。因此,展览可以从概念性、结构性和功能性身份的角度进行分析。[43]文章的第二部分强调了展览的类型,如展览的结构和典藏研究员如何组织物件。文章的第三部分则说明了展览的技术,以及冯·门施在授课中谈及的众多案例。[44]

因此,在他理论博物馆学的概念中,博物馆学物件、博物馆物、博物馆化和符号学并不是单独构成的,而是话语分析中整体的一部分。

博物馆管理理论

作为 1985 年 ICOM 国际人员培训委员会的一员,[45]冯·门施阐述了博物馆管理和组织理论中的三个核心问题,即(1)作为输入—转化—输出过程的结构化;(2)内部调整;(3)外部调整。

转型从以下功能开始:

1.行政(财务、人事、业务);

2.保护(藏品管理);

3.研究(不同的领域);

4.传播(展览、教育和公共关系)。

冯·门施多年来不断完善的"APRC"(A 指行政,P 指保护,R 指研究,C 指传播)模式,从一开始就是基于扬·耶里内克、斯特兰斯基和乔治·亨利·里维埃的类似基本模式。[46]该模式不仅强调了博物馆雇用受过博物馆学培训的工作人员对改善社会的重要性,而且强调了该领域的基本培训、理论框架、人事政策和框架、认同感、组织设置、专业标准、博物馆伦理及执行,以及提供公共服务的重要性。[47]

关于外部调整,冯·门施谈到了"理论参考框架",他研究了"博物馆工作是一种职业吗?"这一基本问题。他探讨了馆长、业务经理、发展官员、典藏研究员、教育工作者、展览设计师、文化遗产保护员、登记员和图书管理员的定义。[48]内部和功能的差异,博物馆的历史,藏品的增多,18世纪的分类和分类学,19 世纪的多样化,20 世纪的专业化,博物馆的管理和精减,以及"APRC"模式,都是话语的一部分。[49]他将布谷鸟的巢穴与 19 世纪和 20 世纪博物馆收藏的发展相比较,这些藏品不再局限于博物馆建筑之内,而是试图拓展出其他功能,如佛罗伦萨的乌菲兹美术馆。[50]在他的讲座中,通过详细的例子对输入—转化—输出这三个系统进行了更深刻的解释:

如果你在 P(保护功能)内有一件记录良好的藏品,这是一个输出,它可以成为 R(研究功能)的一个新知识输入。因此,输出的新知识可以成为 C(传播功能)的输入,用于制作展览。因此,各子系统是相互联系的,为新的功能提供刺激。[51]

学术影响

对冯·门施产生影响的博物馆学杰出人物包括理论博物馆学家斯特兰斯基、施莱纳、索拉、马罗耶维克、德瓦雷、梅朗、沃伊切赫·格鲁金斯基(Wojciech Gluziński)、阿夫拉姆·莫伊塞耶维奇·拉兹贡、约瑟夫·本内斯(Josef Beneš)和伯纳德·德洛什(Bernard Deloche),他们的研究重点是概念和系统化。[52]斯特兰斯基的影响在冯·门施的作品中显而易见,因为斯特兰斯基在该领域建立基础的最初阶段首次将博物馆学作为一门科学学科来系统地对待。冯·门施也受到了琳恩·蒂瑟(Lynne Teather)[53]的影响,她将博物馆学研究视为基础研究和应用研究,此外还融合了斯特兰斯基的概念。[54]

冯·门施还受到了以下学科学者的影响:有来自考古学的各种理论影响——代表性学者是迈克尔·希弗尔(Michael Schiffer);有来自物质文化研究的影响——代表性学者是爱德华·麦克朗·弗莱明(Edward McClung Fleming)、詹姆斯·迪茨(James Deetz)、大卫·金里(David Kingery)和朱尔斯·普罗恩(Jules Prown)。此外,斯特兰斯基博物馆性的概念(这是他作品中的核心观点),马罗耶维克和图迪曼(Tudjman)的"INDOC"方法,苏珊·皮尔斯(Susan Pearce)的符号学和肯尼斯·哈德森(Kenneth Hudson)[55]的物件感知理论,都对冯·门施的作品产生过影响。

冯·门施也对世界各地的若干博物馆学家产生了影响,例如,他塑造的"APRC"等模式就对斯特兰斯基的工作有所影响。[56]然而,当其他学者专注于将博物馆学作为一门科学学科来推进时,冯·门施却对博物馆学的元理论[57]产生了更大的兴趣。[58]他在瑞华德学院的整个教学生涯中,是把"APRC"作为探索前文所概述的主要理论概念的一个模式。

从本质上讲,冯·门施有关这些概念的教学理念不仅仅源于一个学派,而是融合了动物考古学、物质文化研究、法国新博物馆学、中欧理论、英国新博物馆学、批判遗产研究、巴西社会博物馆学、《文化遗产社会价值法鲁框架公约》(*Framework Convention on the Value of Cultural Heritage for Society or Faro Convention*)以及澳大利亚博物馆学[59]等多种趋势。

今天,冯·门施继续从事顾问工作和出版工作,追求"博物馆和遗产工作概念化的方法论兴趣,作为分析、讨论和发展的框架"[60]。最近的出版物,如与莱昂廷·梅耶尔-冯·门施合作的《博物馆学的新趋势》(*New Trends in Museology*),阐述了他几十年来对博物馆学进行分析的理论基础。[61]他的许多出版物是大学的必读书目,其作品已经以25种不同的语言出版。他的教科书中的参考文献不仅包括由约翰·西蒙斯(John Simmons)和基尔斯滕·莱瑟姆(Kiersten Latham)编纂的当代美国教科书,而且包括马罗耶维克、弗德利希·瓦达荷西(Friedrich Waidacher)[62]和卡塔琳娜·弗吕格尔(Katharina Fluügel)[63]的文章。[64]

主要著述

Van Mensch, P. J. A.

1983

• Natural history museums — New directions. In *Reinwardt Studies in Museology* 1 (pp. 55-63). Reinwardt Academy.

1984

• Society — object — museology. *ICOFOM Study Series*, 6, 18-23.

• Collecting today for tomorrow. *ICOFOM Study Series*, 7, 29-32.

1985

• Museological relevance of management techniques. In Van Mensch, P. J. A. (Ed.). Management needs of museum personnel. Proceedings of the Annual Meeting of ICOM International Committee for the Training of Museum Personnel at Leiden, 24 Sept. — 2 Oct., 1984. *Reinwardt Studies in Museology* 5 (Leiden) (pp. 9-15). Reinwardt Academy.

• Museums and authenticities: provocative thoughts. *ICOFOM Study Series*, 8, 13-20.

• Towards a typology of copies. *ICOFOM Study Series*, 8, 123-126.

• Originals and Substitutes in Museums. comments and views on basic papers presented in ISS No. 8. *ICOFOM Study Series*, 9, 45-50.

1986

• Museology and identity. *ICOFOM Study Series*, 10, 201-209.

• Museology and identity: comments and views. *ICOFOM Study Series*, 11, 37-39.

1987

• Museologists in a train to Helsinki. First attempt to analyse their discussion. *ICOFOM Study Series*, 13, 47-51.

• Museums in movement. A stimulating dynamic view on the interrelation museology — museums. *ICOFOM Study Series*, 12, 17-20.

• Musées en mouvement. Point de vue dynamique et provocateur sur l'interrelation muséologie — musées. *ICOFOM Study Series*, 12, 25-29.

1988

• Museology and museums. *ICOM News* 41 (3), 5-10.

• What contribution has museology to offer to the developing countries? Some remarks. *ICOFOM Study Series*, 14, 181-185.

1989

• (Ed.), Professionalizing the Muses. The museum profession in motion. Discours II Amsterdam: AHA Books. [65]

• Forecasting—a museological tool? Museology and futurology. *ICOFOM Study Series*, 16, 175-178.

1990

• Methodological museology; or, towards a theory of museum practice. In Pearce, S. (Ed.). *New Research in Museum Studies* 1. (pp. 141-157).

• Annual conference 1990: museology and the environment. *ICOFOM Study Series*, 17, 13-14.

1991

• ICOFOM ' 91 symposium: the language of exhibitions. *ICOFOM Study Series*, 19, 11-13.

1992

• Museological research. *Museological News* 15, 8.

• *Towards a Methodology of Museology.* PhD Dissertation. University of Zágreb, Zágreb, 1992. Retrieved from http://www. muuseum. ee/en/erialane_areng/museoloogiaalane_ki /p_van_mensch_ towar/mensch04. [66]

• Museological research. Current affairs in museology. *ICOFOM Study Series*, 21, 3-4.

• Museological research. *ICOFOM Study Series*, 21, 19-33.

• Summaries of ICOFOM symposia 1976 − 1991. *ICOFOM Study Series*, 21, 97-101.

1993

• Towards museums for a new century [résumé en français]. *ICOFOM Study Series*, 22, 15-19.

• ICOFOM and the basic parameters in museology [résumés en français et en grec]. *ICOFOM Study Series*, 22, 101-103.

• Master the art of museum studies in Amsterdam. *ICOFOM Study Series*, 22, 117-118.

1994

• Museum analysis model—an outline. In Van Mensch, P. J. A. (Ed.). *Theoretical Museology* [textbook]. (pp. 183-184). Amsterdam: Master's Degree Programme on Museology, Faculty of Museology, Reinwardt Academy.

• The characteristics of exhibitions. In Van Mensch, P. J. A. (Ed.). *Theoretical Museology* [textbook]. (pp. 185-192). Amsterdam: Master's Degree Programme on Museology, Faculty of Museology, Reinwardt Academy.

• Towards a methodology of museology. *ICOFOM Study*

Series，23，59-69.

• Object — document? Summary and final remarks. *ICOFOM Study Series*，23，195-203.

1995

• Magpies on Mount Helicon? *ICOFOM Study Series*，25，133-138.

2000

• Nieuwe Visies voor de 21ste eeuw ［New visions for the 21st century］，*Museumvisie* 24 (1)，pp. ii-ix.

• Museology as a profession. *ICOM Study Series ╱ Cahiers d'étude de l'ICOM*，8，20-21.

2001

• Museum Studies in the Netherlands. In Scaltsa，M. (Ed.). *Museology Towards the 21ˢᵗ Century. Theory and Practice. International Symposium Proceedings* ［ *Thessaloniki*，21-24 *November* 1997］. (pp. 146-149).

2003

• The characteristics of exhibitions. *Museum Aktuell* 92，3980-3985.

• Convergence and divergence. Museums of science and technology in historical perspective. In Simard，C. (Ed.). *Des métiers ⋯ de la tradition à la creation. Anthologie en faveur d'un patrimoine qui gagne sa vie*. (pp. 342-352). Sainte-Foy.

2004

• Museology and management：Enemies or friends? Current tendencies in theoretical museology and museum management in Europe. In Mizushima，E. (Ed.). *Museum Management in the 21ˢᵗ Century*. Tokyo：Museum Management Academy，pp. 3-19.

• Museums and experience. Towards a new model of explanation，ABRA. Heredia，Costa Rica：*Revista de la Facultad de Ciencias Sociales*，Universidad Nacional，33，31-36.

2005

• Nieuwe museologie. Identiteit of erfgoed? [Newe Museology. Identity of heritage?]. In van der Laarse, R. (Ed.). *Bezeten van vroeger. Erfgoed, identiteit en musealisering.* (pp. 176-192). Amsterdam: Het Spinhuis.

• Annotating the environment. Heritage and new technologies. *Nordisk Museologi*, 2, 17-27.

2007

• Afstoten in perspectief: van instelling naar netwerk. Terugblik op twintig jaar selectie en afstoting [Perspectives on de-accessioning. Twenty years of selection and disposal in retrospective]. In Timmer, P. & Kok, A. (Eds.). *Niets gaat verloren. Twintig jaar selectie en afstoting uit Nederlandse museale collecties.* (pp. 208-211). Amsterdam, Nederland: Boekman*studies*/Instituut Collectie.

• Het object centraal? De toekomst van restauratie [Objects First? The future of restoration]. *Cr. Interdisciplinair tijdschrift voor conservering en restauratie* 8, (4), 18-19.

2008

• *De-institutionalising musealisation: lieu de mémoire versus musealium.* In Muzealizace v soudobé společnosti a poslání muzeologie/Musealization in Contemporary Society and Role of Museology. Prague: Czech Association of Museums and Galleries.

• Collectieontwikkeling of geld verdienen? De dilemma's van het afstoten van museumvoorwerpen [Collection development or earning money? Dilemmas of deaccessioning],' *Kunstlicht. Tijdschrift voor beeldende kunst, beeldcultuur en architectuur van de oudheid tot heden*, 29, 1/2, 56-59.

2009

• Développer la collection ou gagner de l'argent? Les dilemmes de l'aliénation, in François Mairesse ed., *L'alienation des collections de musée en question.* (pp. 69-73). Mariemont.

2016

Museality at breakfast. The concept of museality in contemporary museological discourse，*Museologica Brunensia*，4，2，14-19.

Van Mensch，P. J. A.，Pouw，P. J. M.，and Schouten，F. F. J.

1983

• Methodology of museology and professional training. A contribution to the discussion. *Methodology of Museology and Professional Training*，*ICOFOM Study Series*，1，81-94.[67]

Van Mensch，P. J. A. & Meijer-van Mensch，L.

2015

• *New trends in museology II*. Celje：Muzej novejše zgodovine.[68]

注释

[1] Van Mensch，P. J. A.（Forthcoming）. Introduction. Russian translation of *Towards a Methodology of Museology*.

[2]Van Mensch，P. J. A.（n. d.）. *Curriculum Vitae*. Università Degli Studi di Bergamo. 引自 https://www00. unibg. it/dati/persone/3381/4796. pdf；*Peter van Mensch*（12 May，2016）. Wikipedia. 引自 https://en. wikipedia. org/wiki/Peter_van_Mensch；*Peter van Mensch*（2017）. Alchetron. 引自 https://alchetron. com/Peter-van-Mensch-249300-W；*Peter van Mensch*（28 September，2017）. Wikipédia. 引自 https://fr. wikipedia. org/wiki/Peter_van_Mensch；van Mensch，P. J. A.（2018）. *Curriculum Vitae*. 未发表的文献。

[3]莱昂廷·梅耶尔-冯·门施（Léontine Meijer van Mensch）和伊娃·费格伯格（Eva Fägerborg）于 2009 年共同成立了 ICOM 国际收藏委员会，该委员会于 2013 年正式成为 ICOM 委员会的一员。参见 van Mensch，P. J. A.（Forthcoming）. Looking for a rationale behind museum practice：building bridges at the Reinwardt Academie. In：Delia Tzortzaki & Stefanos Keramidas eds.，*The Theory of Museology：Main Schools of Thought* 1960 — 2000（Athens）.

[4]译者注：《博物馆和社会》是一本独立的同行评议期刊，英国莱斯特大学主办，刊登学术界和博物馆专业人士有关博物馆在其社会背景下的新文章和研究成果。

[5]译者注：《博物馆学的问题》是俄罗斯第一本专门研究博物馆学历史和理论问题的学术理论期刊。

［6］译者注：《布尔诺博物馆学》是一本捷克博物馆学期刊，由马萨里克大学艺术学院和孟德尔博物馆共同出版，半年刊。

［7］Van Mensch，P. J. A.（Forthcoming）. Introduction. Russian translation of *Towards a Methodology of Museology*.

［8］译者注：冯·门施的博士学位论文《论博物馆学的方法论》（*Towards a Methodology of Museology*）法文译本已经出版，详情可参见 ICOFOM 网站（https://icofom. mini. icom. museum/publications－2/other－publications/）。

［9］Van Mensch，P. J. A.（22 January，2018）. Interview（Y. S. S. Chung，Interviewer）.

［10］参见 Mairesse，F.（2014）. Introduction to the first publication of the Russian translation PhD thesis Towards a Methodology of Museology by P. van Mensch，in *The Problems of Museology* 9(pp. 6-14).

［11］Van Mensch，P. J. A.（Forthcoming）. Introduction. Russian translation of *Towards a Methodology of Museology*.

［12］Van Mensch，P. J. A.（Forthcoming）. *The History of Museology*. Athens.

［13］Van Mensch，P. J. A.（14 December，2015）. Interview（B. Brulon，Interviewer）；van Mensch，P. J. A.（27 April，2015）. Survey on the history of *ICOFOM Study Series*（A. Leshchenko，Interviewer）；Leshchenko，A.（2017）. Metamuseology and museological discourse. In Brulon Soares，B. & Baraçal，A. B.（Eds.）. *Stránský：a bridge Brno－Brazil*.（pp. 130-143）. Paris：ICOFOM and UNIRIO.

［14］Van Mensch，P. J. A.（14 December，2015）. Interview（B. Brulon，Interviewer）；van Mensch，P. J.（27 April，2015）. Survey on the history of *ICOFOM Study Series*（A. Leshchenko，Interviewer）.

［15］冯·门施在即将出版的《论博物馆学的方法论》俄语译本的"导言"中也提到了这一观点。ICOFOM 特别研讨会于 1986 年在德意志民主共和国举行，由时任 ICOFOM 副主席克劳斯·施莱纳组织，目的是为《博物馆学工作论文集》（*MuWoP*）的分析提供一个权威的结论。斯蒂芬·霍金（Stephen Hawking）也讨论了学术界的这种做法，他提到了艾萨克·牛顿（Isaac Newton）在他的出版物上的不正当行为，以及他对皇家学会委员会的控制。参见 Hawking，S.（1996）. *A Brief History of Time*. New York：Bantam Books，p. 197.

［16］Van Mensch，P. J. A.（27 April，2015）Survey on the history of *ICOFOM Study Series*（A. Leshchenko，Interviewer）.

［17］*Peter van Mensch*（12 May，2016）. Wikipedia. 引自 https://en.

wikipedia. org/wiki/ Peter_van_Mensch；*Peter van Mensch*（2017）. Alchetron. 引自 https://alchetron. com/ Peter-van-Mensch-249300-W；*Peter van Mensch* （28 September, 2017）. Wikipédia. 引自 https://fr. wikipedia. org/wiki/Peter_ van_Mensch.

　　［18］Van Mensch, P. J. A. （1983）. Natural history museums — new directions. *Reinwardt Studies in Museology* 1, pp. 55-63；In: P. van Mensch ed. （1994）. *Theoretical Museology* [textbook]. Amsterdam: Master's Degree Programme on Museology, Faculty of Museology, Reinwardt Academy, p. 142.

　　［19］Van Mensch，P. （1983）. Natural history museums — new directions. *Reinwardt Studies in Museology* 1, 55-63, in van Mensch, P. J. A. （Ed.）. （1994）. *Theoretical Museology* [textbook]. Amsterdam: Master's Degree Programme on Museology, Faculty of Museology, Reinwardt Academy, p. 143-144.

　　［20］同上，p. 149；also, van Mensch, P. J. A. （1985）. Museological relevance of management techniques. In van Mensch, P. J. A. （Ed.）. Management needs of museum personnel. *Proceedings of the Annual Meeting of ICOM International Committee for the Training of Museum Personnel at Leiden*, 24 Sept. — 2 Oct. 1984. Leiden: Reinwardt Studies in Museology 5 （pp. 9-15）. In van Mensch, P. J. A. （Ed.）（1994）. *Theoretical Museology* [textbook]. Amsterdam: Master's Degree Programme on Museology, Faculty of Museology, Reinwardt Academy, pp. 148-151.

　　［21］Van Mensch, P. J. A. （1988）. Museology and museums. ICOM News 41 （3）, 5-10；In van Mensch, P. J. A. （Ed）. （1994）. *Theoretical Museology* [textbook]. Amsterdam: Master's Degree Programme on Museology, Faculty of Museology, Reinwardt Academy, p. 152.

　　［22］Van Mensch, P. J. A. （1988）. Museology and museums. *ICOM News* 41 （3）, 5-10；In van Mensch（Ed.）. （1994）. *Theoretical Museology* [textbook]. Amsterdam: Master's Degree Programme on Museology, Faculty of Museology, Reinwardt Academy, p. 153.

　　［23］受到 Maure, M. （1997）的影响. Thoughts on a new function of the museum. *ICOM Education*. Paris, ICOM, 8, 1977/78, 32-34；In van Mensch, P. J. A. （1988）. Museology and museums. *ICOM News*, 41 （3）, 5-10；In van Mensch, P. J. A. （Ed.）. （1994）. *Theoretical Museology* [textbook]. Amsterdam: Master's Degree Programme on Museology, Faculty of

Museology, Reinwardt Academy, p. 154.

［24］受到 Desvallées, A.（1988）的影响. *Museology and Cultural Identity*. Paper presented at the conference 'What Is Museology,' April 1988, Umea, Sweden; In van Mensch, P. J. A.（1988）. Museology and museums. *ICOM News* 41（3）, 5-10; In van Mensch, P. J. A.（Ed.）.（1994）. *Theoretical museology*［textbook］. Amsterdam: Master's Degree Programme on Museology, Faculty of Museology, Reinwardt Academy, p. 154.

［25］Van Mensch, P. J. A.（1988）. Museology and museums. *ICOM News* 41（3）, 5-10.

［26］同上。

［27］兹比内克・兹比斯拉夫・斯特兰斯基曾试图用三个术语来代替遗产这个词：naturfact（自然进程的产物）、artefact（人类社会的产物）和 mentefact（心灵世界的产物）。In Dolák, J.（2017）. Museologist Zbyněk Zbyslav Stránský — Basic Concepts. In Brulon Soares, B. & Baraçal, A. B.（Eds.）. *Stránský: a bridge Brno — Brazil*. Paris: ICOFOM and UNIRIO, p. 192. 相比之下, naturfact 和 artefact 这两个术语分别指的是：'［...］naturfacts—自然进程的产物, artefacts — 人类社会的产物［...］'. In Tišliar, P.（2017）. The Development of Informal Learning and Museum Pedagogy in Museums. *European Journal of Contemporary Education*, no. 3. Nove Mesto: Academic Publishing House Researcher, p. 586. 引自 http://ejournal1. com/journals_/1505676573. pdf.

［28］Van Mensch, P. J. A.（1990）. Methodological museology; or, towards a theory of museum practice, in S. Pearce, ed. , *New Research in Museum Studies*, 1, pp. 141-157; van Mensch, P. J. A.（1988）. Museology and museums. *ICOM News* 41（3）, 5-10; In van Mensch, P. J. A.（Ed.）.（1994）. *Theoretical Museology*［textbook］.（pp. 173-181）. Amsterdam: Master's Degree Programme on Museology, Faculty of Museology, Reinwardt Academy.

［29］Chung, Y. S. S.（2007）. Thinking outside the museum box: heritage management of a 'laboratory ecomuseum.' Fermi National Accelerator Laboratory. *Collections: A Journal for Museum and Archives Professionals*, 3（3）, 227.

［30］同上；另外参见 Chung, Y. S. S.（2005）. Seoul, Korea: Its concept of culture and nature in heritage planning. International Journal of Heritage Studies（11）2, 95-111, and Chung, Y. S. S.（2004）. Museums and intangible folk heritage in the Republic of Korea. ICOFOM Study Series 33，21-30 and Chung，Y. S. S. (2004). Museums and intangible folk heritage in the Republic of Korea'. 박물관학보[Journal of Museum Studies] 7，107-124；Chung，Y. S. S. (2003). Object of exhibit：legitimizing the building of the National Museum of Korea. *International Journal of Heritage Studies*，9，(3)，229-242.

[31]Van Mensch，P. J. A. (Forthcoming). *The History of Museology*. Athens.

[32] Van Mensch，P. J. A. (1990). Methodological museology；or，towards a theory of museum practice. In Pearce，S. (Ed.). *New Research in Museum Studies* 1，p. 174；van Mensch，P. J. A. (2011). Masterstudiengang SEK. *The European Heritage*. 引自 https://www. youtube. com/watch? v＝Ni-wPYxRIG8A.

[33]Van Mensch，P. J. A. (1997). A work of art in a museum is a work of art in a museum. *Modern Art*，*Who Cares*? International Symposium on the Conservation of Modern Art. Foundation for the Conservation of Modern Art，Amsterdam 8-10 September，1997. 引自 https://vimeo. com/14855968.

[34]译者注：musealie 是根据其拉丁文的范例所建构的，musealia 是其中性复数，museum object 是其英文对应词，可参见《博物馆学关键概念》(*Key Concepts of Museology*)一书中的 object 词条。

[35]Šola，T. (1982). Towards a possible definition of museology. Paper presented at the ICOFOM Annual Conference，Paris cited in P. J. A. van Mensch (1990). Methodological museology；or，towards a theory of museum practice，in S. Pearce，ed.，*New Research in Museum Studies*，1，pp. 141-157；In van Mensch，P. (Ed.). (1994). *Theoretical Museology* [textbook]. Amsterdam：Master's Degree Programme on Museology，Faculty of Museology，Reinwardt Academy，p. 175.

[36] 参见 Stránský，Z. Z. (1974). Metologicke otazky dokumentace soucasnosti'，*Muzeologicke sesity*，5，13-43，Schreiner，K. (1988). *Terminological Dictionary of Museology*. Berlin：s. n.，and Maroevic，I. (1986) 'Predmet muzeologije u okviru teorijske jezgre informacijskih znanosti [信息科学理论核心中的博物馆学主题]'，*Informatica Museologica*，1-3 (67-69)，3-5 referred in van Mensch，P. J. A. (1990). Methodological museology；or，towards a theory of museum practice，in S. Pearce，ed.，*New Research in Museum Studies*，1，pp. 141-157；In P. J. A. van Mensch(Ed.). (1994). *Theoretical Museology* [textbook]. Amsterdam：Master's Degree Programme

on Museology, Faculty of Museology, Reinwardt Academy, pp. 173-181.

[37] Van Mensch, P. J. A. (1990). Methodological museology; or, towards a theory of museum practice, in S. Pearce, ed., *New Research in Museum Studies*, 1, pp. 141-157. In van Mensch, P. J. A. (Ed.). (1994). *Theoretical Museology* [textbook]. Amsterdam: Master's Degree Programme on Museology, Faculty of Museology, Reinwardt Academy, p. 175; recent publications that apply van Mensch's concepts on musealia, musealisation, and museological objects include Chung, Y. S. S. (2007). 'The Collection and Exhibition of In Situ Historic Buildings,' *Collections: A Journal for Museum and Archives Professionals*, 3 (1), pp. 35-52 and Chung, Y. S. S. (2017). The poetics and geopolitics of communication and non-profit vs. marketing of the function of museums. (Forthcoming). *The Issues of Museology*.

[38] Van Mensch, P. J. A. (1984). Collecting today for tomorrow. *ICOFOM Study Series*, 7, 29-32.

[39] Maroević, I. (1987). Museum object as a document. *ICOFOM Study Series*, 23, 113-119; Mairesse discusses van Mensch's theory of objects having multiple interpretations in the museum, noted in Mairesse, F. (2014). Introduction to the first publication of the Russian translation PhD thesis Towards a Methodology of Museology by P. van Mensch, in *The Problems of Museology* 9 (6-14); 另外参见 Chung, Y. S. S. (2007). 'The Collection and Exhibition of In Situ Historic Buildings,' *Collections: A Journal for Museum and Archives Professionals*, 3 (1), pp. 35-52 and Chung, Y. S. S. (2017). The poetics and geopolitics of communication and non-profit vs. marketing of the function of museums. (Forthcoming). *The Issues of Museology* on biography of the artefact or *naturfact*, citing van Mensch.

[40] Van Mensch, P. J. A. (1996). *Museum Analysis — An Outline*. [Lecture notes by Y. S. S. Chung]. Amsterdam, Reinwardt Academy.

[41] Van Mensch, P. J. A. (1996). *Museum Analysis — An Outline*. [Lecture notes by Y. S. S. Chung]. Amsterdam, Reinwardt Academy, p. 183. 我对博物馆学的激情是通过对一篇写于1996年10月3日关于阿姆斯特丹圣经博物馆的未发表的练习和论文的分析而开始的,这是冯·门施所在瑞华德学院教授的理论博物馆学课程的一项作业。

[42] Van Mensch, P. J. A. (1996). *Theoretical Museology* [Lecture notes by Y. S. S. Chung]. Amsterdam, Reinwardt Academy.

[43] 这些术语进一步分为目的、策略——主观的、分类学的(系统的)、情景的

（生态的）和叙事的；风格、技术、政策分歧、分类学展览；理念方法、叙事展览、情景展览、时代室。这些术语也参考了迈克尔·尚克斯（Michael Shanks）和克里斯托弗·蒂尔利（Christopher Tilley）于 1987 年出版的《重建考古学》(*Reconstructing Archaeology*)。

[44]Van Mensch, P. J. A. (1996). *Theoretical Museology* [Lecture notes by Y. S. S. Chung]. Amsterdam, Reinwardt Academy; van Mensch, P. J. A. (2003). The Characteristics of Exhibitions. *Museum Aktuell* 92, 3980−3985. 另外参见 van Mensch, P. J. A. (1991). ICOFOM '91 Symposium: The language of exhibitions. *ICOFOM Study Series*, 19, 11-13.

[45] Van Mensch, P. J. A. (1985). Museological relevance of management techniques. In van Mensch, P. J. A. (Ed.). Management needs of museum personnel. *Proceedings of the Annual Meeting of ICOM International Committee for the Training of Museum Personnel at Leiden*, 24 Sept. −2 Oct. 1984. Leiden: Reinwardt Studies in Museology 5. (pp. 9-15); In van Mensch, P. J. A. (Ed.). (1994). *Theoretical Museology* [textbook]. (pp. 148-151). Amsterdam: Master's Degree Programme on Museology, Faculty of Museology, Reinwardt Academy.

[46] Van Mensch, P. J. A. (1985). Museological relevance of management techniques. In: P. van Mensch, ed., Management needs of museum personnel. *Proceedings of the Annual Meeting of ICOM International Committee for the Training of Museum Personnel at Leiden*, 24 Sept. −2 Oct. 1984. Leiden: Reinwardt Studies in Museology 5 (pp. 9-15); In van Mensch, P. J. A. (Ed.). (1994). *Theoretical Museology* [textbook]. Amsterdam: Master's Degree Programme on Museology, Faculty of Museology, Reinwardt Academy, p. 146.; 另外参见 Meijer-van Mensch, L. (2017). Peter the Museum Mensch: A personal museological reflection. *Museologica Brunensia*, 6 (1), 63, who affirms the same views about the importance of this model; influences mentioned in Brulon-Soares, B. (2016). Provoking museology: the geminal thinking of Zbyněk Z. Stránský. *Museologica Brunensia*, 5 (2), 5-17.

[47] Van Mensch, P. J. A. (1985). Museological relevance of management techniques. In: P. van Mensch, ed., Management needs of museum personnel. *Proceedings of the Annual Meeting of ICOM International Committee for the Training of Museum Personnel at Leiden*, 24 Sept. −2 Oct. 1984. Leiden: Reinwardt Studies in Museology 5. (pp. 9-15), in van Mensch, P. J. A. (Ed.). (1994). *Theoretical Museology* [textbook]. Amsterdam:

Master's Degree Programme on Museology, Faculty of Museology, Reinwardt Academy, p. 150.

[48] Van Mensch, P. J. A. (1989). *Professionalising the Muses*, Chapters I & II. In van Mensch, P. J. A. (Ed.). (1994). *Theoretical Museology* [textbook]. (pp. 158-172). Amsterdam: Master's Degree Programme on Museology, Faculty of Museology, Reinwardt Academy.

[49] Van Mensch, P. J. A. (1996). *Theoretical Museology* [Lecture notes by Y. S. S. Chung]. Amsterdam, Reinwardt Academy.

[50] 同上。

[51] 同上。

[52] Van Mensch, P. J. A. (2015). Survey on the history of *ICOFOM Study Series* (A. Leshchenko, Interviewer). Van Mensch, P. J. A. (2015). Survey on the history of *ICOFOM Study Series* (A. Leshchenko, Interviewer).

[53] 译者注:琳恩・蒂瑟(Lynne Teather,原文错写为 Lynn Teather),加拿大多伦多大学博物馆研究系教师,研究兴趣是博物馆的历史。她的博士学位论文是《博物馆学及其传统:英国经验,1845 — 1945》(*Museology and Its Traditions : the British Experience*, 1845—1945)。

[54] Van Mensch, P. J. A. (1992). Museological research. *Museological News* 15, 8. In van Mensch, P. J. A. (Ed.). (1994). *Theoretical Museology* [textbook]. Amsterdam: Master's Degree Programme on Museology, Faculty of Museology, Reinwardt Academy, p. 182.

[55] 引自 van Mensch, P. J. A. (Forthcoming). Looking for a rationale behind museum practice: building bridges at the Reinwardt Academie. In Tzortzaki, D. & Keramidas, S. (Eds.). *The Theory of Museology: Main Schools of Thought* 1960 — 2000 (Athens), the paper presented is by van Mensch, P. J. A., Pouw, P. J. M. & Schouten, F. F. J. Methodology of Museology and Professional Training, *ICOFOM Study Series*, 1, 81-96.

[56] 参见 Brulon Soares, B. (2016). Provoking museology: the geminal thinking of Zbyněk Z. Stránský. *Museologica Brunensia*, 5 (2), 5-17; also see more influences from Stránský in van Mensch (1987). Museology and museums, *ICOFOM Study Series*, 13, 47-56.

[57] Van Mensch, P. J. A. (2018). Interview (Y. S. S. Chung, Interviewer).

[58] 参见 Mairesse, F. (2014). Introduction to the first publication of the Russian translation PhD thesis Towards a Methodology of Museology by P. van

Mensch，in *The Problems of Museology* 9. (pp. 6-14).

[59]Van Mensch，P. J. A. (Forthcoming). *The History of Museology*. Athens；弗朗索瓦·梅黑斯称冯·门施为"现代博物馆世界的'全球'博物馆学读者"，他是博物馆学各流派的"真正综合体"。参见 Mairesse，F. (2014). Introduction to the first publication of the Russian translation PhD thesis Towards a Methodology of Museology by P. van Mensch，in *The Problems of Museology* 9. (6-14).

[60] Van Mensch，P. J. A. (22 January, 2018). Interview (Y. S. S. Chung, Interviewer).

[61] Van Mensch，P. J. A. & L. Meijer-van Mensch. (2015). *New Trends in Museology II*. Celje：Muzej novejše zgodovine.

[62]译者注：弗德利希·瓦达荷西(1934—)，奥地利博物馆学家、音乐家、大学教授。出版著作(《一般博物馆学手册》(*Handbuch der Allgemeinen Museologie*)，台湾繁体版译为《博物馆学：德语系世界的观点》)。

[63]译者注：卡塔琳娜·弗吕格尔，德国莱比锡应用科学大学图书和博物馆系博物馆学荣退教授。出版著作《博物馆学入门》(*Einführung in die Museologie*)。

[64] Van Mensch，P. J. A. (22 January, 2018). Interview (Y. S. S. Chung, Interviewer)；Desvallées，A. and Mairesse，F. (Dirs.). (2011). *Dictionnaire encyclopédique de muséologie*. Paris：Armand Colin.

[65]冯·门施列出了四部被认为是他的主要作品的文稿，并强调了与其他作者的合作，这个标题就是其中之一。In van Mensch，P. J. A. (22 January, 2018). Interview (Y. S. S. Chung, Interviewer).

[66]同上。

[67]同上。

[68]同上。

瓦沙特·亨利·毕德卡

安妮塔·沙阿

瓦沙特·亨利·毕德卡（Vasant Hari Bedekar），1929 年出生于印度，印度博物馆学家、巴罗达大学（University of Baroda）博物馆学教授。他从 1957 年开始教授博物馆学研究生课程，1963 年至 1986 年担任巴罗达大学的博物馆学系系主任。作为导师，他对博士研究生指导有方，颇受学界认可；[1]作为学者，他出版了多部著作，从印度的视角对博物馆学进行了深刻的反思。作为一名博物馆学家，他的贡献颇多，影响了印度乃至国际博物馆学思想的发展。

传　记

瓦沙特·亨利·毕德卡于 1929 年出生在印度，在孟买完成硕士学业并在巴罗达完成博士学业以后，他在巴罗达大学的博物馆学系任教，直至教授。从 1957 年到 1989 年退休前，他一直在印度教授博物馆学研究生课程，历任讲师、教授（reader）[2]和高级教授，并在 1963 年至 1986 年期间担任巴罗达大学理学院的博物馆学系系主任。[3]他在该大学开展了一项重要的实践，即将现代教学方法应用于博物馆学，这一点得到了国际社会的认可。[4]

毕德卡于 20 世纪 60 年代起成为 ICOM 的成员，参加了一些会议，为 ICOM 国际科技博物馆和收藏委员会做出了最初的贡献。[5]1966 年 5 月，他参与了印度博物馆教育国家委员会的创建，并被选为该委员会主席，该委员会是在与 ICOM 国际教育和文化行动委员会的密切联系下成立的。[6]在 20 世纪 60 年代和 70 年代，他向 ICOM 成员们强调，有必要在世界各地的培训课程之间创造交换经验的机会，这对博物馆学的未来具有国际意义。[7]20 世纪 80 年代，他加入了 ICOFOM，作为一个活跃的成员为该委员会的发展做出了贡献，并参与了该委员会专题讨论会的讨论和出版物的编写。

在大学之外的职业生涯中，毕德卡作为博物馆顾问与执行和咨询委员会的成员，与几个国家博物馆合作，并就博物馆、博物馆学和艺术史的主题进行授课。在印度，他参与了基于集体记忆和非物质遗产价值化的社区博物馆实践的发展。1999 年，他帮助印度西部的乔尔·雷夫丹达·科莱(Chaul-Revdanda-Korlai)地区建立了一个世界遗产地。[8]

毕德卡曾在澳大利亚、阿根廷、巴西、墨西哥、日本、韩国和荷兰等国家参与 ICOM 会议和国际研讨会。他发表了多篇文章，出版了多本书，包括《所以你想要好的博物馆展览》(*So You Want Good Museum Exhibitions*,1978 年)，这是一本关于展览规划和展示的实用手册，《印度微型画的风格方法》(*Stylistic Approach to Indian Miniatures*,1979 年)，以及《印度新博物馆学》(*New Museology in India*,1995 年)。

毕德卡目前是 ICOM、印度博物馆协会和古吉拉特邦(Gujarat)博物馆协会的成员。鉴于他在博物馆学领域的杰出工作，他获得了印度博物馆协会颁发的终身成就奖。

博物馆学观点

博物馆学与博物馆实践

正如博物馆学家彼得·冯·门施所认识到的，毕德卡的贡献在于讨论了博物馆学理论和博物馆实践之间的关系，这为博物馆学的发展提供了三个可能的方向：

1.通过形成新的观点、概念等；

2.通过解决新实践中产生的问题；

3.通过培训博物馆人员。[9]

正如毕德卡所研究和教授的那样，博物馆学是一门为专业问题提供创新解决方案，形成概念、技能和技巧的工具性学科。在这个意义上，博物馆学也为博物馆实践做出了贡献，它利用学科洞察力来教导和培训学生掌握现代方法。[10]毕德卡明确指出,博物馆和博物馆学是不可分割的,"它们是人类一项事业的两个方面"。然而,尽管他强调了印度博物馆和博物馆学之间可能存在的关系机制,但令他感到遗憾的是,由于各种各样的困难,博物馆学很难应用到实际的博物馆发展中,特别是在印度这样的发展中国家。

毕德卡认为,博物馆学需要制定一定数量的可供不同类型博物馆选择的、具有可操作性的博物馆标准,因为每座博物馆都有自身的具体需求,所以制定的标准应该与不同的环境和社会因素密切相关。他进一步指出,博物馆学应该与博物馆实践紧密相连,以使博物馆取得成功,因为众多可替代博物馆的娱乐方式正在动摇着博物馆的身份,博物馆正在面临生存危机。博物馆和博物馆学之间的密切合作将使这两个领域相互受益。毕德卡认为博物馆学是一门以管理为导向的学科,主要是为社区提供专门的服务。因此,毕德卡提出了博物馆学作为一门科学学科的实用主义的观点。在这个意义上,他的观点被认为是与斯特兰斯基对博物馆学的哲学的和形而上学的论断截然相反的。

尽管如此,在他的一些作品中可以看到来自捷克学者的显著的理论影响。毕德卡写道,博物馆是博物馆学家的主要研究重点,但博物馆学作为一门科学,也致力于研究"人与他的过去、他的社区和他的环境之间的关系,所以博物馆学在博物馆作为独立机构建立之前,可能就已经存在了"。[11]

在他看来,博物馆作为经验的制造者,其方法应该是民主的,这样才能满足从门外汉到"博学者"的整个人群的需求。事实上,他将博物馆定义为"可验证的特殊体验的制造者"[12],这与法国新博物馆学的理论和实践是一致的,后者强调将博物馆与其建筑和机构分离开来,并考虑让当地居民参与博物馆的规划与运营。

印度的博物馆培训

对毕德卡来说,"博物馆的未来取决于博物馆培训的成败"。[13]他认为,在20世纪80年代,"博物馆培训"和"博物馆学"在亚洲几乎是可以互换的词。[14]到那时为止,欧洲大陆大多数培训课程的目的是将国际公认的博物馆学与亚洲的专业需求相协调。

就印度而言,毕德卡认识到需要训练有素的专业人员,使博物馆能够应对其独特的问题。但他提请注意以下事实,尽管英国有博物馆协会，但印度在独立前并没有博物馆培训计划。[15]印度博物馆工作人员的培训通常由英国博物馆协会完成，这种情况促使印度于1952年在巴罗达大学建立了独立的博物馆学系并开设了博物馆学研究生课程，作为该国博物馆学的去殖民化行动。

巴罗达的博物馆学系是为数不多的将博物馆学作为一门独立的学科来教授的学校之一，并且该校没有把博物馆学与其他学科混为一谈。[16]在独立的系里，博物馆学被理解为一门独立的学科，它并不依赖其他学科的教学而存在。毕德卡指出，博物馆学中心"不应重复大学其他部门的工作，而应将其所有注意力集中在博物馆学的教学和研究上"。[17]尽管如此，在20世纪80年代，他仍然认为博物馆学必须专业化，以便为博物馆的应用和实践建立一个科学和理论基础。

"发展中国家"的博物馆学机遇

在20世纪末，毕德卡强调这样一个事实，在社区教育机构和其他组织的支持下，博物馆学在发展中国家建立博物馆和观众之间的联系方面起着关键作用。他强调了新博物馆学的观点，即依靠社区参与，帮助博物馆以社会需求为导向，成为"变革中心"。在他看来，博物馆学应该是"经过田野检验并面向社会服务的"。[18]

在20世纪80年代末，他强烈地感受到，在有关博物馆和社区之间关系的研究方面，发展中国家尚未触及。例如，印度社会巨大的多样性为博物馆学家提供了研究高度多样化观众的机会，这在西方是做不到的。在这个意义上，他说：

> 博物馆学作为一门独立的科学，特别是作为一门社会科学，将通过调查人与博物馆关系中各种因素的变化而增益非凡，使展示和阐释的各种准备和参与过程产生效果。[19]

他强调了发展一种科学的方法来研究观众的反应和需求的重要性，这样博物馆就可以通过其展示和方案为社会中的不同人群服务。此外，毕德卡呼吁注意贫穷国家博物馆传播的广阔天地，那里的传播是由参与性活动补充的。在这个意义上，所有关于传播或非正式继续教育的西方博物馆学假设都需要在这些国家不同的社会文化情境下反复验证和测试。[20]

毕德卡认为，像印度这样的殖民地国家在阐释和理解其文化遗产方面受到了很大的影响。他指出,要客观地呈现古老文明的真实历史遗产而不求助于神话、传说和其他"待考证的传统"是很困难的。对他来说,"以真实、客观的角度呈现过去和现在的社区成就,不过度强调,也不轻描淡写其细节,不诉诸不科学的方式,是一项艰巨的任务……"[21]

在毕德卡对"发展中国家"的博物馆采取的批判性的后殖民主义方法中,他观察到,殖民背景下的博物馆状况是非常静态和面向过去的。他指出,殖民列强(colonial powers)对本土群体的操纵破坏了社会结构,从而导致了种族冲突。因此,应该开发更多博物馆学模式,以纠正后殖民时代的不平等和不平衡。[22]因此,这对参与制定各种战略以适应区域差异的博物馆学家来说是一个巨大的挑战。

博物馆、殖民列强和少数族群

毕德卡指出,世界各地的殖民列强都摧毁了本土文化,不幸的是,同样的模式在当下也被主流文化与少数族群的关系所重复。为了克服这些障碍,博物馆可以采取以下建议:[23]

1.博物馆可以开发定制的模式,以满足少数族群的期冀。这样做,博物馆将获得少数族群的信任和认可。

2.博物馆必须制定积极的战略,以适应过去的矛盾和社会等级制度,例如一些少数族群被一些群体视为"殖民文化和主流文化的受害者",而被另一些群体视为"伟大的文化遗产"。[24]

3.少数族群将不得不寻找积极的替代方案,强调他们的文化成就。

4.主要族群也将通过向世界展示他们鼓励多元化的理念而获益。

5.少数族群博物馆中对现实的阐释不是一件容易的事,因为它可能会给群体间的仇恨"煽风点火"。在阐释过去时,必须坚持 ICOM 的职业行为准则。

6.少数族群的积极特征"如族群成员之间联系紧密、团结一致,与主要族群积极融合发展以及族群掌握的特殊技能等"必须在少数族群博物馆中凸显出来,以帮助少数族群的人们获得自信并与主流人群适应。

7.印度宪法尊重多样性。必须采取成熟的融合方法,使少数族群能够保留其文化特征。关于这一点,毕德卡强调,融合不是同化,而是实现共同目标。博物馆在促进小群体的融合过程中面临着复杂的问题,因为身份认同取决于"种族和历史因素"。

8.主要族群是由较小的子群体组合而成的。城市化和工业化正在破坏社会的结构。由于工业化和城市化，主要族群也面临解体的威胁。

博物馆必须继续向各种方向扩展，在这些方向上，"群体希望在寻找他们的身份时有所行动"。[25] 因此，博物馆应同时为主要族群和少数族群及其子群体服务。

在新博物馆学概念的影响下，毕德卡发展了这种关于博物馆与少数社会族群或主要社会族群合作的综合观点，将其应用于他所在的地区和印度不同地区的博物馆实践。

学术影响

在创建巴罗达大学博物馆学系和研究生课程时，毕德卡受到了当时巴罗达博物馆助理馆长什里·德夫卡（Shri V. L. Devkar）教授的极大影响。自 20 世纪 50 年代初以来，他的想法一直与德夫卡的博物馆学方法保持一致：两人都主张印度需要开设博物馆培训课程。他还受到荷兰莱顿国家民族学博物馆 P. H. 波特（P. H. Pott）的启发，他在博物馆工作中采用务实的方法，使用管理方法培训博物馆工作人员。[26] 因为他的博物馆学概念来源于法国新博物馆学，他也受到了法国学人安德烈·德瓦雷和雨果·戴瓦兰的影响。

毕德卡关于博物馆学在博物馆中的地位以及博物馆学作为博物馆培训基础的观点是一些 ICOFOM 学者的参考点，他们就同样的问题进行了辩论。他的观点被冯·门施、戴瓦兰和安妮塔·沙阿等思想家所采纳。在印度，他激励了一代更有反思精神的博物馆工作者，这有助于改变该国博物馆的形象。[27]

主要著述

Bedekar, V. H.

1976

• Programmed instruction in museology—an experiment. *Studies in Museology*, vol. Ⅺ, Baroda, Department of Museology.

1978

• *So You Want Good Museum Exhibitions*. Baroda: Dept. of Museology, M. S. University of Baroda.

1987

• The museum training situation in India. *Museum*, 56 (vol. XXXIX, n. 4), 284-290.

• The need for museology in Asia. *Museological News*. Bulletin of the International Committee of ICOM for Museology, Stockholm, 10, 119-121.

• Topic and method. *ICOFOM Study Series*, 12, 51-54.

• On Vasant H. Bedekar, with some additional points. *ICOFOM Study Series*, 13, 15-35.

1988

• Analytical study of the state of museology in India. *Museological News*. Bulletin of the International Committee of ICOM for Museology, Stockholm, 11, 113-120.

• Museology and developing countries — help or manipulation? Comments and views. *ICOFOM Study Series*, 15, 81-84.

• Third world opportunities for expanding museology discipline. *ICOFOM Study Series*, 14, 81-87.

1989

• Futurology and the role of museums as 'change-agents'. *ICOFOM Study Series*, 16, 93-97.

1992

• ICOFOM and museum boundaries. *ICOFOM Study Series*, 21, 5-11.

1995

• *New Museology for India*. New Delhi: National Museum Institute of History of Art, Conservation, and Museology.

2000

• Problems of intangible heritage in Indian community museums. *ICOFOM Study Series*, 32, 18-20.

• The Ecomuseum projects in the Indian Context. In *Anais do* Ⅱ

Encontro Internacional de Ecomuseus. Comunidade，Patrimônio e Desenvolvimento sustentável. IX ICOFOM LAM. Museologia e Desenvolvimento sustentável na América Latina e no Caribe.（pp. 23-27）. Santa Cruz，Rio de Janeiro，Brasil：ICOFOM/ICOFOM LAM.

2012

Conversation piece：Intangible Cultural Heritage in India. In Stefano，Michelle L.；Davis，Peter & Corsane，Gerard（Eds.）. *Safeguarding Intangible Cultural Heritage.*（pp. 85-93）. The International Centre for Cultural & Heritage Studies. Newcastle University. Woodbridge，UK：The Boydell Press.

注释

[1]Bedekar，V. H.（1987）. The museum training situation in India. *Museum*，56（vol. XXXIX，n.4），p. 284.

[2]译者注：英联邦成员国大学里的职称由低到高依次是讲师（lecturer）、高级讲师（senior lecturer）、教授（reader）和教授（professor）。reader 翻译成教授更为合适，因为在以前英联邦成员国大学教授存在名额限制（每一学科只有一位教授，以保障其最高学术地位），学者需要等待老教授退休后进行补位，reader 也称为待位的教授。

[3]Stefano，Michelle L.；Davis，Peter & Corsane，Gerard.（Eds.）.（2012）. *Safeguarding Intangible Cultural Heritage.* The International Centre for Cultural & Heritage Studies. Newcastle University. Woodbridge，UK：The Boydell Press. pp. 263-264.

[4]Various. ICOM—International Council of Museums.（1975）. *ICOM News*（English Edition）. The quarterly bulletin of the International Council of Museums，vol. 28，4.，p. 160.

[5]Meetings of ICOM International committees and sub-committees. ICOM—International Council of Museums.（1962）. *ICOM News*（English Edition）. The quarterly bulletin of the International Council of Museums，vol. 15，5，p. 78.

[6]ICOM — International Council of Museums.（1966）. *ICOM News*（English Edition）. The quarterly bulletin of the International Council of Museums，vol. 19，4，p. 37.

[7]Main Exchange. ICOM—International Council of Museums.（1969）.

ICOM News (English Edition). The quarterly bulletin of the International Council of Museums, vol. 22, 2, p. 68.

[8] Bedekar, V. H. (2000). Problems of intangible heritage in Indian community museums. *ICOFOM Study Series*, 32, p. 18-20.

[9] Van Mensch, Peter. (1987). Practice and theory: on museum work as a source of ideas for study and conclusions of general theoretical validity for the museum field. Lessons drawn from research in and teaching of museology at Reinwardt Akademie. *Museological News*. Bulletin of the International Committee of ICOM for Museology, Stockholm, n. 10. p. 114.

[10] Bedekar, V. H. (1987). Topic and method. *ICOFOM Study Series*, 12, p. 51-52.

[11] 同上, p. 54.

[12] Bedekar, V. H. (1987). On Vasant H. Bedekar, with some additional points. *ICOFOM Study Series*, 13, p. 16.

[13] Bedekar, V. H. (1987). The museum training situation in India. *Museum*, 56 (vol. XXXIX, n. 4), p. 284.

[14] Bedekar, V. H. (1987). The need for museology in Asia. *Museological News*. Bulletin of the International Committee of ICOM for Museology, Stockholm, 10, p. 119.

[15] Bedekar, V. H. (1988). Analytical study of the state of museology in India. *Museological News*. Bulletin of the International Committee of ICOM for Museology, Stockholm, 11, p. 114.

[16] Bedekar, V. H. (1987). The need for museology in Asia. *Museological News*. Bulletin of the International Committee of ICOM for Museology, Stockholm, 10, p. 119.

[17] Bedekar, V. H. (1988). Analytical study of the state of museology in India. *Museological News*. Bulletin of the International Committee of ICOM for Museology, Stockholm, 11, p. 115.

[18] Bedekar, V. H. (1988). Third world opportunities for expanding museology discipline. *ICOFOM Study Series*, 14, p. 82.

[19] Bedekar, V. H. (1988). Third world opportunities for expanding museology discipline. *ICOFOM Study Series*, 14, p. 83.

[20] 同上。

[21] 同上, p. 84.

[22] Bedekar, V. H. (1988). Futurology and the role of museums as

'change-agents'. *ICOFOM Study Series*, 16, pp. 93-97.

［23］参见 Bedekar detailed suggestions in Bedekar, V. H. （1992）. ICOFOM and museum boundaries. *ICOFOM Study Series*, 21, pp. 5-11.

［24］Bedekar, V. H. (1992). ICOFOM and museum boundaries. *ICOFOM Study Series*, 21, p. 9.

［25］同上。

［26］Bedekar, V. H. (1988). Analytical study of the state of museology in India. *Museological News*. Bulletin of the International Committee of ICOM for Museology, Stockholm, 11, pp. 115-116.

［27］Bedekar, V. H. （1987）. The museum training situation in India. *Museum*, 56 (vol. XXXIX, n. 4), p. 290.

阿尔法·奥马尔·科纳雷[1]

布鲁诺·布鲁隆·索耶斯

阿尔法·奥马尔·科纳雷（Alpha Oumar Konaré），1946 年 2 月 2
日生于马里的卡伊（Kayes），是一位政治家和博物馆学家。他于 1992 年
至 2002 年担任马里总统，并担任非洲联盟委员会主席至 2008 年。他也
是 ICOM 的成员，1989 年至 1992 年担任该协会主席，并作为 ICOFOM
成员发挥了积极的作用。

传　记

阿尔法·奥马尔·科纳雷于 1946 年 2 月 2 日出生在马里的卡伊，
在那里他度过了小学时光。后来，他相继在巴马科（Bamako）的福盖尔
特拉松中学（Terrasson de Fougères High School）、塞内加尔达喀尔的
圣母学院（Collège des Maristes）和卡伊的现代学院（Collège Moderne）学
习。1962 年至 1964 年，他在卡蒂布古中等师范学校（École Normale
Secondaire of Katibougou）学习。他分别于 1965 年至 1969 年和 1971 年
至 1975 年在巴马科高等师范学校（École Normale Supérieure）和波兰瓦
索维亚大学（University of Varsovia）完成了高等教育阶段的历史学和
地理学课程学习。他的职业生涯开始于卡伊的小学教师，后来成为马尔
卡拉（Markala）和巴马科的高中教师。

1974 年，他被任命为马里人文科学研究所的研究员。1975 年至
1978 年，他在青年、体育、艺术和文化部担任历史和民族志遗产负责人。
1980 年，他被提名为应用研究高级培训学院的研究员，并在巴马科高等

师范学校的历史和地理系担任教师。

在他的职业生涯中,他曾担任过若干非洲专业协会的主席,如:马里历史学家和地理学家协会、西非考古学协会和西非科学家协会。

他在年轻时就成为一名政治活动家。1967年,他从巴马科高等师范学校中被选为时任总统莫迪博·凯塔(Modibo Keita)所属政党的青年总书记,该政党为苏丹—非洲民主联盟。

穆萨·特拉奥雷(Moussa Traoré)政变后,他成为地下政党马里劳动党的积极分子。1978年,由于相信特拉奥雷愿意采取开放的态度,他接受了青年、体育、艺术和文化部部长的职位,任职至1980年。他的行动对马里的基础教育和体育组织至关重要。

1983年,他资助并管理了《国家》(Jamana)[2]文化杂志,以及国家文化合作社。1989年,他创办了《回声报》(Les Échos)。1990年,他参与了马里民主联盟的建立,后来帮助该协会转变为一个政党,即泛非自由、团结和正义党。特拉奥雷倒台后,他当选为该党的第一届主席以及1991年马里全国大会的代表。

1991年,他创建了班巴拉语(Bamanankan)[3]电台,这是马里的第一个自由电台,与一个协会相连。1992年4月,在阿马杜·图马尼·杜尔(Amadou Toumani Touré)主持的民主过渡期结束时,他在第二轮投票中以69.01%的得票率击败蒂厄莱·马马杜·科纳特(Tiéoulé Mamadou Konaté)当选为联邦总统。1997年,他在第一轮投票中以95.9%的得票率击败除他以外的唯一候选人马马杜·马里巴图·迪亚比(Mamadou Maribatrou Diaby),再次当选为联邦总统。

在国家层面内,他的行动体现在恢复了马里的民主,结束了与图瓦雷克人(Touaregs)的冲突,以及在国内实现了权力下放。2002年,根据宪法关于联邦总统任期不得超过两届的规定,总统由杜尔接任。

在博物馆领域,科纳雷于1980年成为ICOM项目咨询委员会的成员。1982年,他成为ICOM马里国家委员会的主席。[4]1983年,他被选为ICOM副主席,并于1986年连任同一职位。1989年,他被选为ICOM主席,成为该组织的第一位非洲主席,于1992年结束了他的任期。

科纳雷从1982年起就参与ICOFOM的活动,[5]同年他第一次参加了委员会在巴黎举行的年会,他在ICOM的整个职业生涯中一直为ICOFOM做出贡献。1981年到1992年,他担任联合国教科文组织和联合国开发计划署(UNDP)的顾问。

在国际层面上,科纳雷为非洲大陆的和平和区域一体化而努力。他于 1999 年和 2000 年分别主持了西非国家经济共同体(ECOWAS)会议与西非经济和货币联盟(UEMOA)会议,并于 2003 年 7 月 10 日在马普托峰会非洲国家元首会议上当选为非洲联盟委员会主席。他的任期于 2009 年结束,其继任者是加蓬人让·平(Jean Ping)。

科纳雷是法语国家高级理事会(Haut Conseil de la Francophonie)的成员,曾荣获上布列塔尼-雷恩第二大学(Université Rennes 2 Haute-Bretagne)和布鲁塞尔自由大学的荣誉博士。

科纳雷与作家兼历史学家阿达梅·巴·科纳雷(Adame Ba Konaré)喜结连理。

博物馆学观点

在科纳雷的博物馆学生涯中,他提出了关于非洲博物馆现实的敏锐观点,对欧洲的博物馆模式提出了质疑,并在分析马里的博物馆时强调了非洲大陆的多样性和创新性。

由于他的国际声望,他的观点在唤醒欧洲中心主义博物馆学对非洲遗产和文化在世界各地博物馆中的再现(representation)方面起到了作用。他不仅对在非洲的欧洲模式的博物馆提出了质疑,而且还对全欧洲博物馆中再现的"非洲"进行了拷问。

关于非洲博物馆实践的思考

科纳雷认为,1953 年在马里建立的博物馆是一种殖民行为。他分析说,在非洲建立博物馆的目的与 20 世纪初仍在欧洲举办的殖民主义展览一样,代表着"一种'暴力'行为,与传统的决裂",[6]无视当地居民的文化,将同化的文化植入其中。对科纳雷来说:

> 这些藏品的展示和这类博物馆的建立,是对殖民主义的认可,犹如伤口上撒盐,这是传统社会结构分解的结果。博物馆只能存放死物,即被判处死刑或即将被判处死刑的物品。[7]

系统地处理欧洲博物馆采用的经典博物馆学原则,并借鉴非洲博物馆的实践,科纳雷用他的经验将博物馆置于具有创新目标的背景下,提

出"一种适应国家的博物馆类型"。[8]在考虑1981年巴马科国家博物馆
的翻新时,这位具有政治背景的专家提出了一种做法,据他说,"打破了
单一的博物馆、文化宫(文化馆)等传统",并提出博物馆是一个"文化中
心",能够肯定马里文化自成立以来的现代性。[9]

巴马科国家博物馆根据一项新的博物馆政策采取行动,该政策建议
在博物馆的概念、访问方式以及传播方式方面实现民主化,该博物馆被
设计为马里博物馆的"肺"。换句话说,它将作为全国所有其他博物馆的
协调点、基准或"中心实验室"[10]发挥作用。因此,它代表了对不断变化
的博物馆学的一种新的机构性观点。

1985年,科纳雷在他提交给ICOFOM的第一篇论文中,讨论了非
洲背景下真品和复制品的法规,他主要指责殖民化造成了复制品的制
造,剥夺了仪式用品的宗教功能。[11]他指出,正是在殖民占领期间,军队
和城市的管理者开始对"异域风情"的物件感兴趣。通过武力"收集"这
些物件促成了博物馆的建立,这些博物馆服务于殖民主义的利益,同时
也满足了不断增长的旅游业的需求。[12]根据科纳雷的说法:"面对用真
实但非功能性的物品'填充'这些博物馆的挑战,博物馆已经确定了工匠
(通常是种姓男子),他们将负责根据真实的模型(不会被销毁)、印刷品
和照片制作复制品。"[13]

这些博物馆是在殖民化的赞助下建立的,展示的藏品"脱离语境、遭
受亵渎并且'失去使用价值'",与当地的人文和社会环境没有任何关系。
因此,用科纳雷的话说,博物馆在两种意义上成为一个亵渎神明的地方:
"对一些人来说,它亵渎了祖先的精神,对另一些人来说,它亵渎了
思想。"[14]

在这种背景下,博物馆学家的角色就受到了质疑。科纳雷指出,博
物馆学家有意识地购买物件,甚至进行欺诈,效仿殖民代理人"自命高
雅、爱好异域"的行为。正如他所解释的那样,问题可能出在对这些专业
人员的培训上,即缺乏对其民族文化的了解和欣赏。事实上,民族文化
的参照物以及它们的知识和表达方式(如语言)都被边缘化了。[15]他建
议博物馆学家首先应该成为"当地的人",接受民族(传统)文化、历史和
科学的滋养。[16]

当地居民在博物馆结构去殖民化中的作用

20世纪80年代至90年代初,科纳雷的博物馆学思想从对传统博

物馆(被视为殖民统治的工具)的更具批判性的观点转向考虑这些机构为当地居民造福时的重要作用。他在 ICOM 1992 年大会上的演讲中谈到的主要问题是"博物馆有限制吗?"。科纳雷强调了博物馆在后殖民世界的许多不同背景下代表其周围环境和阐释事件[17]的能力。

在 1983 年关于传统民族志博物馆的批评中,科纳雷认识到欧洲模式最近的转变,并提出"在当今欧洲所有类型的博物馆中,非洲应该更仔细地研究生态博物馆系统",因为它们先验地代表了"一块地域及其行动中的人口,一份'来自集体记忆的遗产'"和"一块真实地域中的一套具体社会实践"。[18]

基于生态博物馆的理念,科纳雷注意到将当地社区聚集起来创建和管理博物馆的做法是实现自治的关键手段。对于传统的博物馆来说,这样的前提意味着社区本身必须做出建立物件收藏的选择。[19]对于非洲生态博物馆来说,这意味着平等地整合当地环境的所有人力和物力资源,并在新的博物馆结构中以一种统一的方式考虑教育、文化和信息。[20]

对科纳雷来说,生态博物馆不仅为当地居民和博物馆学家提供了优化传统教育结构的新的不同路径,而且有利于他们在博物馆化的(musealised)地域上创造新的教育结构。只有这样,人们才能为非洲博物馆构思出新的自治结构,能够建立一份真正脱离殖民主义和新殖民主义的遗产。[21]然而,他考虑了在非洲背景下运用生态博物馆方法的问题和困难,因为它的出发点是地方当局和人民的参与。在非洲大陆,什么样的政府可以成功地运作生态博物馆?

考虑到生态博物馆在非洲的挪用,科纳雷强调有必要接受不同的模式,因此,若干种基于欧洲生态博物馆的方法和所转译的新方案在非洲得到实践,非洲的经验更倾向于"家庭、'足智多谋者'和老年人等单位的作用"。[22]因此,非洲的经验挑战并扩大了生态博物馆的概念,优先考虑口述文化社会特别重要的非物质遗产(文字、仪式、标志等),并将典藏研究员作为能够创造和重塑新经验的行动者,放置在博物馆活动的中心。

欧洲原初艺术(arts premiers)[23]的"解放"

1989 年至 1992 年,科纳雷担任 ICOM 主席,在这期间他是推动在欧洲博物馆中再现非洲文化的一个有影响力的声音。他的影响促进了博物馆对"原初艺术"的欣赏,这一运动在 20 世纪 90 年代随着新博物馆的建立而获得了支持,这些博物馆打破了被视为殖民主义的民族学逻辑——包括以这一主题为导向的新国家艺术博物馆。

在对博物馆去殖民化的思考中,一方面,科纳雷建议非洲大陆的民族志博物馆应该重塑,将自己从所有的文化异化中解放出来——拒绝外国的概念,使博物馆去殖民化,并根据自己的需要重新塑造博物馆[24]——为了非洲人民(而不是外国"专家")的利益。另一方面,科纳雷认为在欧洲背景下审视非洲的收藏是一种殖民主义的偏见,这种偏见在通过"民族志"物件再现非洲时仍然很普遍。

1990年1月,当科纳雷接任ICOM主席时,他向法国总理米歇尔·罗卡尔(Michel Rocard)致函,强调法国博物馆缺乏对非洲艺术的欣赏,并建议建立一个新的机构,这将引导"欣赏、强化和革新其他专门研究非洲文化的博物馆"。[25]他所传达的信息,既有政治上的,也有博物馆学上的,在法国的一些名人中得到了积极的回应,如收藏家雅克·柯夏许(Jacques Kerchache),[26]他支持来自不同方面的变革愿望。

在法国民族志博物馆的危机及其藏品命运的不确定性中,柯夏许质疑这些物品在这些机构中得到的博物馆学处理。在科纳雷发表声明的几个月后,柯夏许因在《解放报》(Libération)上发表了他的宣言"为了全世界的杰作能够自由和平等地诞生"而闻名。[27]在法国的背景下,这种文化权威的动员将引发世界各地民族志和艺术博物馆的价值革命,为私人和国家机构中的非洲、亚洲、大洋洲和美洲的收藏品贴上"原初艺术"的标签,例如20世纪90年代由柯夏许和法国总统雅克·希拉克提议建立的布朗利码头博物馆(Musée du quai Branly)。

学术影响

由科纳雷的博物馆评论文章可知,他显然是受到了来自达荷美(现在的贝宁)的博物馆学家斯坦尼斯拉斯·阿多特维(Stanislas Adotevi)见解的启发,后者于20世纪70年代在ICOM中播下了去殖民化的种子。[28]他的文章也受到了法国博物馆学家雨果·戴瓦兰、乔治·亨利·里维埃以及马里学者克劳德·丹尼尔·阿尔都因(Claude Daniel Ardouin)[29]的影响。

科纳雷关于非洲博物馆的文章直接或间接地启发了安德烈·德瓦雷和弗朗索瓦·梅黑斯等学者对博物馆学采取更加批判的方法。在

《ICOFOM 研究丛刊》中，法国学者伊丽莎白·德·波特（Elisabeth des Portes）[30]、西班牙学者多梅内克·米奎利·塞拉（Domènec Miqueli Serra）[31]、赞比亚学者格拉日娜·佐查（Grazyna Zaucha）、梅黑斯和维诺·索夫卡的文章都引用了他的论述。在他对原初艺术的评论中，他的想法和政治观点被柯夏许和希拉克用来作为法国"解放"非洲艺术的论据。

主要著述

Konaré, A. O.

1980

Musées et patrimoine ethnologique. *Actes de la 12ᵉ Conférence générale et de la 13ᵉ Assemblée générale du Conseil international des musées.* （pp. 69-71）. Mexico, 25 octobre — 4 novembre, 1980. ICOM.

1981

• Bamako, Mali. Naissance d'un musée. *Museum*, vol. XXXIII, 1, 4-8.

1983

• Pour d'autres musées « ethnographique » en Afrique. *Museum*, 139 (vol. XXXV, n. 3), 146-151.

1985

• Des écomusées pour le Sabel: un programme. *Museum*, 148 (vol. XXXVII, n. 4), 230-236.

• Substituts de masques et statuettes au Mali. *ICOFOM Study Series*, 8, 57-60.

1987

• L'idée du musée. *ICOFOM Study Series*, 12, 151-155.

1992

• Discours du président. In ICOM. （1992）. Musées: y-a-t-il des limites? *Actes de la XVIe Conférence générale du Conseil international des musées.* （pp. 75-76.）. 19 au 26 septembre 1992, Québec, Canada.

2004

• *Un africain du Mali*. Entretien avec Bernard Cattanéo. Bamako：Cauris Éditions.

2015

La bataille du souvenir. Bamako：Cauris Livres.

注释

［1］2005 年 1 月,维基百科的用户在维基百科上以法语发表了本文中传记的初版(第一条由 Olivierkeita 撰写),并由从事 ICOFOM 研究项目"博物馆学史"的学生和研究人员进行了更新。

［2］译者注：*Jamana* 是班巴拉语。

［3］译者注：Bamanankan 是班巴拉语。

［4］Candidats au Conseil exécutif de l'ICOM pour 1989－1992. In ICOM—Conseil international des musées. (1988). *Nouvelles del' ICOM*. Bulletin du Conseil international des musées, vol. 41, 4, p. 7.

［5］Enclosure n. 1. Fifth annual meeting of the ICOM International Committee for Museology. Paris, 20-22 October, 1982. List of participants. In ICOFOM － International Committee for Museology. (March 1983). *Museological News*, 3, 13.

［6］Konaré, A. O. (1987). L'idée du musée. *ICOFOM Study Series*, 12, 151.

［7］同上。

［8］Konaré, A. O. (1981). Bamako, Mali. Naissance d'un musée. *Museum*, vol. XXXIII, 1, p. 7.

［9］同上。

［10］Konaré, A. O. (1985). Des écomusées pour le Sabel：un programme. *Museum*, 148 (vol. XXXVII, n. 4), p. 232.

［11］Konaré, A. O. (1985). Substituts de masques et statuettes au Mali. *ICOFOM Study Series*, 8, 57-60.

［12］同上, p. 58.

［13］同上。

［14］Konaré, A. O. (1987). L'idée du musée. *ICOFOM Study Series*, 12, 152.

［15］Konaré, A. O. (1985). Substituts de masques et statuettes au Mali. *ICOFOM Study Series*, 8, 60.

[16]Konaré，A. O. (1987). L'idée du musée. *ICOFOM Study Series*，12，155.

[17]Konaré，A. O. (1992). Discours du président. In ICOM. (1992). Musées：y-a-t-il des limites? *Actes de la XVIe Conférence générale du Conseil international des musées* (pp. 75-76)，19 au 26 septembre 1992，Québec，Canada.

[18]Konaré，A. O. (1983). Pour d'autres musées « ethnographique » en Afrique. *Museum*，139 (vol. ⅩⅩⅩⅤ，n. 3，1983)，p. 147.

[19]同上，p. 149.

[20]Konaré，A. O. (1985). Des écomusées pour le Sabel：un programme. *Museum*，148 (vol. ⅩⅩⅩⅦ，n. 4)，p. 234.

[21]同上。

[22]同上。

[23]译者注："原初"社会的艺术，通常用来指代非西方文化的传统艺术。包括非洲传统艺术、大洋洲传统艺术(特别是澳大利亚原住民的传统艺术)、亚洲传统艺术、因纽特人的传统艺术、印第安人的传统艺术和哥伦布时期传统艺术(特别是玛雅传统艺术和奥尔梅克传统艺术)等。

[24]Konaré，A. O. (1983). Pour d'autres musées « ethnographique » en Afrique. *Museum*，139 (vol. ⅩⅩⅩⅤ，n. 3)，p. 146.

[25]Konaré，A. O. (1990). In Grognet，F. (2009). *Le concept de musée：la patrimonialisation de la culture des « autres ». D'une rive à l'autre，du Trocadéro a Branly：histoire demétamorphoses*. Thèse de doctorat en Ethnologie. Thèse en deux volumes dirigée par Jean Jamin. École des Hautes Études en Sciences Sociales(EHESS).

[26]由于1965年在加蓬因非法运输非洲物件而被逮捕，前画廊老板柯夏许被一些人认为是一个"文物贩子"。后来，他与希拉克一起提议建立布朗利码头博物馆。参见 Grognet，F. (2009). *Le concept de musée：la patrimonialisation de la culture des « autres ». D'une rive à l'autre，du Trocadéro a Branly：histoire demétamorphoses*. Thèse de doctorat en Ethnologie. Thèse en deux volumes dirigée par Jean Jamin. École des Hautes Études en Sciences Sociales (EHESS). p. 449.

[27]« Manifeste pour que les chefs d'œuvre du monde entier naissent libres et égaux » (in the original). 参见 Price，S. (2007). *Paris primitive*. Jacques Chirac's Museum on the Quai Branly. Chicago & London：The University of Chicago Press.

[28]参见 Stanislas，A. (1992). Le musée inversion de la vie. (Le musée dans les systèmes éducatifs et culturels contemporains). (1971) In Desvallées，A. ; de Barry，M.-O. & Wasserman，F. (Coords.). *Vagues：une antologie de la Nouvelle Muséologie*. (pp. 119-123). Vol. 1. Collection Museologia，Savigny-le-Temple：Éditions W-M. N. E. S.

[29]译者注：克劳德·丹尼尔·阿尔都因(1950－2011)，曾在马里巴马科担任博物馆典藏研究员，后来于 2006 年至 2011 年担任大英博物馆非洲、大洋洲和美洲部的西非藏品典藏研究员。

[30]译者注：伊丽莎白·德·波特(1948－)，曾在法国博物馆管理局任职，担任过 ICOM 秘书长。

[31]译者注：多梅内克·米奎利·塞拉(1947－)，西班牙历史学家，圣库加特·德尔·瓦莱斯(Sant Cugat del Vallès)皇家修道院专员。

马蒂尔德·贝莱格

布鲁诺·布鲁隆·索耶斯[1]

马蒂尔德·贝莱格（Mathilde Bellaigue），法国博物馆学家、文化遗产保护员。她曾于 1977 年至 1987 年在克勒索-蒙特梭煤矿城市社区生态博物馆（Ecomusée de la Communauté urbaine Le Creusot-Montceau-les-Mines）担任马塞尔·埃弗拉德（Marcel Évrard）的助手。克勒索-蒙特梭煤矿城市社区生态博物馆属于世界范围内的第二代生态博物馆，[2]但却是第一个在工业地区内（冶金和煤矿）创建的并与之相关的博物馆。在这十年间，贝莱格在该社区内工作并与之合作，在《ICOFOM 研究丛刊》和其他地区博物馆学论坛（如 ICOFOM LAM）上发表了一些关于该课题的文章。她的研究领域聚焦地方记忆、地域和权力之间的关系，以及基于人们在社会空间中对文化遗产的体验而形成的实验性博物馆教学法。

传　记

马蒂尔德·贝莱格在法国完成了古典中学的学业，随后在索邦大学和里尔大学完成了四年的学士学位课程。之后，她在亚眠高中（Amiens Lycée）教英语，并在由阿诺·斯特恩（Arno Stern）创办的巴黎创意教育从业者学院（École de praticiens d'éducation créatrice）接受培训，随后在那里为儿童和成人开设了若干"表现力工作坊"（ateliers d'expression）。

巴黎创意教育从业者学院的学习和从教经历，博物馆和画廊丰富的参观经验以及与艺术家的接触经历决定了贝莱格今后的方向。1976

年，她遇到了埃弗拉德，他是国家塑料艺术科学研究、动画制作和创新设计中心（该中心于 1971 年创立）的创建者和院长。在勃艮第，应克勒索市长的要求，埃弗拉德在施耐德家族的旧宅玻璃制品城堡（Château de la Verrerie）创建了一座博物馆，开始发展"人类与工业博物馆"（Musée de l'homme et de l'industrie），这是第一座工业"生态博物馆"（雨果·戴瓦兰于 1971 年创造的新称谓）。

随后，埃弗拉德邀请贝莱格做他的助手，并根据里维埃的理论，努力让当地居民参与生态博物馆的活动。因此，她于 1976 年从巴黎搬到了克勒索，在那里她实地开展了一个社区参与和社会实验项目，这一项目意义非凡。[3] 根据里维埃的定义，这将是一座"没有藏品的博物馆"，也是第一座位于工业区并与之接触的生态博物馆。

贝莱格设法将她的实践建立在她自己的教育经验和对博物馆、艺术和教育的知识之上。在克勒索工作的这些年里，[4] 她的个人生活与这个囊括了社区多样性的机构有或多或少的联系。

最终，鉴于他们在克勒索生态博物馆多年的实践，法国博物馆馆长休伯特·朗戴（Hubert Landais）授予她和其他四位来自生态博物馆的研究人员[5]文化遗产保护员的称号。

但在 1986 年，由于一些地方性的政治策略，文化部解散了生态博物馆协会及其工作人员。[6]

贝莱格于 1983 年加入 ICOM，并成为 ICOFOM 的活跃成员。她在这个委员会中看到了一个机会，可以在 ICOM 的核心和更广泛的博物馆学领域中推广生态博物馆的理论，把它作为一种不断发展的理论。[7]在 1983 年于伦敦举办的 ICOFOM 年度研讨会上，她当选为秘书（1986年再次当选），从那时起她便参加了委员会之后举办的所有年度会议，直到 1995 年退休。她在 ICOFOM 中的角色以及她对生态博物馆实践和理论的倡导，使她能够参与国外的一些论坛，特别是在拉丁美洲，以及海地和俄罗斯等国家的具体项目中。

1986 年至 1996 年，在卢浮宫法国博物馆研究实验室历任主任的支持下，贝莱格创办了《技术》（Technè）杂志。1997 年，她和安德烈·德瓦雷以及实验室一位同事进行合作，在巴黎组织了 ICOFOM 的年会暨 20 周年纪念活动，主题是"博物馆学和记忆"。

多年来，贝莱格在艺术、建筑和工艺美术领域完成了大量英美书籍的法语译本工作，这项工作仍在持续。

博物馆学观点

从实验性实践到生态博物馆理论

在理论层面上,贝莱格在埃弗拉德的培养下,运用他看待克勒索-蒙特梭煤矿城市社区生态博物馆的特殊视角,为生态博物馆学的发展做出了贡献,使其成为与这类社区博物馆相关的研究领域。后来,她的观点与"新博物馆学"(Nouvelle Muséologie)联系起来,这个概念在 20 世纪 80 年代初出现在法国和加拿大的一些专业圈子里,用来描述博物馆领域中更广泛的争论和革新运动。[8] 1983 年后,新博物馆学得到了一些 ICOFOM 成员经过理论反思后的肯定,并得到了国际新博物馆学运动创建者们的支持。[9]

与其他几位理论家不同,贝莱格从实践中构思了生态博物馆,这给了她一个创新的、实验性的视角,承认其行动者在社会历史中的价值,他们所居住的地区,以及他们的互动是博物馆工作的基础。这种博物馆实践的新方法,涉及对理论的修正,使她对 20 世纪末博物馆学的基本原则以及博物馆学家和博物馆专业人员的传统角色提出质疑。

克勒索-蒙特梭煤矿社区生态博物馆

克勒索是法国工业革命的标志地区,该地的生态博物馆是应该市市长的要求在古老的玻璃制品城堡[10]中建立的——该城堡本身就是历史的标志和象征,克勒索工人的日常生活就蕴含在其中。[11] 面对这一挑战,自 1971 年以来一直参与国家塑料艺术科学研究、动画制作和创新设计中心发展的埃弗拉德,决定在当地居民的支持下,创建一个理解和参与社区内经济、社会和文化变革的工具。这一工具将被称为"生态博物馆",虽然没有特别涉及生态学。这种新的实验性博物馆的特点是"决心将博物馆融入居民的共同世界,他们生活和工作的地方,他们所知道的世界"。[12]

1976 年,贝莱格被埃弗拉德选中,作为他在社区中新创的"生态博物馆"的助手,在没有经过任何培训的情况下,来到克勒索成为了一名文化遗产保护员。当时,她的兴趣在于艺术和教育,而埃弗拉德也蜚声于艺术和民族学领域,这在一开始就引起了她的注意。在克勒索的经历对所有参与其中的人来说都是全新的，这也是贝莱格决定搬到这个社区并接受这项工作的主要原因。[13]

该生态博物馆以一块或若干块"具有家庭、教育、职业、协会、政治和想象性质"的生活地域为基础。[14]它建立在克勒索和蒙特梭煤矿的农工区，面向居民开放，那里生活着少数劳动者。[15]这样一个复杂而又充满活力的机构需要采用跨学科的方法来实现博物馆的传统功能，以便它能够真正扎根于该地区的生活，并在某种程度上获得一个"民族政治的维度"。[16]生态博物馆依赖它所处的社会和物理环境，并成为其中不可或缺的一部分，它的基础是研究在这个环境中投入的价值，同时为该社区的经济、社会和文化发展而努力。[17]生态博物馆的基本目的，即把居民作为优先考虑的对象，与田野调查研究严格结合起来，以确定在该地域投入的价值，但也存在一些问题。埃弗拉德、贝莱格和研究人员关注的是以一种敏锐的方式揭示社区的主要利益，也包括其敏感性。[18]

他们与博物馆学家雨果·戴瓦兰和乔治·亨利·里维埃进行了合作，前者采用了社会学方法，后者采用了民族志方法，他们每个人都帮助进一步发展了博物馆的新结构，既基于当地人，又基于其与地域的关系。这在一定程度上受到了法国地方公园和自然公园的启发。

在20世纪70年代，"生态博物馆"组织了几次国际研讨会[如1976年的"工业遗产与当代社会"（Industrial heritage and contemporary society）、1977年的"无产阶级与工人行动"（Proletariat and worker militancy）]，以配合其他国际事件的讨论，如1972年的智利圣地亚哥圆桌会议和同年在波尔多举办的ICOM研讨会，其讨论主题为"博物馆作为一个机构为社区服务"。[19]与博物馆领域社会讨论的联系使法国生态博物馆（Écomusée）成为世界上其他生态博物馆的一个实验性原型。[20]

根据埃弗拉德设想的生态博物馆原则，博物馆地域上的居民与来自巴黎、里昂等地不同大学的学者一起被视为研究人员[组织并参与研讨会，如1976年的"无产阶级与工人行动"（Prolétariat et militantisme ouvrier），1977年的"工人的集体记忆"（Mémoire collective ouvrière），以及1980年的"工程师和社会"（Ingénieur et société）]。

根据戴瓦兰的理论，生态博物馆是"一个社区和一个目标"[21]；它不是建立在预先设想的物质物件的收集上，而是诞生于希望建立一个行动路线的人群。博物馆"不需要收藏品，因为它与居民一起共事，居民最终可以为博物馆的目的借出他们自己的物件"的概念[22]，使人们关注到博物馆机构中更为广泛的转型——开始重视公众的贡献,关注社会互动而不是建立收藏品。这个观点是新博物馆学运动的基础之一,几年后正式形成。[23]

因此,生态博物馆的工作本质上是一种沟通的工作——与居民沟通,以及居民自我沟通。工人、手艺人和"能工巧匠",他们首先是自身遗产的创造者,在生态博物馆中他们为自我实现而工作。[24]他们建立自己的世界,或他们希望生活的世界。

时间和空间:活态遗产及其使用者

贝莱格将生态博物馆定义为一个可以从双重角度理解的文化场所:一方面,它是"空间性"的,因为它是由一块有限的地域定义的;另一方面,它也是"时间性"的,因为每一块有人居住的地域都有历史意义。[25]她认为,空间和时间是博物馆学问题的核心。它们是博物馆的基石。

博物馆负责管理历史的痕迹与遗迹。抹去这些痕迹就等于否定社区的记忆和身份。[26]"社区"本身与一个具有特定历史文化特征的物理空间绑定在一起。重视地域中的这一历史元素是促进社区自身发展的一种方式。

因此,根据贝莱格的说法:

> 生态博物馆以一种双重的时间模式存在:在连续的时间内(la durée),它允许居民和博物馆工作人员之间发展一种积极的关系;而在当下,每个行动的"精确时间"是很重要的,这不仅涉及物件,而且涉及参与的人群。[27]

贝莱格与埃弗拉德及其妻子米歇尔·埃弗拉德(Michelle Évrard)在克勒索的工作是基于田野的,直接与住在那里的人一起行动。从一开始,她就监督了当地居民的登记工作,并采访了所谓的居民委员会(comité des usagers)的成员。该委员会以当地协会为基础,包括了整个克勒索-蒙特梭社区的居民。[28]通过与当地组织(工会,文化、教育和体育协会等)的直接联系,更容易让个人参与到生态博物馆的活动中。

在克勒索,当地居民直到生态博物馆建立之时才从以前被告知的历史中意识到他们自己在工业史上的地位。而这与他们经常为自己的技术知识而感到自豪的态度有些不一致。在外国人看来,他们有时似乎认为自己无足轻重,好像他们在当地的历史中并不被认可。[29]这就是为什么在贝莱格的理论研究中,她会考虑博物馆如何在在地和全球之间、在保护和发展之间、在当下和未来(la durée)之间不断地陷入困境。[30]

20 世纪 90 年代,她呼吁人们关注法国若干生态博物馆或"社会博物馆"(由法国博物馆管理局定义)的建立。[31]

这些博物馆经常显示出"在一个特定的社会愿景中的主题碎片化,这种愿景显然是老掉牙的"。[32]可以这样形容它们:"废弃的博物馆"或"死者的纪念碑",它们忽视了在生命延续之前必要的哀悼时刻。[33]

生态博物馆需要做好前期的准备:它诞生于社区在与现实碰撞的过程中保存其记忆的愿望或需要,而培养社区居民的自觉则需要处理社区历史和社会现实中的某些主题。当一个生态博物馆建立在一个社区的中心(au milieu)时,即使在进入博物馆的传统空间后,物件仍然是其所有者和出借者的财产。社区博物馆中的物件继续与赋予它们文化意义的人们联系在一起。

博物馆专业人员或文化遗产保护员的角色

生态博物馆凸显了社会情境和人类情境,即"周围环境"。通过倾听社区的特殊声音,或者在与社会群体中的个人合作时与他们的眼神接触,博物馆的专业人员并不确定"他们是在说他们眼前的表象,还是指他们生活的现实;他们既是内部的,也是外部的,是观众也是演员"[34]。贝莱格对博物馆学家或文化遗产保护员的角色进行了批判性分析:"一块地域上的居民是如何以及为什么能够被动地接受由博物馆学家'客观地'分离出来的自身形象,而实际上这一自身形象是由一系列主观情感组成的?"[35]

试图增加"社区的参与"并不容易:"文化遗产保护员的作用(在生态博物馆中)在于激发地域居民的记忆和想象力,使地域居民成为自身遗产的开明文化遗产保护员,成为其发展的真正行动者。"[36]

那么,就生态博物馆而言,这种"多功能"专业人员的主要目标是构建和促进倾听的态度,对社会现实的复杂性保持理智的关注,并通过博物馆实务知识的手段找到"允许阅读和理解"[37]的方法。[38]新的博物馆学家将成为一名社会行动者。

自 20 世纪 80 年代以来,贝莱格与教育科学领域的学者和大学合作开展了不同的项目,培养培训小组,指导学员进行博物馆学的学习和生态博物馆的管理,使生态博物馆成为一个去中心化的跨学科结构。[39]

1990 年,她参加了由巴西博物馆学家瓦尔迪萨·卢西奥组织的第一届拉丁美洲博物馆学研讨会,会上讨论了"博物馆和遗产人员培训"。在这次活动中,人们讨论了博物馆学的培训应该如何"广泛、动态和有活力",并与当地的实际情况有机地联系起来。[40]

实验性博物馆学

20 世纪 80 年代初,克勒索-蒙特梭的"生态博物馆"到达了对其自身发展进行反思的新阶段。同时,贝莱格开始对其实践进行理论研究,呼吁通过社会实验进行创新。法国最特殊的生态博物馆案例成为一个真正的研究话题,它将激励世界各地的其他经验,贝莱格试图赋予其影响力,特别是在那十年的 ICOFOM 出版物中。

生态博物馆的经验使她认为,先天没有可转移的"诀窍"——生态博物馆在"活态材料"上工作[41]。这个概念是理解实验性博物馆学的基础,根据这个概念,"创造与知识是不分离的"。[42]这种去中心化的博物馆是"由人们在他们自己的环境中,(用)他们的东西、他们的记忆、他们的想象力来制定的"。[43]

从这个意义上说,实验性实践的规模,其实就是地方的规模。日常生活成为博物馆的对象和研究者的研究对象。在实验性博物馆学中,重点是活态遗产,它的受益者以创新的方式使用,"在一个不断的再创造过程中,将其置于日常生活的中心",有时已经通过居民自己的方法得到保护,处于居民情感的中心。[44]因此,谈论遗产必然是谈论实验性研究,包括根据社区内居民定义的价值和标准,对有形和无形的物件进行清点和阐释。

博物馆的这种研究通常是由学者及其"合作者"进行的,这些学者及其"合作者""把人作为他们审视的对象"。[45]然而,在实验性博物馆学中,目标应该是建立一种将专业研究人员和志愿者结合起来的方法。这只能通过结合学术知识和遗产使用者的经验知识来实现,目的是将地域重新纳入当地生活,并通过促进社会变革来促进社区发展。

一般来说,典藏研究员将民族志博物馆建立在他们自己的科学研究和调查之上,通过他们的观察,收集人与人之间的数据,然后以一种"客观"的方式在展览中展示。[46]然而贝莱格却提出博物馆研究应该从研究者的主观参与和相互教育的过程中产生,"理论和实践,记忆和当下的经验,科学、知识和技术,不同的身份可以在此相遇"。[47]此外,这是逃离博物馆的唯一可能方式，也是博物馆逃离自身死亡的一种可能方式。

她拒绝"整体博物馆"或"全球博物馆"的措辞，因为人们有时会这样描述生态博物馆，对她来说，教育和文化带来的任何知识可能都是迈向自由的一步：

> 这座博物馆将记忆与遗忘融合在一起，甚至融合了那些借由它得以表达的人们的沉默（自由的时间）。这样一座博物馆能取得成功，依托的是永不停歇的自我质疑。任何权威主义、"模式化"，抑或标准化，都必然导致官方要求的缩减式制度化：这意味着类似项目的终结。[48]

学术影响

贝莱格在《ICOFOM 研究丛刊》和其他博物馆期刊上发表的一些作品启发了欧洲和世界其他国家的一些从事和研究实验性博物馆学的博物馆学家。她自己也深受巴西学者卢西奥的影响，后者曾两次访问克勒索［1984 年卢西奥和贝莱格一起在这里参加了反对克勒索-卢瓦尔(Creusot-Loire)工业大崩溃的大游行］。在拉丁美洲，贝莱格的经验对研究人员非常重要，如特丽莎·席奈尔和奈莉·德卡罗里斯(ICOFOM LAM 创建者)，她们在法国和美国多次与她会面；亥洛萨·科斯塔(Heloisa H. Costa)和其他一些学者通过 ICOFOM 的出版物了解了她的工作。

在克勒索，她为年轻的博物馆专业人员组织了几次培训，使其跟随她的脚步进行实验性实践。她在当地社区的工作和活动成为全世界一些生态博物馆学项目的参考和灵感。

最后不能不提的是，她经常把功劳归于埃弗拉德和米歇尔·埃弗拉德，他们是那个特殊的生态博物馆的真正发明者，其方法是往往近乎于艺术。

根据贝莱格的说法，不存在亘古不变的学说，不存在通往正确道路的唯一确定性，不存在终极的目标，而是永远保持一颗怀疑的心，就像一个人走在山间的小路中可能考虑的那样……[49]

主要著述

Bellaigue，M.

1983

• Territorialité，mémoire et développement — l'Ecomusée de la Communauté Le Creusot/Montceau les Mines. *ICOFOM Study Series*，2，34-39.

1984

• Dérisoire et essentiel：l'objet ethnographique. *ICOFOM Study Series*，6，79-86.

• L'écomusée défini. *Continuité*，25，40-42.

• Trifling and essential：the ethnographical artefacts. *ICOFOM Study Series*，6，75-78.

1985

• Acteurs en milieu réel [Actors in the real world]. *Museum*，Images de l'écomusée，148，XXXVII，4，193-197.

• Créativité populaire et pédagogie muséale：substituts ou originaux? *ICOFOM Study Series*，8，27-33.

• Popular creativity and museal pedagogy：substitutes or originals? *ICOFOM Study Series*，9，87-94.

1986

• La muséologie et l'identité. *ICOFOM Study Series*，10，39-44.

• Museology and identity. *ICOFOM Study Series*，10，33-38.

1987

• Comments about the first batch of basic papers [on *Museology and Museums*]. *ICOFOM Study Series*，13，37-38.

• Museology and the 'integrated museum'. *ICOFOM Study Series*，12，59-62.

• Quelle muséologie pour un 'musée total'? *ICOFOM Study Series*，12，55-57.

1989

• Analyse 1 & 2, in Museology and Futurology. *ICOFOM Study Series*, 16, 373-376; Analysis 1 & 2. *ICOFOM Study Series*, 16, 377-380.

• Georges Henri Rivière et la genèse de l'écomusée de la Communauté Le Creusot-Montceau-les-Mines. In: Rivière, G. H. *La muséologie. Textes et témoignages*. Paris, France: Dunod.

• Mémoire pour l'avenir. *ICOFOM Study Series*, 16, 99-102.

• Memory for the future. *ICOFOM Study Series*, 16, 103-105.

1990

• Musée et sauvegarde du paysage. *ICOFOM Study Series*, 17, 15-24.

• Muséologie en Amérique latine. *Nouvelles de l'ICOM*, Conseil international des musées, 10.

• Museums and protection of the landscape. *ICOFOM Study Series*, 17, 25-28.

1991

• Du discours au secret: le langage de l'exposition. *ICOFOM Study Series*, 19, 21-26.

• From speech to secret: the language of exhibition. *ICOFOM Study Series*, 19, 27-32.

1993

• Mémoire, espace, temps, pouvoir [abstracts in English and Greek]. *ICOFOM Study Series*, 22, 27-30.

1994

• Le décloisonnement des disciplines. [Towards a new interdisciplinarity]. *Museum*, Laboratoires de recherche, 183, 46, 3, 4-7.

• Objet-document? ou le voir et le savoir. *ICOFOM Study Series*, 23, 143-153.

1995

• Des musées pour quelles communautés? *ICOFOM Study Series*, 25, 29-36.

- Final remarks. *ICOFOM Study Series*, 25, 123-124.

1997

- Liberté de la mémoire. *ICOFOM Study Series*, 28, 143-146.
- Memory's freedom. *ICOFOM Study Series*, 28, 147-149.
- Un artiste et un architecte: l'Espace Rebeyrolle, à Eymoutiers. [The artist and the architect: the space Rebeyrolle in Eymoutiers]. *Museum*, Architecture et musée, 196, 49, 4, 30-33.

1998

- Mondialisation et mémoire. *ICOFOM Study Series*, 29, 5-12.

2000

- ICOFOM: 22 ans de réflexion muséologique à travers le monde. *ICOM Study Series / Cahiers d'étude de l'ICOM*, 8, 4.

Bellaigue, M. ; Desvallées, A. & Menu, M.

1997

- Mémoires. *ICOFOM Study Series*, 27, 19-21.
- Memories. *ICOFOM Study Series*, 27, 22-24.

Bellaigue, M. & Menu, M.

1995

- L'objet idéal existe-t-il? *TECHNÈ* 2, Paris, France, LRMF.

1996

- Une infinie transparence: art et muséologie. *ICOFOM Study Series*, 26, 38-47.
- Una infinita transparencia: arte y museología. *ICOFOM Study Series*, 26, 169-177.

1997

- Muséologie et mémoire. *ICOFOM Study Series*, 27, 173-181.

Bellaigue, M. & Nonas, R.

1996

- Museología e arte. *ICOFOM Study Series*, 26, 155-156.
- Muséologie et art — premières réflexions. *ICOFOM Study*

Series，26，31-33.

 • Museology and art — provocative paper. *ICOFOM Study Series*，26，29-30.

注释

[1]本文是与贝莱格合作撰写的，她不仅提供了有关克勒索-蒙特梭煤矿城市社区生态博物馆的重要历史信息，而且提供了她在该生态博物馆和法国实验性博物馆学发展中的工作信息。

[2]第一代"生态博物馆"被认为是马奎兹生态博物馆（Écomusée de Marquèze），它由乔治·亨利·里维埃于 1969 年在朗德加斯科涅（Landes de Gascogne）提议建立。

[3] Bellaigue，M.（5 April，2012）. Interview for the doctoral thesis '*Máscaras guardadas：musealização e descolonização*'.（B. Brulon，Interviewer）.

[4]Dufrêne，Bernadette（1 January，2014）. La place des femmes dans le patrimoine. *Revue française des sciences de l'information et de la communication*. 引 自 http://journals. openedition. org/rfsic/977；DOI：10. 4000/rfsic. 977.

[5]与贝莱格一起共事的工作人员包括一名档案管理员、一名生态学家、当地的工业和工艺史学家、手工艺和习俗研究人员、工业城市化研究人员、一名行政人员和一名秘书。

[6]引自 Bellaigue，M.（28 November，2017）. 私人通讯。

[7]Bellaigue，M.（14 December，2015）. Survey on the history of ICOFOM（B. Brulon，Interviewer）.

[8] Éditorial.（1985）. *Museum*，Images de l'écomusée，148，XXXVII，4，184.

[9] Mouvement International pour une Nouvelle Muséologie — MINOM.（November 1985）. *Actes du II Atélier international*，Musée locaux，Nouvelle Muséologie，Lisbonne. 引 自 http://www. minom-icom. net/_ old/signud/DOC%20PDF/198504604. pdf.

[10]城堡是一座古老的玻璃厂，是在 18 世纪根据玛丽-安托瓦内特女王的命令建造的。19 世纪中期，它成为施耐德家族的住所。施耐德两兄弟是法国东部的冶金制造商，他们随后在克勒索建立了巨大的、世界闻名的克勒索锻造厂和铸造厂，该工厂于 1984 年关闭。

[11]Bellaigue，M.（1983）. Territorialité，mémoire et développement—l'

Ecomusée de la Communauté Le Creusot/Montceau les Mines. *ICOFOM Study Series*, 2, pp. 34-39.

［12］Bellaigue, M. （1985）. Acteurs en milieu réel ［Actors in the real world］. *Museum*, Images de l'écomusée, 148, XXXVII, 4, 194.

［13］Bellaigue, M. （5 April, 2012）. Interview for the doctoral thesis ' *Máscaras guardadas：musealização e descolonização* '. （ B. Brulon, Interviewer）.

［14］Bellaigue, M. （1985）. Acteurs en milieu réel ［Actors in the real world］. *Museum*, Images de l'écomusée, 148, XXXVII, 4, 194-195.

［15］Bellaigue, M. （1986）. Museology and identity. *ICOFOM Study Series*, 10, p.34.

［16］Bellaigue, M. （1984）. L'écomusée défini. *Continuité*, 25, p.42.

［17］Bellaigue, M. （1983）. Territorialité, mémoire et développement－l'Ecomusée de la Communauté Le Creusot/Montceau les Mines. *ICOFOM Study Series*, 2, p.34.

［18］Bellaigue, M. （5 April, 2012）. Interview for the doctoral thesis ' *Máscaras guardadas：musealização e descolonização* '. （ B. Brulon, Interviewer）.

［19］Bellaigue, M. （1995）. Des musées pour quelles communautés? *ICOFOM Study Series*, 25, p.31.

［20］在 20 世纪的最后几十年里，加拿大、巴西、印度、中国和意大利等国家的生态博物馆都受到法国生态博物馆实验性原型的影响。

［21］De Varine, H. （1978）L'écomusée. In：Desvallées, A., De Barry, M. O. & Wasserman, F. （Coord.）. （1992）. *Vagues：une antologie de la Nouvelle Muséologie* （v. 1）. Collection Museologia. Savigny-le-Temple：Éditions W-MNES, p. 456.

［22］Bellaigue, M. （5 April 2012）. Interview for the doctoral thesis ' *Máscaras guardadas：musealização e descolonização* '. （ B. Brulon, Interviewer）.

［23］参见本书中的"安德烈·德瓦雷"部分。

［24］Bellaigue, M. （1985）. Créativité populaire et pédagogie muséale：substituts ou originaux? *ICOFOM Study Series*, 8, p.29.

［25］Bellaigue, M. （1985）. Acteurs en milieu réel ［Actors in the real world］. *Museum*, Images de l'écomusée, 148, XXXVII, 4, 194.

［26］Bellaigue, M. （1993）. Mémoire, espace, temps, pouvoir ［abstracts in

English and Greek]. *ICOFOM Study Series*, 22, p. 27.

[27]Bellaigue, M. (1985). Acteurs en milieu réel [Actors in the real world]. *Museum*, Images de l'écomusée, 148, XXXVII, 4, p. 194.

[28]Bellaigue, M. (5 April, 2012). Interview for the doctoral thesis ' *Máscaras guardadas: musealização e descolonização* '. (B. Brulon, Interviewer).

[29]同上。

[30]Bellaigue, M. (1993). Mémoire, espace, temps, pouvoir [abstracts in English and Greek]. *ICOFOM Study Series*, 22, p. 27.

[31]据她介绍,从 1993 年至 1996 年,法国至少有 20 个这样的博物馆项目被扶植起来。Bellaigue, M. (1993). Mémoire, espace, temps, pouvoir [abstracts in English and Greek]. *ICOFOM Study Series*, 22, p. 28.

[32]Bellaigue, M. (1993). Mémoire, espace, temps, pouvoir [abstracts in English and Greek]. *ICOFOM Study Series*, 22, p. 28.

[33]Bellaigue, M. (1993). Mémoire, espace, temps, pouvoir [abstracts in English and Greek]. *ICOFOM Study Series*, 22, p. 28.

[34]Bellaigue, M. (1985). Créativité populaire et pédagogie muséale: substituts ou originaux? *ICOFOM Study Series*, 8, pp. 32-33.

[35]Bellaigue, M. (1985). Acteurs en milieu réel [Actors in the real world]. *Museum*, Images de l'écomusée, 148, XXXVII, 4, p. 194.

[36]Bellaigue, M. (1984). L'écomusée défini. *Continuité*, 25, p. 42.

[37]这里我们可以观察到巴西教育家保罗·弗莱雷(Paulo Freire)的显著影响,他是 20 世纪 80 年代从事生态博物馆学和新博物馆学的众多思想家的灵感来源。

[38]Bellaigue, M. (1984). L'écomusée défini. *Continuité*, 25, p. 42.

[39]Bellaigue, M. (1985). Acteurs en milieu réel [Actors in the real world]. *Museum*, Images de l'écomusée, 148, XXXVII, 4, p. 196.

[40]Bellaigue, M. (1990). Muséologie en Amérique latine. *Nouvelles de l'ICOM*, Conseil International des Musées, p. 10.

[41]Bellaigue, M. (1984). L'écomusée défini. *Continuité*, 25, p. 40.

[42]同上, p. 42.

[43]Bellaigue, M. (1986). Museology and identity. *ICOFOM Study Series*, 10, p. 34.

[44]Bellaigue, M. (1985). Acteurs en milieu réel [Actors in the real world]. *Museum*, Images de l'écomusée, 148, XXXVII, 4, pp. 194-195.

［45］Bellaigue，M.（1985）. Acteurs en milieu réel［Actors in the real world］. *Museum*，Images de l'écomusée，148，XXXVII，4，pp. 194-195.

［46］Bellaigue，M.（1986）. Museology and identity. *ICOFOM Study Series*，10，p. 35.

［47］Bellaigue，M.（1986）. Museology and identity. *ICOFOM Study Series*，10，p. 37.

［48］Bellaigue，M.（1987）. Quelle muséologie pour un 'musée total'? *ICOFOM Study Series*，12，p. 57.

［49］卷尾句是由贝莱格本人在 2018 年 12 月对该文章的最终修订时加入的。

奈莉·德卡罗里斯

莫妮卡·戈加斯

奈莉·德卡罗里斯（Nelly Decarolis）是一位阿根廷博物馆学家，2007 年至 2010 年担任 ICOFOM 主席。她与巴西博物馆学家特丽莎·席奈尔于 1989 年一起负责创建了 ICOFOM LAM，即 ICOM 国际博物馆学委员会拉丁美洲和加勒比地区区域小组委员会，从该委员会创建到 2007 年，她一直担任该委员会的主席。自 2013 年以来，她一直担任 ICOM 阿根廷国家委员会的主席，并且是 ICOFOM LAM 的常任顾问。在她丰富多彩的职业生涯中，她一直致力于将博物馆学作为一门科学和学术学科来发展，并在拉丁美洲地区推广。

传　记

奈莉·德卡罗里斯于 1980 年荣获阿根廷共和国博物馆文化遗产保护员学校的博物馆高级典藏研究员职称，于 1990 年取得阿根廷社会博物馆大学（University of the Argentine Social Museum）的博物馆学学位，此外她还在布宜诺斯艾利斯大学（UBA）学习过人类学。从她作为博物馆学家的职业生涯伊始，她就在阿根廷担任重要职务。1983 年至 1989 年，她担任国家文化部博物馆司副司长；2006 年至 2008 年，她担任布宜诺斯艾利斯自治市政府博物馆局局长。从 2010 年起，她担任阿根廷国际建筑遗产保护中心的理事会成员。她于 2013 年当选为 ICOM 阿根廷国家委员会主席，并于 2016 年至 2019 年连任。

作为博物馆学教授，德卡罗里斯通过她的教学实践表现出对知识传播的兴趣。1996 年至 2001 年,她在阿根廷国际建筑遗产保护中心的文化遗产保护硕士课程中担任博物馆学教授;2001 年至 2005 年,她在阿根廷社会博物馆大学的文化政策硕士课程中教授文化遗产立法。

作为文化部博物馆司副司长,她负责协调国家博物馆的博物馆管理活动,包括发展规划和程序管理,指导的项目和活动包括博物馆学术研究和藏品信息记录,博物馆规划、设计、保护和修复,博物馆文化和教育推广,以及博物馆立法等领域。

1984 年至 1988 年,德卡罗里斯负责组织每年一度的全国博物馆馆长会议,该会议汇集了阿根廷的国家级、自治市级、省级和私人博物馆的馆长。她采用创新性和参与性的方法,通过对选定文献的研习和讨论,向不同背景的专业人士介绍博物馆学的基本概念。

在此期间,德卡罗里斯还协调并参与了阿根廷国家博物馆馆长的选拔过程,组织了基于特定能力的公开选拔,促进了国家行政官员任命的道德进步。

德卡罗里斯于 20 世纪 80 年代初加入 ICOM,并于 1985 年成为 ICOFOM 成员。她在该组织内的职业生涯中最重要的成就之一是有关 1986 年在布宜诺斯艾利斯举行的 ICOM 第十届大会的学术规划,当时讨论的主题是"博物馆学和身份"。从她的 ICOFOM 职业生涯伊始,她就对委员会有关博物馆学的出版物产生了兴趣。她致力于理论讨论,与 ICOFOM 的学者们建立了长期的合作关系,如维诺·索夫卡、安德烈·德瓦雷、马蒂尔德·贝莱格、克劳斯·施莱纳、特丽莎·席奈尔、伊沃·马罗耶维克、兹比内克·兹比斯拉夫·斯特兰斯基和托米斯拉夫·索拉等学者。与德卡罗里斯一样,这些思想家对博物馆学作为一门科学和学术学科的发展感兴趣。

在担任国家文化部博物馆司副司长期间,德卡罗里斯与莫妮卡·加里多(Mónica Garrido)密切合作,组织了 1986 年的 ICOM 大会,她还与阿根廷和拉丁美洲的一些成员一起组织了 ICOFOM 研讨会。ICOFOM 在会议期间的工作受到了好评,她也因此在当年 ICOM 大会上被选为 ICOFOM 的副主席。从那时起,她就致力于传播博物馆学思想的主要趋势。

作为 ICOFOM 的理事会成员,她多年来一直坚信为博物馆学提供坚实科学基础的重要性。1992 年,她与巴西博物馆学家席奈尔一起创建了 ICOFOM LAM,并担任主席至 2007 年。同年,德卡罗里斯当选为

ICOFOM 主席，并担任这一职务至 2010 年。她于 2013 年起担任 ICOFOM LAM 的常任顾问和 ICOM 阿根廷国家委员会的主席。

德卡罗里斯在不同的场合受到了表彰，并获得了表彰其专业成就的重要荣誉。2004 年，阿根廷共和国博物馆馆长协会授予她荣誉证书，表彰她对文化发展和保护所做的贡献。2013 年，在里约热内卢举行的第 23 届 ICOM 大会期间，德卡罗里斯被授予荣誉称号，以表彰她在将 ICOFOM 引入拉丁美洲方面的杰出工作。2014 年，她为拉丁美洲博物馆学和文化遗产所做的大量工作得到了阿根廷国际建筑遗产保护中心的认可。2017 年，在古巴哈瓦那举行的 ICOFOM LAM 和 ICOM LAC（ICOM 拉丁美洲和加勒比地区国家区域联盟）大会第 25 次区域会议上，会议方向德卡罗里斯致敬，感谢她多年来对该区域小组委员会的奉献和支持。

博物馆学观点

德卡罗里斯多年来就博物馆学理论撰写了许多文章。她的主要出版物包括以西班牙语和葡萄牙语写成的第二届博物馆学研究研讨会的数字图书，《拉丁美洲的博物馆学思想：ICOFOM LAM，信函和建议》（*El Pensamiento Museológico Latinoamericano — El ICOFOM LAM, Cartas y Recomendaciones*）汇编本[1]，以及 1993 年在厄瓜多尔基多举行的 ICOFOM LAM"拉丁美洲和加勒比地区博物馆、空间和权力"第二次区域会议[2]年鉴的西班牙语、英语和葡萄牙语汇编本。

德卡罗里斯在过去撰写的文献中提出了一系列我们现在仍在讨论的主题和观点。例如，当 1988 年 ICOFOM 在新德里讨论"博物馆学和发展中国家—帮助还是操纵？"这一主题时，德卡罗里斯在提交的一篇论文中指出：

> 我们是否真正意识到博物馆学作为一种有用的工具为处于发展进程中的国家提供的多种可能性？——我们是否考虑到了人类文化和自然遗产的全部，还是只是武断地选择某些物件进行保护，而忽略了那些恰恰是塑造了我们社会的文化和社会马赛克的物件？——我们是否分析了人、环境和文化产物之间的现有关系，还是恰恰相反，我们把物件孤立起来，将它们"神圣化"，忘记了人类在文明进化中所扮演的重要角色？[3]

1993 年,在"拉丁美洲和加勒比地区博物馆学、博物馆、空间和权力"的主题会议上,德卡罗里斯将博物馆定义为:

> 与时间密切相关的是作为不朽的表达,与空间密切相关的是作为无形的地方,在表达二元性、自然与文化、统一性与多元性、同一时间的主体与客体的时候,具有重要的丰富性。[4]

此外,德卡罗里斯还估计了目前的现实情况,指出:

> 博物馆学可以获得的政治维度,要求其专业人员努力识别和理解双向权力关系的来源、工具、机制和命运,在这种关系中,博物馆被置于政治语境之中。[5]

20 世纪 90 年代,她对博物馆学以及有关记忆和过去相联系的政治观点一直贯穿于她的作品中。当 ICOFOM 年度研讨会于 1997 年在法国就"博物馆学和记忆"这一主题进行讨论时,德卡罗里斯强调了这种方法:

> 记忆传递的伦理铭刻在人类的内心深处,铭刻在人类的主体意识中……这是自我认识的需要,是一种归属感。因此,我们每个人不仅需要对后代进行训诫,而且要提供可能使他们对自己的历史做出承诺的东西。忽视前辈们的传统与遗产,可能会使后代漂泊不定,历史无法延续,没有资料可以参考……历史学家、社会学家和人类学家如何看待遗忘? ……为什么政治遗产要通过特赦来进行集体遗忘和制度性遗忘? 为自己的过失辩解也可以被认为是记忆的一种诡计。但是……要当心了! 过去仍会像梦魇一样缠绕着你……[6]

事实上,德卡罗里斯对国际博物馆学的理论贡献从未脱离她在拉丁美洲博物馆领域的地位和参与。

ICOFOM LAM 方法论

于 1989 年在海牙举行的 ICOM 第 15 届大会期间,ICOFOM 前主席、ICOM 时任副主席索夫卡建议,应根据 1989 年至 1992 年 ICOM 三年期计划所制定的去中心化和区域化政策,建立一个与 ICOFOM 相关的拉丁美洲区域小组。作为 ICOFOM 理事会的拉丁美洲代表,来自阿根廷的德卡罗里斯和来自巴西的席奈尔被任命执行这项任务。因此,她们于 1990 年 1 月在里约热内卢举行会议,计划建立一个 ICOFOM 区域研究小组,即 ICOFOM LAM。

从那时起,ICOFOM LAM 的目标是促进、记录和传播整个拉丁美洲和加勒比地区关于博物馆学和博物馆理论的各种研究工作,允许成员通过讨论、出版物和专业交流广泛参与委员会的活动。ICOFOM LAM 的重点是用该地区的主要语言,即西班牙语和葡萄牙语,或某些加勒比地区国家使用的英语和法语,发表关于博物馆学和博物馆理论的论文。

一开始,委员会向该地区的所有 ICOFOM 成员发送了一份文件,告知他们 ICOFOM LAM 的成立,说明其主要目标和拟议的活动。同时,邀请该地区的成员加入这个新团体。为了加强与拉丁美洲同事的联系,1990 年至 1991 年,委员会广泛分发了一份通讯,即 ICOFOM LAM 公报。它以西班牙语和葡萄牙语出版,最后一期包括一份英文提要,专门为来自加勒比地区使用英语的成员翻译。遗憾的是,由于财政问题,该公报无法继续出版。这突出表明有必要确定优先事项,以便举行关于博物馆学的区域会议,编辑和出版会后的文件和会议记录。

自 1992 年以来,ICOFOM LAM 组织了年度会议,每年由一个不同的拉丁美洲国家主办,邀请世界各地的杰出专家作为主旨发言人参加。会议论文从成员撰写的论文中选出,并在 ICOFOM LAM 的定期研讨会上进行分析和讨论。研讨会的结论和建议以宣言或宪章的形式起草,构成了拉丁美洲博物馆学思想趋势及其具体问题的综述。所有的文献都被翻译、出版,然后分发给 ICOFOM LAM 的所有成员、国家委员会和一些相关机构。通过这些会议,组织关于博物馆理论的国家和地区工作组成为可能,从而为博物馆学建立起一个包括学者和博物馆专业人士的真正网络。

拉丁美洲博物馆学的发展

通过 ICOFOM LAM 这个去中心化的博物馆学论坛,拉丁美洲博物馆领域的人们有机会表达他们的观念和知识,这增加了出版物的持续流通并建立了一个流动的区域间对话,促进了知识和研究成果的传播以及对理论博物馆学的研究。德卡罗里斯谈道:

> ICOFOM LAM 的目标是在整个拉丁美洲和加勒比地区推广、记录和传播各种博物馆学理论研究工作,允许委员会的成员通过讨论、出版物和专业交流广泛参与委员会的活动。[7]

如果说在 20 世纪 90 年代之前，拉丁美洲已经有了丰富的博物馆经验，那么，随着一个常设论坛的建立和专业出版物（主要是数字形式）的流通，该地区的博物馆学才得以探索其自身的多样性和具体问题，并在 ICOFOM LAM 成员的积极参与下，正视现有理论，培育国际讨论。

基于拉丁美洲的博物馆经验，博物馆学在该地区的发展呈现出视角丰富、观点超前的特点。无论是在理论上还是在实际的博物馆工作中，我们试举一例便可知晓这样的特点，如该地区关于保护非物质文化遗产的讨论就比世界其他地区要成熟得多。在 2000 年，德卡罗里斯就拉丁美洲博物馆的一场重要讨论表达了她的观点：

> 物质文化遗产只能通过非物质文化遗产来阐释，尽管在国际实践和话语中，遗产的概念长期局限于物质层面。人、地方和物件之间存在的特殊联系可能包括社会价值、精神价值以及文化责任。遗产的意义体现了一个地方所蕴含的内容，体现了遗产所指示的、回顾的、表达的以及与非物质层面的关系，体现了遗产的象征性特质和遗产的记忆。人类对非物质文化遗产日益增长的兴趣凸显了具有伦理性质的问题，这些问题对于传统文化影响重大，因为传统文化中有大量零散的知识需要重新构建。[8]

与 ICOFOM 直接相关的是，德卡罗里斯参与生产了基于拉丁美洲现实的特定博物馆学知识。她与阿根廷学者诺玛・鲁斯科尼（Norma Rusconi）之间知识分子式的友谊，反映了这两位思想家对博物馆学理论讨论的兴趣。她们建立了一种关系，在这种关系中，鲁斯科尼的哲学思想受到了德卡罗里斯博物馆学知识的影响，反之亦然。这种交流促成了两位专业人士对博物馆学术语的研究，同时在国际层面上为 ICOFOM 做出贡献。在阿根廷和巴西等国，对博物馆学具体术语和概念的研究和定义与德瓦雷开展的术语项目同时进行，促进了博物馆学术语不同观点和方法之间的深入交流。

学术影响

德卡罗里斯认为 ICOFOM 是一个开放的博物馆学论坛，涵盖了世界各地不同的博物馆实践和理论趋势，她在与委员会中参与这一讨论的博物馆学家的不断对话中完善自己的观点。从 20 世纪 80 年代开始，她的观点就以索夫卡、斯特兰斯基、伯纳德·德洛什(Bernard Deloche)等学者的观点为基础,认为博物馆学作为一门科学的地位是讨论的中心。在21世纪的第一个十年里,她对博物馆学术语和概念的探索受到德瓦雷和弗朗索瓦·梅黑斯的作品以及鲁斯科尼于同一时期在阿根廷进行的研究的极大影响。在她和席奈尔负责 ICOFOM LAM 活动的若干年里,两人互相影响,同时对博物馆学和博物馆理论的许多基本问题提出了不同的观点。

多年来,直到今天,德卡罗里斯在建立 ICOFOM LAM 方法论以生产拉丁美洲的博物馆学知识方面所做的工作,通过该地区和加勒比地区一些国家的出版物和国际研讨会得以广泛传播,引发深入讨论。该地区的大多数博物馆学家都曾直接或间接地接触过她的工作。她有关博物馆学的观点影响了一些学者,如席奈尔、厄瓜多尔学者卢西亚·阿斯图迪略(Lucía Astudillo)[9]、危地马拉学者格拉迪斯·巴里奥斯(Gladys Barrios)[10]、鲁斯科尼、阿根廷学者奥尔加·纳佐尔(Olga Nazor)[11]、巴西学者卢西亚娜·梅内塞斯·德·卡瓦略(Luciana Menezes de Carvalho)[12]和哥斯达黎加学者奥斯卡·纳瓦罗(Óscar Navarro)[13]。

主要著述

Decarolis,N.

1987

· Museology and museums. *ICOFOM Study Series*, 13, 161-164.

1991

· The language of exhibitions. *ICOFOM Study Series*, 19, 33-36.

1992

· ICOFOM in Switzerland(eng). L'ICOFOM en Suisse (fre). *Noticias del ICOM*, v. 45, n° 2. Paris: ICOM, 8-9.

· *Actas del I Encuentro ICOFOM LAM. Museos, sociedad y medio ambiente: una trilogía integrada*. Buenos Aires, 1992. Retrieved from: http://network. icom. museum/fileadmin/user _ upload/minisites/icofom/

icofom_Lam/I_ENCUENTRO_-_Buenos_Aires_1992. pdf.

1993

• Museums, space and power in Latin America [résumé en français et en grec]. *ICOFOM Study Series*, 22, 53-56.

• *Actas del II Encuentro ICOFOM LAM. Museos, espacio y poder en América Latina y el Caribe.* Quito, July 1993. Retrieved from: http://network. icom. museum/fileadmin/user_upload/minisites/icofom/icofom_Lam/ II_ENCUENTRO_-_Quito_1993. pdf.

1994

• Object—document? *ICOFOM Study Series*, 23, 83-88.

• *Actas del III Encuentro ICOFOM LAM. Museología, educación y acción comunitaria.* Sesión interdisciplinaria CECA / ICOFOM LAM. Cuenca, 1994. Retrieved from: http://network. icom. museum/fileadmin/user_upload/minisites/icofom/icofom_Lam/ III_ENCUENTRO_-_Cuenca_1994. pdf.

1995

• Heritage, museum, territory and community. *ICOFOM Study Series*, 25, 37-42.

• Reflections on museology, aesthetics and art. *ICOFOM Study Series*, 26, 52-57.

• *Actas del IV Encuentro ICOFOM LAM. Patrimonio, museos y turismo.* Barquisimeto, 1995. Retrieved from http://network. icom. museum/ fileadmin/user_upload/minisites/icofom/icofom_Lam/IV_ ENCUENTRO_-_Barquisimeto_1995. pdf.

1996

• Reflexiones sobre museología, estética y arte. *ICOFOM Study Series*,26, 194-201.

1997

• Memorias para el porvenir. *ICOFOM Study Series*, 27, 190-195.

• Memory for the future. *ICOFOM Study Series*, 27, 196-201.

• Memorias del Porvenir / Memórias do Devir. *Actas del VI Encuentro Regional. ICOFOM LAM 97. Patrimonio, museos y*

memoria en América Latina y el Caribe. （pp. 91-105）. Cuenca，
Ecuador：ICOFOM/ICOFOM LAM.

1998

• Globalization and diversity：a delicate balance. *ICOFOM Study
Series*，29，19-24.

• Globalización y Diversidad：un delicado equilibrio. In *Actas del
VII Encuentro Regional. ICOFOM LAM* 98. Museos，museología y
diversidad cultural en América Latina y el Caribe. （pp. 90-95）.
ICOFOM / ICOFOM LAM.

1999

• Philosophy in relation to contemporary museology. *ICOFOM
Study Series*，31，19-27.

• Relaciones de la filosofia con la museología contemporánea.
ICOFOM Study Series，31，18.

• Zusammenfassung：philosophie in ihrer Beziehung zur museologie.
ICOFOM Study Series，31，28-29.

• Relaciones de la Filosofía con la Museología contemporánea. In
Actas del VIII Encuentro Regional. ICOFOM LAM 99. *Museología，
filosofía e identidad en América Latina y el Caribe.* Coro，
Venezuela：ICOFOM/ ICOFOM LAM.

2000

• Entre lo tangible y lo intangible. *ICOFOM Study Series*，32，
Supplement，iii-vii.

• The tangible and intangible heritage. *ICOFOM Study Series*，
32，35-39.

• Museología y Desarrollo Sustentable. In *Anais do II Encontro
Internacional de Ecomuseus. Comunidade，Patrimônio e
Desenvolvimento sustentável. IX ICOFOM LAM. Museologia e
Desenvolvimento sustentável na América Latina e no Caribe.* （pp. 37-
43）. Santa Cruz，Rio de Janeiro，Brasil：ICOFOM/ICOFOM LAM.

• ICOFOM-LAM 1990 — 2000. *ICOM Study Series / Cahiers
d'étude de l'ICOM*，8，14-15.

2001

• ICOFOM LAM 1990 — 2001. In N. Decarolis & T. C. M. Scheiner(Coords.), *Actas del X Encuentro Regional del ICOFOM LAM. Museología y patrimonio intangible* (p. 48). Rio de Janeiro: Tacnet Cultural / ICOFOM LAM.

• Entre lo tangible y lo intangible. / The tangible and the intangible heritage. In N. Decarolis & T. C. M. Scheiner(Coords.), *Actas del X Encuentro Regional del ICOFOM LAM. Museología y patrimonio intangible* (pp. 114-124). Rio de Janeiro, Brasil: Tacnet Cultural / ICOFOM LAM.

2002

• Museología y presentación: un emprendimiento conjunto de ciencia y arte. *ICOFOM Study Series*, 33b, 40-45.

• Museology and presentation — a joint venture of science and arts. *ICOFOM Study Series*, 33b, 35-39.

• Museología y Presentación: un emprendimiento conjunto de ciencia y arte. In T. C. M. Scheiner (Coord.), *Actas del XI Encuentro Regional del ICOFOM LAM (conjuntamente con el XXIV Simposio Anual del ICOFOM. Museología y presentación: ¿ Original/Real o Virtual?* (pp. 64-70). Cuenca, Ecuador y Rio de Janeiro, Brasil: Tacnet Virtual / ICOFOM LAM.

2003

• Unidad y diversidad: el desafío latinoamericano. *ICOFOM Study Series*, 34, 14-17.

• Unity within diversity: a Latin American challenge. *ICOFOM Study Series*, 34, 18-21.

2004

• Unidad y diversidad: el desafío latinoamericano. *ICOFOM Study Series*, 33 Final Version, 26-29.

• Unity within diversity: a Latin American challenge. *ICOFOM Study Series*, 33 Final Version, 30-34.

2005

• Museología，interpretación y comunicación: el público de museos. *ICOFOM Study Series*，35，46-50.

• Museology, interpretation and communication: the museum audience. *ICOFOM Study*，35，51-54.

2006

• El pensamiento museológico latinoamericano: El ICOFOM LAM. Cartas y Recomendaciones. 1992－2005. Córdoba（Argentina），ICOFOM LAM; ICOFOM; ICOM.

2007

• Museología y nuevas tecnologías: un desafío para el siglo XXI. *ICOFOM Study Series*，36，50-54.

• Museology and the new technologies: a challenge for the 21st century. *ICOFOM Study Series*，36，46-49.

2008

• Prólogo / Foreword / Avant-propos，in Museums，Museology and Global Communication / Musées，muséologie et communication globale，Museos，museología y comunicación global. *ICOFOM Study Series*，37，5-10.

2009

• Prólogo / Foreword / Avant-propos，in Museology: Back to Basics / Muséologie: revisiter nos fondamentaux / Museología: retorno a las bases. *ICOFOM Study Series*，38，11-18.

2010

• Disparition de Marcel Évrard. Nouvelles de l'ICOM Paris: ICOM，p. 14.

2011

• El pensamiento museológico contemporáneo: II Seminario de investigación en museología de los países de lengua portuguesa y española. Buenos Aires: Comité Internacional del ICOM para la Museología（ICOFOM）. Retrieved from: http://icom. museum/uploads/tx _ hpoindexbdd/ICOFOM-LAM _ 2 _ Seminario _ museologia. pdf.

2014

• Presentación del Encuentro Nuevas tendencias de la museología contemporánea en Latinoamérica. In *Actas del XXII Encuentro Regional del ICOFOM LAM. Nuevas tendencias para la Museología en Latinoamérica.* (pp. 16-18). Buenos Aires, Argentina: ICOFOM/ ICOFOM LAM.

Decarolis, N. & Gorgas, M. R. de.

1997

• L'image de l'existant et la restitution de la mémoire (sous-thème 2). *ICOFOM Study Series*, 28, 79-85.

• The image of the existent and the restitution of memory (sub topic 2). *ICOFOM Study Series*, 28, 72-78.

Decarolis, N. & Dowling, G.

1988

• Comment, in Museology and Developing Countries. *ICOFOM Study Series*, 15, 231-236.

1989

• Analysis 1 & 2, in Museology and Futurology. *ICOFOM Study Series*, 16, 381-384.

• Museums for a new century. *ICOFOM Study Series*, 16, 123-126.

1990

• Museology and the environment. *ICOFOM Study Series*, 17, 41-44.

1993

• *Actas del II Encuentro ICOFOM LAM. Museos, espacio y poder en América Latina y el Caribe.* Quito, July 1993. Retrieved from: http:// network. icom. museum/fileadmin/user _ upload/minisites/icofom/icofom _ Lam/ II_ENCUENTRO_-_Quito_1993. pdf.

Decarolis，N.；Dowling，G.；Arro，E. M.；Astesiano，M.

1988

• Museology and developing countries — help or manipulation? *ICOFOM Study Series*，14，125-127.

Decarolis，N. & Scheiner，T. C. M.（Coords.）.

1995

• ICOFOM LAM Report 1990 — 1995. *ICOFOM Study Series*，25，215-217.

1997

• *Actas del VI Encuentro Regional. ICOFOM LAM 97. Patrimonio，museos y memoria en América Latina y el Caribe.* Cuenca，Ecuador：ICOFOM/ ICOFOM LAM.

1998

• *Actas del VII Encuentro Regional. ICOFOM LAM 98.* Museos，museología y diversidad cultural en América Latina y el Caribe. Cidade de Mexico，Mexico：ICOFOM / ICOFOM LAM.

1999

• *Actas del VIII Encuentro Regional. ICOFOM LAM 99. Museología，filosofía e identidad en América Latina y el Caribe.* Coro，Venezuela：ICOFOM/ICOFOM LAM.

2001

Actas del X Encuentro Regional del ICOFOM LAM. Museología y patrimonio intangible. Rio de Janeiro，Brasil：Tacnet Cultural / ICOFOM LAM.

注释

[1]Decarolis，N.（2006.）. El pensamiento museológico latinoamericano：El ICOFOM LAM. Cartas y Recomendaciones. 1992 — 2005. Córdoba（Argentina），ICOFOM LAM；ICOFOM；ICOM.

[2]Decarolis，N.（1993）. *Actas del II Encuentro ICOFOM LAM. Museos，espacio y poder en América Latina y el Caribe.* Quito，July 1993. 引自

http://network. icom. museum/fileadmin/ user _ upload/minisites/icofom/
icofom_Lam/II_ENCUENTRO_-_Quito_1993. pdf.

［3］Decarolis，N. ; Dowling，G. ; Arro，E. M. & Astesiano，M. (1988).
Museology and developing countries—help or manipulation? *ICOFOM Study
Series*，14，p. 125.

［4］Decarolis，N. (1993). *Actas del II Encuentro ICOFOM LAM.
Museos，espacio y poder en América Latina y el Caribe*. Quito，July 1993. 引
自：http://network. icom. museum/fileadmin/ user _ upload/minisites/icofom/
icofom_Lam/II_ENCUENTRO_-_Quito_1993. pdf. p. 2

［5］同上。

［6］Decarolis，N. (1997). Memorias para el porvenir. *ICOFOM Study
Series*，27，190-195.

［7］Decarolis，N. (2000). ICOFOM-LAM 1990-2000. *ICOM Study Series
/ Cahiers d'étude*，8，p. 14.

［8］Decarolis，N. (2000). The tangible and intangible heritage. *ICOFOM
Study Series*，32，p. 36.

［9］译者注：卢西亚·阿斯图迪略，厄瓜多尔昆卡市金属博物馆（Museo de
los Metales)馆长,《国际包容性博物馆期刊》(*The International Journal of the
Inclusive Museum*)编委会成员。

［10］译者注：格拉迪斯·巴里奥斯,曾任危地马拉圣卡洛斯大学博物馆
馆长。

［11］译者注：奥尔加·纳佐尔,曾任 ICOFOM LAM 主席。

［12］译者注：卢西亚娜·梅内塞斯·德·卡瓦略,巴西博物馆馆长、博物馆
学家,ICOFOM LAC 主席,在天文学和相关科学博物馆工作。曾取得里约热内
卢联邦大学博物馆学和遗产研究生课程的硕士和博士学位。

［13］译者注：奥斯卡·纳瓦罗,哥斯达黎加国立大学教授、博物馆学家。

特丽莎·席奈尔

布鲁诺·布鲁隆·索耶斯、安娜·克里斯蒂娜·瓦伦蒂诺

特丽莎·席奈尔(Tereza C. M. Scheiner)是巴西博物馆学家和著名的博物馆现象理论家，出生于里约热内卢。她是里约热内卢联邦大学博物馆学和遗产研究生课程的创始人和教授，该大学课程与天文学和相关科学博物馆(Museu de Astronomia e Ciências Afins)合作。她于1998年至2001年担任ICOFOM主席，2010年至2016年担任ICOM副主席。席奈尔是ICOFOM LAM的创始人和常任顾问，是推动拉丁美洲地区博物馆学发展的主要人物之一。

传　记

特丽莎·席奈尔于1970年完成里约热内卢国家历史博物馆(Museu Histórico Nacional)博物馆课程[1]的学习；巧合的是，她在十年后开始在同一课程上授课。在席奈尔的职业生涯中，她在多个博物馆学岗位上工作过：作为博物馆专业人员从事遗产管理和收藏工作，在协调教育和文化项目中担任顾问，并在博物馆实践中担任博物馆学家和讲师。她于1976年加入瓜纳巴拉州独立学校联盟(Federação das Escolas Isoladas do Estado da Guanabara，现为里约热内卢联邦大学)，并担任博物馆学教授。在里约热内卢联邦大学，她于1991年至1993年担任博物馆学研究和进程系主任，于1992年至1997年担任人文科学中心主任，于1994年至2000年担任博物馆学学院院长。她分别于1998年和2004

年在里约热内卢联邦大学获得传播学硕士和博士学位。

在国际舞台上,席奈尔于 1982 年加入 ICOM,成为 ICOM 国际人员培训委员会(ICTOP)的成员,参与组织各种活动并开展博物馆学培训领域的研究。1983 年,受 ICOFOM 成员巴西博物馆学家瓦尔迪萨·卢西奥的影响[2],她加入了委员会。她为 ICOFOM 撰写的第一篇理论文章发表于 1986 年的《ICOFOM 研究丛刊》(ISS)第 10 期。[3] 从那时起,她一直为委员会的出版物做出贡献,几乎为此后的每一期《ICOFOM 研究丛刊》撰写文章,并定期参加年度会议。1998 年,她被选为 ICOFOM 主席,并一直担任这一职务至 2001 年。2000 年,她成为 ICOM 伦理委员会的成员,并为制定《博物馆职业道德准则》(The Code of Ethics for Museums)做出了贡献,该准则则于 2001 年出版,并于 2004 年再版。2004 年,她当选为 ICOM 执行委员会委员;2010 年,她当选为 ICOM 副主席,并于 2013 年再次当选。

在她参与 ICOFOM 工作的期间,她是 ICOFOM LAM 的共同创始人,该区域小组委员会于 1989 年在第 15 届 ICOM 大会上首次得到认可。ICOFOM LAM 的创建是出于增进拉丁美洲博物馆学知识的需要。席奈尔与奈莉·德卡罗里斯一起,开始通过该区域小组委员会为该地区的博物馆学工作。席奈尔目前是 ICOFOM LAM 的常任顾问。[4]

在国际层面上,席奈尔对 ICOM 和 ICOFOM 的参与影响了里约热内卢联邦大学博物馆学课程的发展。1996 年,她与玛丽亚·加布里埃拉·潘蒂戈斯(Maria Gabriella Pantigoso)教授一起协调了一项课程改革,这项改革是该国该学科教学的一个里程碑,因为"它将博物馆学课程与文化和自然遗产的整体观点结合起来,并强调跨学科性"。[5] 这一改变为博物馆学的教学带来了一个理论与实践相结合的模式,新的课程被作为巴西创建新课程的模板。[6]

2006 年,席奈尔参与创建了博物馆学和遗产研究生课程,这是巴西第一个狭义上的研究生课程[7],由里约热内卢联邦大学、天文学和相关科学博物馆合作举办,从而进一步促进了巴西博物馆学培训的发展。2006 年至 2017 年,她是这个项目的负责人。[8]

由席奈尔协调的研究生水平的研究项目与博物馆理论和博物馆学有关。这些项目包括 2001 年的"文化遗产、博物馆学和转型社会:拉丁美洲的经验",该项目是在由维诺·索夫卡在 ICOFOM 内创建的国际项目"从压迫到民主:博物馆学、遗产和转型社会"的支持下启动的;另一个项目是 2005 年启动的"博物馆学的术语和概念"，由安德烈·德瓦雷协调的项目发展而来，也在 ICOFOM 内进行。

席奈尔现在继续在里约热内卢联邦大学教授课程、从事研究项目，而且她至今仍是 ICOFOM 的活跃成员。

博物馆学观点

博物馆学作为一个领域：科学还是哲学？

在席奈尔对博物馆学定义的持续探索中，她指出了描述这一学术学科或哲学的三个方面：首先是"遗产理论"，它涉及的观点是：博物馆学要存在，它应该是更广泛知识领域的一部分，这种观点受到托米斯拉夫·索拉的概念影响，支持遗产学（heritology）的存在；[9] 其次，博物馆学被理解为博物馆实践的结果；最后，它研究"博物馆现象"的所有表现形式，使用斯特兰斯基式的术语来赋予博物馆学作为科学或哲学的身份。[10]

上文提及的最后一个方面指导了席奈尔的理论项目，该项目试图使博物馆学更接近哲学，并指出，将其插入一个哲学体系，"将使其成为一门具有本体论特征的学科，有自己的认识论"[11]，她假设如下：

> 正是哲学使我们更接近自己，使我们更好地理解自己所处的内部世界和外部世界的多元特性。哲学使我们有可能在一个由感官和知性交汇构成的空间里，找到博物馆与我们感知层面的关系。[12]

博物馆现象

席奈尔受到兹比内克·兹比斯拉夫·斯特兰斯基、索拉和德瓦雷理论思想的影响，并与伊沃·马罗耶维克、彼得·冯·门施、斯特兰斯基、德瓦雷和弗朗索瓦·梅黑斯一起参与 ICOFOM 的术语项目，[13] 她指出，随着当代博物馆学的轮廓被搭建出来，还是有必要重新思考博物馆，寻求一种更全面的方法。[14]

席奈尔指出：

> 作为一种现象，博物馆是自由的和多元的：它可以在任何空间和任何时间中存在。因此，没有一种"理想"的博物馆形式可以应用于不同的现实：博物馆在各自社会的价值观和表现形式的影响下

形成。[15]

因此，博物馆将不再局限于一栋保存着藏品并向公众展示的建筑，它将"能够同时出现在许多地方，以最多样的类型和表现形式出现"。[16]博物馆将处于不断的转变之中，依赖其所处社会的转变，并不断适应它。

"整体博物馆"和生态博物馆

"整体博物馆"（葡萄牙语为"museu integral"）的概念是作为有关博物馆及其社会角色讨论的一部分在智利圣地亚哥圆桌会议上提出的，该会议由 ICOM 和联合国教科文组织于 1972 年举办，会上还就政府和地方机构对社会发展和人类福祉的责任进行了讨论。[17]关于在圣地亚哥的这些讨论，席奈尔指出，以上讨论提供了一个在实践中已经存在的生态博物馆概念的定义，这使她提出了将其扩展到所有类型博物馆的可能性。席奈尔随后又指出三点：第一，"整体博物馆"的概念将圣地亚哥圆桌会议转变为理论博物馆学的一个矩阵；第二，博物馆对其社会使命应该有所认识，即把人融入他所处的自然和人文环境中，把整体（社会和自然）环境（即人类生态学，从整体的角度来看）的重要性带到博物馆学的讨论中心；第三，强调博物馆在参与社会发展中专业培训的重要性。

席奈尔捍卫了整体博物馆的观点，即基于"任何博物馆（即博物馆现象的任何再现）与空间、时间和记忆建立关系的内在能力，以及直接与某些社会群体发生作用"。[18]从经验的角度来看，生态博物馆指的是基于地域、社区与环境关系的博物馆。

基于乔治・亨利・里维埃对"生态博物馆"概念的主张，席奈尔强调，它实际上并不是起源于圣地亚哥圆桌会议上提出的变革，而是起源于过往经验，如露天博物馆、工作室博物馆（atelier museums）和国家公园的经验。因此，对于理论博物馆学来说，生态博物馆将是博物馆现象在时间和确定的社会环境中被挪用的一个证据，它将从这个环境中出现，与传统的博物馆保持连续性，而不是与之相对立。

"整体遗产"和生态学

自 20 世纪 60 年代以来在生态学领域提出的与整体方法相关的关于整体环境的新理论，如詹姆斯・洛夫洛克（James Lovelock）提出的生态学范式和盖亚理论[19]，对席奈尔阐释"整体遗产"是有影响的，这一概念被理解为"所有自然或人造物品的集合，没有时间或地点的限制"[20]。

根据这种方法，席奈尔提出了"整体遗产"的概念，这个概念来自"整体博物馆"，在她对生态学和世界大战对 20 世纪文化的影响进行反思之后才以具体形式发展起来。[21] 在战后的场景中，暴力、破坏和社会不公仍然深深地存在于社会的记忆中，物质文化的脆弱性开始被承认和强调，而这种脆弱性又因全球的快速转变而加剧。因此，生活开始被地球上的人们理解为一种超越哲学和官方跨国组织的遗产形式。这种新的思维方式引发了对自然资源的保护，作为解决战争造成的问题的可能办法。在这种语境下，整体遗产将是一个与环境的整体感知有关的概念[22]，这个概念将使席奈尔扩大博物馆学的理论范围，以便对博物馆学实践和博物馆有一个全面的理解。

> 首先，最基本的任务是，每座博物馆必须拥有对整体遗产的认识，必须深刻理解人、文化和环境之间的密切关系。接下来，将有一项任务是动态地保护这些遗产，这意味着，一旦确定了这些关系，博物馆将被赋予一项艰巨的任务，即了解这一知识领域，以充分利用本馆的工作方案和收藏。[23]

博物馆与传播：展览理论

2004 年，席奈尔加入了一个自 1999 年以来由 ICOFOM 协调的工作小组，在理论范围内讨论"展览语言"的话题。席奈尔与文化研究和传播领域建立了对话，在卢西亚·桑塔拉（Lucia Santaella）、马尔西奥·塔瓦雷斯·德阿马拉尔（Marcio Tavares d'Amaral）、赫苏斯·马丁-巴贝罗（Jesús Martín-Barbero）和阿芒·马特拉（Armand Mattelard）的作品的影响下，通过传播理论的棱镜具体分析了展览的过程。展览在生产针对博物馆观众和特定社会群体的话语时，在博物馆语境下的知识传播中创造并利用了不同类型的语言。[24] 席奈尔研究并比较了展览中为接触观众而创造的传播方法、机制和概念，试图揭示不同的语言和意义，这些语言和意义促成了博物馆制作的展览话语。

这种对展览及其实践的兴趣可以在席奈尔为《ICOFOM 研究丛刊》撰写的若干篇论文中找到。她强调了博物馆展览的社会作用，即作为个人和文化遗产之间，以及博物馆、博物馆物件和社会之间的中介。[25] 然而，席奈尔肯定了博物馆学需要发展一种参考传播理论的展览理论，以研究博物馆展览根据其希望与观众建立的互动类型而产生和传播话语的方式。[26]因此,她将展览定义为对话的一个实例。根据她的说法,传播理论在博物馆领域的介入使得对博物馆作为一个广泛的意义系统的研究成为可能。根据其他学者的观点,如加拿大博物馆学家邓肯·卡梅隆(Duncan Cameron),他认为博物馆学和传播之间的交集是博物馆作为一个传播系统的理论基础。[27]

对席奈尔来说,展览是构成观众和博物馆之间关系的根本基础,通过展览,双方进行沟通,博物馆向观众展示人类与自然的可能关系。如果没有展览,博物馆将只是藏品仓库和实验室。从展览的概念出发,席奈尔划分了若干博物馆的类型,描述了不同类型博物馆展览的具体特征[28]。她定义了几个博物馆传播的模式:

1. 传统(正统)博物馆[29]:以时间顺序、主题、分析或美学形式展示原始物件(藏品)的展览。无论展览的结构如何,主要目标是向观众传递某种信息,目的是让观众思考这些物件,以便理解这种信息。

2. 互动式(或探索式)博物馆:展览的目的是鼓励观众通过与替代品的互动,从他们的经验和感知中得出自己的结论。

3. 自然博物馆(植物园、动物园、水族馆、自然公园、露天博物馆和保护地):基于活体收藏的展示空间,参观者理解起来很容易,倾向于遵循传统博物馆的特点。

4. 生态博物馆:往往从属于景观。它们不需要使用任何特定的博物馆实务技术(museographic technique),因为展览本身是由社区的生活及其文化遗产构成的。因此,文化和自然遗产是博物馆和它所要传递的信息的一个组成部分。[30]

学术影响

席奈尔发展"博物馆现象"理论的起点源于斯特兰斯基,他是博物馆学的倡导者,寻求将其作为一门科学和哲学学科来研究,斯特兰斯基的观点对席奈尔的作品有所影响。卢西奥在席奈尔的职业生涯中发挥了重要作用,因为正是她引导席奈尔于 20 世纪 80 年代加入了ICOFOM。[31]这种影响激励席奈尔在 ICOM 和 ICOFOM 中完成了大量系统的工作,使她与雨果·戴瓦兰、里维埃、索夫卡、德瓦雷、梅黑思和索拉等同事保持联系。基于她的传播学背景,席奈尔受到了卢西亚·桑塔拉、马尔西奥·塔瓦雷斯·德阿马拉尔、赫苏斯·马丁-巴贝罗和阿芒·马特拉等学者,以及弗朗索瓦·利奥塔(François Lyotard)和齐格蒙特·鲍曼(Zygmunt Bauman)等后现代学者的影响。

在 ICOFOM 内,席奈尔有关"博物馆现象"的理论与一些当代博物馆学家的工作产生了共鸣,她的想法得到了法国学者德瓦雷、梅黑斯和伯纳德·德洛什的认可。在拉丁美洲国家,她有关博物馆学的概念和理论主张从 ICOFOM LAM 的创建及其 1992 年以来的年会中系统地传播开来。在德卡罗里斯、诺玛·鲁斯科尼、卢西亚·阿斯图迪略和莫妮卡·戈加斯等学者的作品中可以看到她的影响。在巴西,席奈尔的作品仍然是里约热内卢博物馆学和遗产研究生课程中博物馆学研究的主要参考资料,影响着该领域的当代研究。

主要著述

Scheiner, T. C. M.

1985

• For a typology of substitutes. *ICOFOM Study Series*, 9, 147-152.

1986

• La Muséologie et l'identité. *ICOFOM Study Series*, 10, 257-263.

• Museology and identity. ISS 10, 1986, pp. 257-263.

1987

• Museology and museums—a relationship to build. *ICOFOM Study Series*, 12, 251-259.

1988

• Society, culture, heritage and museums in a country called Brazil. *ICOFOM Study Series*, 15, 179-193.

1989

• Forecasting the future in museology. *ICOFOM Study Series*, 16, 229-239.

1990

• Museums and natural heritage: alternatives and limits of action. *ICOFOM Study Series*, 17, 77-87.

1991

• Museums and exhibitions: appointments for a theory of feeling. *ICOFOM Study Series*, 19, 109-113.

1994

• Object and document (as categories of study within museology). *ICOFOM Study Series*, 23, 79-82.

• Object — document, object — argument, object — instrument. *ICOFOM Study Series*, 23, 39-46.

1995

• ICOFOM LAM Report. 1990 — 1995. *ICOFOM Study Series*, 25, 215-217.

• On museums, communities and the relativity of it all. *ICOFOM Study Series*, 25, 95-98.

• Training for museum and community awareness. *ICOFOM Study Series*, 25, 171-175.

1996

• Apresentação. Museologia e arte. *ICOFOM Study Series*, 26, xiii-xiv.

• Foreword. Museology and art. *ICOFOM Study Series*, 26, xi-xii.

• Muséologie et art: une relation imprécise. *ICOFOM Study Series*, 26, 112-123.

• Museologia e arte uma imprecisa relação. *ICOFOM Study Series*, 26, 268-278.

• Museologia y arte—trayectoria de lo impreciso. *ICOFOM Study Series*, 26, 279-289.

1997

• Mémoire et musée: expressions du passé, regards de l'avenir. *ICOFOM Study Series*, 27, 236-244.

• Museum and memory: expressions of the past, images of the

future. ICOFOM Study Series, 28, 133-140.

1998

• *Apolo e Dioniso no Templo das Musas*：*Museu—gênesis, ideia e representações em sistemas de pensamento da sociedade ocidental*. Rio de Janeiro, Universidade Federal do Rio de Janeiro（Master's dissertation on Culture and Communication under the direction of Paulo Vaz）.

• Museologia, globalismo e diversidade cultural. In T. C. M. Scheiner & N. Decarolis（Coords.）, *Actas del VII Encuentro Regional. ICOFOM LAM 98. Museologia e Diversidade Cultural na América Latina e no Caribe*.（pp. 143-174）. Mexico City, Mexico：Regional Subcommittee for Latin America and the Caribbean / ICOFOM LAM.

1999

• Les bases ontologiques du musée et de la Muséologie. *ICOFOM Study Series*, 31, 103-126.

• The ontological bases of the museum and of museology. *ICOFOM Study Series*, 31, 127-173.

• As bases ontológicas do Museu e da Museologia. In N. Decarolis & T. C. M. Scheiner（Coords.）, *Actas del VIII Encuentro Regional. ICOFOM LAM 99. Museología, filosofía e identidad en América Latina y el Caribe*.（pp. 133-164）. Coro, Venezuela：ICOFOM LAM.

2000

• Museology and the intangible heritage：the virtual experience. *ICOFOM Study Series*, 32, 8-15.

• Museology and sustainable development in Latin America and the Caribbean — community, heritage and sustainable development（pp. 56-60）. In O. M. Priosti & W. V. Priosti（Coords.）. Rio de Janeiro：Núcleo de Orientação e Pesquisa Histórica / NOPH.

• Editorial：Les multiples facetes de l'ICOFOM / The many faces of ICOFOM. *ICOM Study Series / Cahiers d'étude de l'ICOM*, 8, 2.

• Muséologie et philosophie du changement. *ICOM Study Series*

/ *Cahiers d'étude de l'ICOM*，8，22-24.

• Museologia，identidades，desenvolvimento，desenvolvimento sustentável：estratégias discursivas. In O. Priosti & W. V. Priosti (Coords.)，*Anais do II Encontro Internacional de Ecomuseus / IX ICOFOM LAM. Museologia e desenvolvimento sustentável na América Latina e no Caribe.* (pp. 46-56). Santa Cruz，Rio de Janeiro：Tacnet Cultural / ICOFOM LAM.

2001

• Museologia，patrimônio integral e desenvolvimento sustentável：novo século — nova ética? *ICOFOM Study Series*，33a，81-93.

• Museology，heritage and sustainable development：new century—new ethics? *ICOFOM Study Series*，33a，95-119.

• Museología y patrimonio intangible — la experiencia virtual. (Conference). In N. Decarolis & T. C. M. Scheiner(Coords.)，*Actas del X Encuentro Regional del ICOFOM LAM. Museología y patrimonio intangible.* (pp. 30-37). Rio de Janeiro，Brasil：Tacnet Cultural / ICOFOM LAM.

• Patrimonio，Museología y Sociedades en Transformación. In N. Decarolis & T. C. M. Scheiner(Coords.)，*Actas del X Encuentro Regional del ICOFOM LAM. Museología y patrimonio intangible.* (pp. 43-46). Rio de Janeiro，Brasil：Tacnet Cultural / ICOFOM LAM.

• Museología y patrimonio intangible — la experiencia virtual. / Museologia e o patrimônio intangível — a experiência do virtual. (Working paper). In N. Decarolis & T. C. M. Scheiner(Coords.)，*Actas del X Encuentro Regional del ICOFOM LAM. Museología y patrimonio intangible.* (pp. 203-224). Rio de Janeiro，Brasil：Tacnet Cultural / ICOFOM LAM.

2002

• L'exposition comme présentation de la réalité，*ICOFOM Study Series*，33 b，96-104.

• The exhibition as presentation of reality. *ICOFOM Study*

Series，33 b，88-95.

• *Actas del XI Encuentro Regional del ICOFOM LAM* (*conjuntamente con el XXIV Simposio Anual del ICOFOM. Museología y presentación*：¿*Original/Real o Virtual*? Cuenca, Ecuador y Rio de Janeiro，Brasil：Tacnet Cultural / ICOFOM LAM.

• Museologia e apresentação da Realidade. In T. C. M. Scheiner (Coord.)，*Actas del XI Encuentro Regional del ICOFOM LAM* (*conjuntamente con el XXIV Simposio Anual del ICOFOM. Museología y presentación*：¿*Original/Real o Virtual*? (pp. 96-105). Cuenca，Ecuador y Rio de Janeiro，Brasil：Tacnet Cultural / ICOFOM LAM.

2004

• *Imagens do não-lugar*：*comunicação e o patrimônio do futuro*. Rio de Janeiro，Universidade Federal do Rio de Janeiro（PhD in Communication and Culture，under the direction of Priscila Siqueira Kuperman）.

• On ethics，museums，communication and the intangible heritage. *ICOFOM Study Series*，33 Supplement，70-77.

2005

• Museums and museology：on the other side of the mirror. *ICOFOM Study Series*，35，97-101.

2006

• Museologia e interpretação da realidade：o discurso da história (texto provocativo). *ICOFOM Study Series*，35，53-60.

• Museología e interpretación de la realidad：el discurso de la historia (documento provocativo). *ICOFOM Study Series*，35，61-68.

• Museology and the interpretation of reality：the discourse of history (provocative paper). *ICOFOM Study Series*，35，69-76.

2007

• In Musée et muséologie—définitions en cours. In F. Mairesse & A. Desvallées(Dirs.)，*Vers une redéfinition du musée*? (pp. 147-165). Paris：L'Harmattan.

• *Mousaon* and *techne* — reflections of contemporary culture.

ICOFOM Study Series, 36, 89-97.

2008

• El mundo en las manos: museos y museología en la sociedad globalizada. *Cuicuilco: Revista de la Escuela Nacional de Antropología e Historia*, v. 15, 44, 16-36.

• Museum and museology: changing roles or changing paradigms? *ICOFOM Study Series*, 37, 2008, 81-89.

• Museum and museology: changing roles — or changing paradigms? *ICOFOM Study Series*, 37, 81-89.

2010

• Defining Museum and Museology: an ongoing process. In A. Davis,; F. Mairesse &. A. Desvallées (Eds.), *What is a Museum?* (pp. 93-105). Munich, Germany: Verlag Dr. C. Müller-Straten.

2013

• Repensando o Museu Integral: do conceito às práticas. *Boletim do Museu Paraense Emílio Goeldi*. Ciências Humanas, 7, 1, 15-30.

2014

• Formação em museologia e meio ambiente. In M. Chagas; D. Studart &. C. Storino (Orgs.), *Museus, biodiversidade e sustentabilidade ambiental* (pp. 77-96). Rio de Janeiro: Associação Brasileira de Museologia / Espirógrafo Editorial.

• Repensando el campo museal: significados e impactos teóricos de la museología. In *Actas del XXII Encuentro Regional del ICOFOM LAM. Nuevas tendencias para la Museología en Latinoamérica*. (pp. 20-44). Buenos Aires, Argentina: ICOFOM/ICOFOM LAM.

2015

• Constitution and consolidation of museology as a disciplinary field: reflections on the legitimation of a specific field. *ICOFOM Study Series*, 43, 175-190.

2016

• Réfléchir sur le champ muséal: significations et impact théorique de la muséologie. In F. Mairesse(Dir.), *Nouvelles tendances de la muséologie* (pp. 41-53). Paris: La documentation Française.

2018

• Museología－Poética，Política y Ética Dimensiones transformadoras de las relaciones entre lo Humano y lo Real. *ICOFOM Study Series*，46，193-213.

Scheiner，T. C. M. & Decarolis，N. (Coords.).

1995

• ICOFOM LAM Report 1990－1995. *ICOFOM Study Series*，25，215-217.

1997

• *Actas del VI Encuentro Regional. ICOFOM LAM* 97. *Patrimonio，museos y memoria en América Latina y el Caribe.* Cuenca，Ecuador：ICOFOM/ ICOFOM LAM.

1998

• *Actas del VII Encuentro Regional. ICOFOM LAM* 98. Museos，museología y diversidad cultural en América Latina y el Caribe. Cidade de Mexico，Mexico：ICOFOM / ICOFOM LAM.

1999

• *Actas del VIII Encuentro Regional. ICOFOM LAM* 99. *Museología，filosofía e identidad en América Latina y el Caribe.* Coro，Venezuela：ICOFOM/ICOFOM LAM.

2001

• *Actas del X Encuentro Regional del ICOFOM LAM. Museología y patrimonio intangible.* Rio de Janeiro，Brasil：Tacnet Cultural / ICOFOM LAM.

注释

[1]该博物馆课程(葡萄牙语为"Curso de Museus")是世界上历史最悠久的博物馆课程之一，于1932年在国家历史博物馆成立。20世纪70年代，它成为大学(当前的里约热内卢联邦大学)学术结构中的博物馆学课程。

[2]Brulon-Soares，B. C.；Magaldi，M. (2015). *Museologia：reflexões sobre o campo disciplinar.* In：*Anais do Seminário Brasileiro de Museologia*，n. 2，v. 1，GT 11－Perspectivas contemporâneas em teoria museológica，

Recife，PE，Museu do Homem do Nordeste，16-20 November，p. 383.

［3］Scheiner，T. C. M.（1986）. La Muséologie et l'identité. *ICOFOM Study Series*，10，257-263.

［4］Carvalho，L. M. de.（2008）. *Em direção à Museologia latino-americana：o papel do ICOFOM LAM no fortalecimento da Museologia como campo disciplinar*. 2008. Dissertation（Master's）—Post-Graduate Program in Museology and Heritage，UNIRIO/MAST，Rio de Janeiro，p. 107—Advisor：Tereza C. M. Scheiner. Co-Advisor：Marcos Luiz Cavalcanti de Miranda. p. 48.

［5］Sá，I. C. de.（2007）. *História e Memória do Curso de Museologia：do MHN a UNIRIO*. In：Anais do Museu Histórico Nacional，v. 39. Rio de Janeiro：Museu Histórico Nacional，p. 39.

［6］Brulon-Soares，B. C.；Carvalho，L. M. de；Cruz，H. V.（2016）. UNIRIO：a model of evolving museology teaching in Brazil. *Museum International*，68（1-2），29-42.

［7］译者注：巴西的研究生教育包括两种类型：广义的研究生学位（Lato Sensu Graduate Degree）和狭义的研究生学位（Stricto Sensu Postgraduate Degree）。广义的研究生学位代表一个具体的领域中的专业化教育，学生获得广义的研究生学位是无法继续攻读博士学位的。狭义的研究生学位包括硕士学位、专业硕士学位和博士学位。

［8］Scheiner，T. C. M.；Granato，M.（2016）. A Parceria com a UNIRIO para o Desenvolvimento do Programa de Pós-Graduação em Museologia e Patrimônio. *Mast Coloquia* 14.

［9］参见本书中的"托米斯拉夫·索拉"部分。

［10］Scheiner，T. C. M.（2005）. *Museologia e pesquisa：perspectivas na atualidade*. *Mast Colloquia* 7，p. 88.

［11］同上。

［12］Scheiner，T. C. M.（1999）. *As bases ontológicas do Museu e da Museologia*. In：Simpósio Museologia，Filosofia e Identidade na América Latina e Caribe. ICOFOM LAM，Coro：Venezuela，Regional Subcommittee for Latin America and the Caribbean / ICOFOM LAM，p. 133.

［13］Desvallées，A.（2000）. *Pour une terminologie muséologique de base*. Cahiers d'étude du Comité International de l'ICOM pour la Muséologie，8，8-9.

［14］席奈尔用首字母大写的"Museum"来表示她所理解的"博物馆现象"。

［15］Scheiner，T. C. M.（1999）. *As bases ontológicas do Museu e da*

Museologia. In：Simpósio Museologia，Filosofia e Identidade na América Latina e Caribe. ICOFOM LAM，Coro：Venezuela，Regional Subcommittee for Latin America and the Caribbean / ICOFOM LAM，p. 137.

[16]同上，p. 156.

[17]Scheiner，T. C. M.（2012）．*Repensando o Museu Integral*：*do conceito às práticas.* Museu Paraense Emílio Goeldi. Belém，pp. 19-22.

[18]同上。

[19]盖亚理论是由英国化学家、研究人员詹姆斯·洛夫洛克与美国微生物学家琳恩·马古利斯（Lynn Margulis）合作于 20 世纪 70 年代提出的假说，即"地球上所有的有机体及其周围的无机环境紧密结合在一起，形成了一个单一的、自我调节的复合体，维持地球上的生命条件"。参见：盖亚假说。引自https：//courses. seas. harvard. edu/climate/eli/Courses/EPS281r/Sources/Gaia/Gaia-hypothesis-wikipedia. pdf.

[20]Scheiner，T. C. M.（1998）．*Apolo e Dionísio no templo das musas. Museu*：*gênese，ideia e representações na cultura ocidental*. 1998. Rio de Janeiro：Programa de Pós-Graduação em Comunicação e Cultura（Graduate Program in Communication and Culture）．Universidade Federal do Rio de Janeiro / ECO（Master's dissertation in Communication and Culture，under the direction of Paulo Vaz）.

[21]参见 Scheiner，T. C. M.（2004）．*Imagens do não-lugar*：*comunicação e o patrimônio do futuro.* Rio de Janeiro，Universidade Federal do Rio de Janeiro（PhD in Communication and Culture，under the direction of Priscila Siqueira Kuperman）.

[22]Scheiner，T. C. M.（1998）．*Apolo e Dionísio no templo das musas. Museu*：*gênese，ideia e representações na cultura ocidental*. 1998. Rio de Janeiro：Programa de Pós-Graduação em Comunicação e Cultura（Graduate Program in Communication and Culture）．Universidade Federal do Rio de Janeiro / ECO（Master's dissertation in Communication and Culture，under the direction of Paulo Vaz）. p. 91.

[23]Scheiner，T. C. M.（1990）．Museums and Natural Heritage：Alternatives and Limits of Action. In Museology and the Environment. *ICOFOM Study Series*，17，80-81.

[24]Scheiner，T. C. M.（2002）．*L'exposition comme présentation de la Réalité. ICOFOM Study Series*，33b，p. 208.

[25]"什么是展览？它是博物馆与社会打交道的方式（……）" in Scheiner，

T. C. M. (1991). *Museums and Exhibitions: Appointments for a theory of feelings. ICOFOM Study Series*, 18, p. 109.

[26]Scheiner, T. C. M. (2008). *Museum and Museology: Changing roles or changing paradigms? ICOFOM Study Series*, 37, 81-89.

[27]参见 Cameron, D. F. (1968). A Viewpoint: The Museum as a Communications System and Implications for Museum Education. *Curator: The Museum Journal*, 11, 33-40.

[28]Scheiner, T. C. M. (1991). *Museums and Exhibitions: Appointments for a theory of feeling. ICOFOM Study Series*, 19, 109-113.

[29]"传统(正统)博物馆"是作者用来描述以原始实物收藏为中心的传统博物馆的特定术语。In: Scheiner, T. C. M. (1998). *Apolo e Dionísio no templo das musas. Museu: gênese, ideia e representações na cultura ocidental*. Dissertation (Master's in Communication) — Graduate Program in Communication and Culture. Universidade Federal do Rio de Janeiro / ECO, Rio de Janeiro.

[30]Scheiner, T. C. M. (1998). *Apolo e Dionísio no templo das musas. Museu: gênese, ideia e representações na cultura ocidental*. Dissertation (Master's in Communication) — Graduate Program in Communication and Culture. Universidade Federal do Rio de Janeiro / ECO, Rio de Janeiro.

[31]Carvalho, L. M. de. (2011). Waldisa Rússio e Tereza Scheiner—dois caminhos, um único objetivo: discutir museu e Museologia. *Revista Eletrônica do Programa de Pós-Graduação em Museologia e Patrimônio — PPG-PMUS UNIRIO / MAST* — v. 4, 2, 156.

托米斯拉夫·索拉

布鲁诺·布鲁隆·索耶斯

托米斯拉夫·索拉（Tomislav Sladojević Šola），1948 年生于萨格勒布，是一位克罗地亚博物馆学家，现任克罗地亚杜布罗夫尼克"最佳的遗产"（The Best in Heritage）国际会议的主任。他之前在萨格勒布大学人文和社会科学学院担任教授，2013 年退休。他的主要研究兴趣是遗产的实践，特别是遗产理论，为此他于 1982 年和 1987 年分别创造了"遗产学"（heritology）和"遗产公共记忆术"（mnemosophy）[1]这两个术语。自 1980 年以来，他一直是 ICOFOM 的活跃成员，并于 1986 年当选为 ICOM 的执行委员会委员。

传　记

托米斯拉夫·索拉于 1948 年出生在克罗地亚的萨格勒布。他于 1969 年至 1974 年在萨格勒布大学获得了艺术史和英语语言文凭，于 1975 年至 1976 年在萨格勒布政治科学学院攻读新闻学研究生课程，并于 1978 年至 1979 年在巴黎索邦大学学习了两个学期的当代博物馆学课程。1985 年，他在斯洛文尼亚卢布尔雅那大学获得博物馆学博士学位，论文题目是《论整体博物馆》（Towards the Total Museum）。索拉于 1975 年至 1981 年在萨格勒布担任了七年的典藏研究员，又于 1981 年至 1987 年担任了七年的博物馆藏品信息记录中心主任，后加入了萨格勒布大学，被任命为人文和社会科学学院的助理教授，之后获评正式教授，于 2013 年退休。[2]他的学术研究与专业密切相关，反映了他作为典藏研究员、(博物馆藏品信息记录中心)主任、编辑、教授和国际顾问的实践经验。

20 世纪 70 年代末在索邦大学师从乔治·亨利·里维埃的时候,索拉在 ICOM 的藏品信息记录中心工作。后来,他成为博物馆藏品信息记录中心(南斯拉夫唯一的藏品信息记录中心)的主任,以及《博物馆学信息》(*Informatica Museologica*)杂志的主编。在他的学术生涯中,除了担任萨格勒布大学信息科学系主任外,他还负责博物馆学的研究生课程,并担任博物馆学和遗产管理课程的主任。索拉还在萨格勒布大学教授关于文化遗产管理的理论和实践的一些科目。他已经出版了九本书和若干文章。他最有影响力的作品是:《关于博物馆及其理论的论文:论控制论博物馆》(*Essays on Museums and Their Theory:Towards the Cybernetic Museum*,1997 年)、《博物馆的市场营销抑或关于美德以及如何让它广为人知》(*Marketing in Museums or About Virtue and How to Make It Known*,2001 年)、《论整体博物馆》(*Towards the Total Museum*,2011 年)、《永恒不再存在》(*Eternity Does Not Live Here Anymore*,2012 年),以及《遗产公共记忆术:关于公共记忆科学的论文》(*Mnemosophy:An Essay on the Science of Public Memory*,2015 年)。

索拉在国际博物馆行业中担任了若干个重要的职位,其中包括 ICOM 南斯拉夫国家委员会主席,ICOM 执行委员会委员(1986 年当选),[3] 以及 20 世纪 80 年代和 90 年代 ICOFOM 的理事会成员。2002 年,索拉创建了非政府组织欧洲遗产协会,并成为在杜布罗夫尼克举行的博物馆、遗产和保护项目国际年会"最佳的遗产"的创始人和组织者。在过去的十年中,他参与了不同的实验项目,如"全球爱情博物馆"和"欧洲之桥",这些项目仍在进行。

2013 年,索拉从大学退休,但继续在萨格勒布大学和斯普利特大学的研究生课程中授课。目前,他仍然参与"最佳的遗产"会议(作为主任),致力于他的实验项目,在国际上授课,做咨询和写作。他已经结束了对"我们的欧洲"(Europa Nostra)[4] 遗产组织的积极参与,他曾是该遗产组织理事会成员和第 4 号评委会主席(负责教育和社会意识)。

博物馆学观点

博物馆学和遗产学

索拉在担任博物馆藏品信息记录中心典藏研究员和主任的七年后开始了他的学术生涯。他试图强调遗产的完整性，致力于在公共记忆领域建立一个实力强劲、内容广泛的专业。控制论的概念作为遗产理论和实践的核心价值，是索拉诸多论文中的核心观点。他的作品涉猎广泛，大部分涉及理论和市场营销、对博物馆实践的评论，越来越多地涉及遗产传播和公共记忆。可以说，索拉的博物馆学理论已经增加了对博物馆作为这门学科唯一研究对象的质疑[5]，这是一场由兹比内克·兹比斯拉夫·斯特兰斯基于 20 世纪 60 年代发起的讨论。

1982 年，索拉提出了"遗产学"[6]这一术语，并将其作为一个科学概念，将博物馆和遗产相关的专业融合到一个更广泛的专业及其相关的科学学科中。他声称，这个术语即使是作为一种挑衅，也可能在遗产领域产生急需的质的变化。他曾多次指出，无论如何，没有一门科学能够建立在现象之上，一门科学只能建立在概念之上。因此，他声称，博物馆学一百年来的"可怜的成功"只是证实了有必要将某些博物馆实务（museography）作为一个包括历史、方法论和博物馆工作过程的技术的知识体系。当索拉于 1980 年在墨西哥加入 ICOFOM 之时，他就开始探索这一专业的定义。经过五年的实际工作，他觉得博物馆这一专业仍旧没有成型。[7]在这一专业碰到的"挫折"使索拉发展了他自己的博物馆学理论，遵循 ICOFOM 的初衷，将博物馆学发展为一门科学学科。对他来说，在 1982 年，博物馆学需要被视为一门学术学科，尽管它的范围是一个有待讨论的问题。[8]尽管从一开始，索拉的理论思想就以"科学"讨论为导向，但他批评第一代 ICOFOM 学者的描述，"就像宗教科学一样，如今的博物馆学正处于先知阶段"。[9]关于博物馆学的定义，他认为：

> 如果说博物馆学还没有达到科学的阶段是一种罪过，那么把它归结为实践知识的总和，归结为从博物馆的日常实践中获得的常识和规范的水平则是一种更大的罪过。博物馆学的前景及其意义，远远大于它所预设的不加批判的确定性判断，或否定者在质疑它时想到的判断。[10]

除此之外,在索拉的博物馆学方法中,博物馆应该被理解为一种"记忆结构"[11]。遗产机构本身[12]并不是目的,其本质将通过博物馆化和传播的平衡来实现。他认为只需把博物馆物件看作"博物馆信息复合体的数据和信息的载体"[13],博物馆是一座帮助传达某些概念、想法和意图的机构,目的是帮助社会的发展。

他分析了作为博物馆中心单元的博物馆物件,并将博物馆学研究的重点从博物馆转移到文化遗产,在更广泛的学科意义上,他提出了"遗产学"这一术语,作为研究"有关保护和处理整体遗产总体问题"的科学。[14]在这种方法中,"遗产"被理解为一个国际公认的术语,表示被继承遗产的总和。那么,博物馆工作本身将是一个更具体的程序,在该领域具有重大意义,需要与博物馆议题相关的知识(根据作者的说法,这可能仍然是指"博物馆实务",乃至"博物馆学"这些术语)。

索拉肯定地说,"名称是一个约定俗成的问题",因此有必要"通过定义一项活动的内容和主题来确定差异"。[15]虽然他从未采用斯特兰斯基提出的观点,但他建议,如果我们想涵盖"博物馆领域活动现象学"的所有新表现形式,并将整个保存和保护领域纳入其中,那么遗产学的概念就可以从更广阔的视角来指代一门统一的科学学科。

公共记忆和遗产公共记忆术

为了解决传播遗产的问题,索拉建立了一个更广泛的方法来研究记忆的理论和科学。在最近的一份出版物中,他强调了一个事实,即公开的记忆实际上就是遗产。在这个新的方法中,遗产仍然是内容,但是社会通过这一新兴专业,有意识地将遗产更多地转化为叙事,是为公共记忆。[16]从这个角度来看,公共记忆"是将遗产转化为一种社会服务"。换句话说,公共记忆是一种社会建构,它建立在经过科学选择和组织的信息以及记录的经验之上,这些信息和经验被全部作为遗产使用。[17]

从1989年开始,索拉进一步发展了"遗产学"的概念,解决公共记忆机构和过程的问题,这使他提出了"遗产公共记忆术"这一术语,被描述为"遗产的控制论哲学",这是一种关于遗产的一般理论,其重点是通过公共记忆机构(public memory institutions)进行记忆的转移。

遗产公共记忆术提醒我们,在一个社会中,任何为了崇高目的而进行的有关公共经验转移的定期的、系统化的行动,都可能是某种形式的公共记忆机构:转移的本质至关重要。[18]

就其本身而言，遗产公共记忆术是关于"记忆的内容和原因"[19]，涉及任何社会中的收集、研究、保存和传播。这一理论使这一行业更加突出和合法，一般适用于记忆机构和遗产机构，包括博物馆、图书馆和档案馆，按照索拉的说法，这门所谓的新科学应该是"对整个世界都足够好"，不管它支持什么价值体系。

遗产公共记忆术被认为是若干科学的共同基石，至少包括五种信息科学：图书馆学（librarianship）、档案学（archivistics）、博物馆实务学、"百科全书学"（encyclopedisctics）和藏品信息记录学（documentation）。[20] 目前，卢布尔雅那、于韦斯屈莱和贝尔格莱德的机构和研究室以这些词汇命名其单位名称，并在具体的教学课程中使用这些词汇。

博物馆学家和专业领域

尽管遗产学和遗产公共记忆术的概念重塑了博物馆学领域，索拉还是讨论了博物馆学家的角色和地位。与博物馆学家是从事博物馆学理论的人员，即不一定是典藏研究员或博物馆专业人员，而是"转向理论化的人员"的观点相反，他认为，专业人员的地位与特定专业领域的定义有关。因此，根据他的说法，要做好这项工作，博物馆学家必须掌握四个方面的专业知识和洞察力：

1. 充分了解博物馆运作世界的性质及其使用者的生活环境；

2. 有明确的专业理念，对博物馆和遗产概念有全面的理解；

3. 完全了解使用者的情况；

4. 掌握一套被称为博物馆工作流程的技术、方法和程序。[21]

在这个意义上，他肯定了"任何理论的试金石是它与实践的相关性"。博物馆学家应该用对自己的职业和专业的理解来武装自己，以便取得更好的业绩和地位。在他的讲座和文章中，或者当被问及什么是博物馆学家时，他多次回答说："一位具有观众思维的典藏研究员。"不过，在索拉的新书中，他建议用"遗产典藏研究员"（heritage curator）这一称谓来指代在任何公共记忆机构中工作的专业人员，这是最简单的方法。

学术影响

20世纪70年代，索拉曾在索邦大学学习，法国博物馆学家里维埃的核心思想对他在博物馆学方面的最初工作产生了显著的影响。根据索拉的说法,生态博物馆的出现对于遗产机构的实践和理论来说都是一个核心现象。他将博物馆解释为只是一种致力于某种目的的记忆机构,将博物馆学的重点转移到博物馆化和遗产传播的过程,这与捷克博物馆学家斯特兰斯基的著作有某些相似之处。[22]索拉还受到英国遗产理论家肯尼斯·哈德森的启发,对他在博物馆方面进行批判与发展国际项目至关重要,有关项目例如"最佳的遗产"国际会议。他所有的项目都是为了纪念哈德森和里维埃而进行的(在副标题中明确地提及)。

索拉受到马歇尔·麦克卢汉(Marshall McLuhan)传播学理论的影响,将其应用于遗产机构的理论。[23]他经常赞扬早期的博物馆学家,如格雷斯·莫利(Grace Morley)[24]和约翰·考顿·达纳(John Cotton Dana),并宣称他依靠的是乔纳森·斯威夫特(Jonathan Swift)、让·雅克·卢梭(Jean Jacques Rousseau)、艾瑞克·弗洛姆(Erich Fromm)、阿道司·赫胥黎(Aldous Huxley)、卡尔·马克思(Karl Marx)、伯特兰·罗素(Bertrand Russell)、刘易斯·芒福德(Lewis Mumford)、库尔特·勒温(Kurt Lewin)和阿尔贝·加缪(Albert Camus)等伟大的思想家。在他的遗产学概念中,在探索关于博物馆学的科学推测时,索拉的思想经常受到第一代ICOFOM思想家之间讨论所产生的论点的启发,如扬·耶里内克、雨果·戴瓦兰、马蒂尔德·贝莱格、鹤田总一郎、伊沃·马罗耶维克和彼得·冯·门施等学者的论点。

索拉的一些概念和理论框架经常被法国、英国、东欧和中欧的博物馆学家引用,在马罗耶维克、冯·门施、弗朗索瓦·梅黑斯等学者的作品中也有出现。在研究遗产的价值和使用非物质遗产的概念时,马罗耶维克采用了索拉的术语"遗产学"和"遗产公共记忆术"。[25]在世界其他地区,如拉丁美洲,他也在巴西学者特丽莎·席奈尔和厄瓜多尔学者卢西亚·阿斯图迪略(Lucía Astudillo)等学者的作品中被提及。

主要著述

Šola, T.

1983

- Musée—territoire—société. *ICOFOM Study Series*, 4, 19-36.

1984

- Collecting today for tomorrow. *ICOFOM Study Series*, 6, 60-69.

1985

- *Antimuzej: bibliofilsko izdanje*. Zagreb, Croatia: Zbirka Biškupić.
- L'identité. Réflexions sur un problème crucial pour les musées. *ICOFOM Study Series*, 10, 19-22.
- *Towards the Total Museum* (PhD thesis). University of Ljubljana, Slovenia.
- On the nature of the museum object. Introductory reflexions to the topic. *ICOFOM Study Series*, 9, 79-86.

1986

- Identity. Reflections on a crucial problem for museums. *ICOFOM Study Series*, 10, 15-18.

1988

- The limited reach of museology. *ICOFOM Study Series*, 15, 195-206.

1989

- Forecasting—a museological tool? Museology and futurology. *ICOFOM Study Series*, 16, 275-280.
- *Role of Museums in Developing Countries*. Varanasi, India: Bharat Kala Bhavan Hindu University.

1990

- The Museum Curator: endangered species. In P. Boylan (Ed.), *Museums* 2000. (pp. 152-164). London: Association Routledge.

1991

- Museums and Curatorship: the role of theory. In G. Kavanagh (Ed.), *The Museum Profession*. (pp. 125-137). Leicester: Leicester University Press.

1992

- The future of museums and the role of museology. *Museum*

Management and Curatorship, 11, 393-400.

- The European Dream and Reality of Museums: a report from south-east. In Pearce. S. (Ed.). (1992). *Museums and Europe*. (pp. 159-173). London: The Athlone Press.

1997

- *Essays on Museums and Their Theory: towards the cybernetic museum*. Helsinki, Finland: Finnish Museums Association.

- The kiss of Mnemosyne. *ICOFOM Study Series*, 27, 263-268.

- The ongoing questioning, in Museology and Memory. *ICOFOM Study Series*, 28, 110-111.

- Le questionnement continu, in Muséologie et mémoire. *ICOFOM Study Series*, 28, 114-117.

- Museums, museology, and ethics: a changing paradigm. In Edson, G. (Ed.). (1997). *Museum Ethics*. (pp. 168-175). London: Routledge.

2001

- *Marketing u muzejima ili o vrlini i kako je obznaniti*. Zagreb, Croatia: Hrvatsko muzejsko društvo, Str. 322.

2002

- *Marketing u muzejima ili o vrlini i kako je obznaniti*. Beograd, Serbia: Clio, Str. 380.

2003

- *Eseji o muzejima i njihovoj teoriji-prema kibernetičkom muzeju*. Zagreb, Croatia: Hrvatski nacionalni komitet ICOM, Str. 350.

2004

- Redefining collecting. In S. J. Knell(Ed.), *Museums and the future of Collecting* (Second Edition). (pp. 250-260). Ashgate Publishing Limited: Aldershot.

2007

- La définition du musée: étendue et motifs. In F. Mairesse & A. Desvallées (Dirs.), *Vers une redéfinition du musée?* (pp. 113-120). Paris, France: L'Harmattan.

2009

• *De la vanitat a la saviesa* / *From Vanity to Wisdom*. (pp. 1-71). Institu Catala de Recercs en Patrimoni Cultural, Girona.

• Towards the Total Museum. In Ross, P. (Ed.) (2009). *Museums in a Digital Age*. (pp. 421-426). London: Routledge, 2009.

2010

• The museum definition: questioning the scope and motives. In A. Davis;F. Mairesse & A. Desvallées(Eds.), *What is A Museum?* (pp. 106-112). Munich, Germany: Verlag.

• European Collection Resources — museums serving European identity. In S. Pettersson (Ur.), *Encouraging Collections Mobility — A way forward for museums in Europe*. (pp. 248-257). Helsinki, Finska: Finnish National Gallery.

2011

• *Prema totalnom muzeju*. Beograd, Serbia. Centar za muzeologiju i heritologiju.

• Virtues and Qualities — a contribution to professionalizing the heritage profession. In T. Šola(Ed.), *The Best in Heritage*. (pp. 10-21). Zagreb: European Heritage Association.

• Uloga baštinskih institucija u građenju nacionalnog identiteta. In R. Horvat(Ed.), *Hrvatski identitet*. (Str. 255-285). Zagreb: Matica hrvatska.

• The heritage product as suggested by a marketing approach. In J. Purchla(Ed.), *Sketches and Essays to Mark Twenty Years of the International Cultural Centre*. (pp. 460-470). Kraków: International Cultural Centre.

2012

• *Eternity Does not Live Here Anymore — A glossary of museum sins*. Zagreb, Croatia.

2013

• Вечность здесь больше не живет: толковый словарь музейных грехов. Тула: Музей-усадьба Л. Н. Толстого «Ясная Поляна», 356 с.

2014

• Javno pamćenje, čuvanje različitosti i mogući projekti. Zavod za Informacijske znanosti. Filozofski fakultet, Zagreb, Croatia.

2015

Mnemosophy. An essay on the science of public memory. Zagreb, Croatia：European Heritage Association.

注释

[1]译者注：遗产公共记忆术是一门有关公共记忆的跨学科科学，为遗产专业服务，通过这门科学，社会研究和理解它的过去。遗产公共记忆术通过集体记忆和社会记忆形成叙事，并在集体经验转移的内容中调节公共记忆的持续形成。相关网站：https://www. mnemosophy. com/post/2019/10/23/mnemosophy—towards—the—definition.

[2]Tko Je Tko. Tomislav Šola—Biografija.（n. d.）. 引自 http://tkojetko. irb. hr/znanstvenikDetalji. php? sifznan＝2499&podaci＝biografija.

[3]ICOM—Conseil international des musées.（1986）. Nouvelles de l'ICOM. Bulletin du Conseil International des Musées, vol. 39, n. 4.

[4]译者注："我们的欧洲"是一个泛欧的遗产非政府组织联合会，成立于1963 年，覆盖 40 多个国家，如今被认为是欧洲最大的和最具代表性的遗产网络。相关网站：https://www. europanostra. org/.

[5]参见，例如，Šola，T.（1992）. The future of museums and the role of museology. *Museum Management and Curatorship*，11，393-400；另参见，Šola，T.（2007）. La définition du musée：étendue et motifs. In Mairesse, F. & Desvallées，A.（Dirs.）.（2007）. *Vers une redéfinition du musée?*（pp. 113-120）. Paris：L'Harmattan.

[6]Šola，T.（1982）. *A Contribution to A Possible Definition of Museology*. Zagreb, Croatia. 引自 www. heritology. com.

[7]Šola，T.（19 December，2015）. Interview for the project The History of Museology，UNIRIO/ICOFOM（B. Brulon，Interviewer）.

[8]Šola，T.（1982）. *A Contribution to A Possible Definition of Museology*. Zagreb, Croatia, p. 1. 引自 www. heritology. com.

[9]同上。

[10]同上。

[11]Šola，T.（2015）. *Mnemosophy*. An essay on the science of public memory. Zagreb, Croatia：European Heritage Association，p. 41.

[12]这与兹比内克·兹比斯拉夫·斯特兰斯基的概念非常吻合，他认为博物馆不是目的，而是达到某种目的的方法。参见本书中的"兹比内克·兹比斯拉夫·斯特兰斯基"部分。

[13] Šola，T.（1986）. Identity. Reflections on a crucial problem for museums. *ICOFOM Study Series*，10，p. 15.

[14] Šola，T.（1982）. *A Contribution to A Possible Definition of Museology*. Zagreb，Croatia，pp. 6-7. 引自 www. heritology. com.

[15]同上。

[16] Šola，T.（2015）. *Mnemosophy*. An essay on the science of public memory. Zagreb，Croatia：European Heritage Association，p. 33.

[17]同上，p. 37.

[18]同上，p. 86.

[19]同上，p. 87.

[20] Šola，T.（2016）. Mnemosophy. Curriculum Vitae. 引自 https：//www. mnemosophy. com/more.

[21] Šola，T.（2015）. *Mnemosophy*. An essay on the science of public memory. Zagreb，Croatia：European Heritage Association. p. 157-158.

[22]同上。

[23] Šola，T.（1992）. The future of museums and the role of museology. *Museum Management and Curatorship*，11，p. 398.

[24]译者注：格雷斯·莫利(1900—1985)，美国博物馆学家，旧金山现代艺术博物馆首任馆长。

[25] Maroević，I.（1994）. The museum object as a document. *ICOFOM Study Series* 23，113-120.

编　者

张云顺（Yun Shun Susie Chung）

南新罕布什尔大学历史课程的团队负责人和兼职教师，教授公共历史课程。2007 年至 2010 年，她是 ICOFOM 执行委员会委员，卸任后继续积极参加该组织的活动。

扬·多拉克（Jan Dolák）

捷克共和国博物馆学家，2002 年至 2014 年，他在布尔诺的马萨里克大学担任联合国教科文组织博物馆学和世界遗产教席负责人。他目前是斯洛伐克布拉迪斯拉发夸美纽斯大学的博物馆学教授。他也是捷克共和国博物馆和美术馆协会的博物馆学委员会主席。

莫妮卡·戈加斯（Mónica Gorgas）

博物馆典藏研究员，毕业于阿根廷博物馆学研究所。她曾担任上格拉西亚耶稣会士庄园国家博物馆（National Museum Estancia Jesuítica de Alta Gracia）的馆长近 25 年。她积极参与将耶稣会士庄园列入联合国教科文组织世界文化遗产地的进程，作为博物馆馆长，她协调了遗产阐释和修复项目。自 1986 年以来，她一直是 ICOM 成员，并在 ICOM 阿根廷国家委员会的理事会中担任多项职务。此外，她是 ICOFOM 理事会成员，曾于 2013 年至 2016 年担任 ICOM 伦理委员会的成员。

安娜·莱舍琴科（Anna Leshchenko）

博物馆学家，在俄罗斯国立人文大学博物馆学系任教。自 2013 年以来，她一直是 ICOFOM 执行委员会委员和《ICOFOM 研究丛刊》的秘书长，负责传播战略。

丹尼斯·利莫埃罗（Denis Limoeiro）

里约热内卢联邦大学博物馆学专业的本科生，布鲁诺·布鲁隆·索耶斯教授协调的"博物馆学史"项目的研究员。他是实验性博物馆学和图像研究小组（Research Group on Experimental Museology and Image，简称 MEI/UNIRIO）的贡献者。目前他是海军历史遗产和藏品信息记录局（Diretoria do Patrimônio Histórico e Documentação da Marinha，简称 DPHDM）的实习志愿者。

弗朗索瓦·梅黑斯（François Mairesse）

新索邦大学（巴黎第三大学）博物馆学和文化经济学教授。他还在卢浮宫学院教授博物馆学。他曾任 ICOFOM 主席[20]和比利时马里蒙特（莫兰韦尔兹）皇家博物馆［Musée Royal de Mariemont (Morlanwelz)］馆长。在布鲁塞尔自由大学获得管理学硕士学位和艺术史硕士学位后，他于 1998 年在该大学获得博士学位。他先是在国家科学研究基金会工作，然后转到比利时法语区政府的总统部长内阁工作。他曾撰写过若干博物馆学文章和书籍。

水岛英治（Eiji Mizushima）

曾任日本筑波大学博物馆研究教授、长崎历史文化博物馆馆长、日本博物馆管理学院院长、亚太博物馆与文化高级研究中心主席兼首席执行官。1996 年，他在巴黎国家遗产学校（现在的国家文化遗产研究所）获得研究生文凭后，在筑波大学获得世界遗产研究的博士学位。自1998 年以来，他在日本、中国、韩国、印度尼西亚和菲律宾的若干所大学教授博物馆学。

苏珊娜·纳什（Suzanne Nash）

1952 年在美国马萨诸塞州的史密斯学院获得文学士学位，1974 年在法国获得图书馆学学位。在获得图书馆学学位的同年，她加入了ICOM 藏品信息记录中心，并于 1983 年成为该中心的负责人。1986 年她移居瑞典，加入到维诺·索夫卡的工作，并受雇于瑞典皇家科学院的全球变化研究项目,同时与索夫卡一起为 ICOFOM 筹备研讨会和编纂出版物。她是 ICOFOM 的理事会成员和《ICOFOM 研究丛刊》的同行评审委员会成员,为该丛刊编辑了若干个期目。

安妮塔·沙阿 (Anita Shah)

1994 年在奥斯马尼亚大学心理学系获得博士学位。自 1987 年以来,她一直积极参与 ICOFOM 的工作,并在其执行委员会任职多年。她在该委员会的博物馆学刊物《ICOFOM 研究丛刊》上发表了大量文章。

布鲁诺·布鲁隆·索耶斯 (Bruno Brulon Soares)

里约热内卢联邦大学博物馆学教授,巴西博物馆学和遗产研究生课程(由里约热内卢联邦大学、天文学和相关科学博物馆合作授课)教授。2014 年至 2016 年,他是里约热内卢联邦大学博物馆学课程的协调人,目前他负责协调实验性博物馆学和图像研究小组。自 2013 年以来,他一直是 ICOFOM 副主席。2014 年至 2019 年,他协调了 ICOFOM 项目"博物馆学史",该项目由里约热内卢联邦大学和世界各地若干所大学支持。

安娜·克里斯蒂娜·瓦伦蒂诺 (Ana Cristina Valentino)

里约热内卢联邦大学博物馆学专业的本科生。她在布鲁诺·布鲁隆·索耶斯教授协调的"博物馆学史"项目中担任了两年多的研究员。她是实验性博物馆学和图像研究小组的贡献者。

致　谢

　　2014 年 6 月，在法国巴黎举行的 ICOFOM 年度大会批准了"博物馆学史"研究项目，本书正是该项目主要成果的集中体现。该项目之所以能够实施，一方面有赖于遍布世界各地的，与 ICOFOM 有着直接或间接联系的大学及其学者们的大力支持，例如里约热内卢联邦大学、巴黎第三大学、卢浮宫学院、俄罗斯国立人文大学和筑波大学的学者，不胜枚举。另一方面特别要感谢若干学生和教授，正是他们的辛勤工作，才使我们有可能建立一个研究网络，以便合作编写本书的文章。

　　在 ICOFOM 学术委员会里，该项目由安德烈·德瓦雷和苏珊娜·纳什担任常任顾问，在他们的持续帮助下，过去五年里开展的研究不断得以巩固。在里约热内卢联邦大学，该项目与实验性博物馆学和图像研究小组以及巴西博物馆学记忆和保存团队有关，后者由伊万·萨伊（Ivan Sá）教授协调，他本人也对这项工作及其发展有着相当的热情。一些早期版本的文本通过包括法语和葡萄牙语在内的多种语言发布在维基百科上，丰富了线上平台的博物馆学知识。在为这些初阶文章进行研究的学生中，我们要感谢安娜·克里斯蒂娜·瓦伦蒂诺、安娜·保拉·罗查·德奥利维拉（Ana Paula Rocha de Oliveira）、布鲁诺·帕索斯·阿隆索（Bruno Passos Alonso）、丹尼斯·利莫埃罗、英格里德·伊尔纳（Ingrid Illner）、乔伊斯·门德斯（Joyce Mendes）、朱丽安娜·卡皮内利（Juliana Carpinelli）、凯齐·庞茨（Kizie Pontes）和劳拉·马拉法亚（Laura Malafaia）。里约热内卢联邦大学实验性博物馆学和图像研究小组的专业人员，即瓦伦蒂诺和阿隆索，完成了英文文本的编辑和校对工作。这本书的最终专业校对是由凯瑟琳·斯莱特（Kathryn Sleight）完成的。

我们还要感谢曾帮助提供信息的 ICOFOM 成员，以及同意在 2015 年和 2016 年接受本项目采访的成员，包括安德烈·德瓦雷、安来顺、安·戴维斯（Ann Davis）、伯纳德·德洛什（Bernard Deloche）、雨果·戴瓦兰、扬·多拉克（Jan Dolák）、玛丽亚·哈维尔·库里（Marília Xavier Cury）、马丁·绍尔（Martin Sharer）、马蒂尔德·贝莱格、彼得·冯·门施、苏珊娜·纳什、特丽莎·席奈尔和托米斯拉夫·索拉。

最后，特别要强调的是，如果没有 ICOFOM 及其主席弗朗索瓦·梅黑斯在科学上和财政上的支持，这个项目就不可能实现，他坚信博物馆学史值得书写记录。

译名对照表

A

Adame Ba Konaré,阿达梅·巴·科纳雷

Albert Camus,阿尔贝·加缪

Aldous Huxley,阿道司·赫胥黎

Alexandre Delarge,亚历山大·德拉杰

Alfred Métraux,阿尔弗雷德·米泰尔

Alpha Oumar Konaré,阿尔法·奥马尔·科纳雷

Alvin Anderson,阿尔文·安德森

Amadou Toumani Touré,阿马杜·图马尼·杜尔

Amalendu Bose,阿马伦杜·博斯

American Association of Museums,美国博物馆协会

Ana Cristina Valentino,安娜·克里斯蒂娜·瓦伦蒂诺

Ana Paula Rocha de Oliveira,安娜·保拉·罗查·德奥利维拉

André Breton,安德烈·布雷顿

André Desvallées,安德烈·德瓦雷

Anita Bharat Shah,安妮塔·巴拉特·沙阿

An Laishun,安来顺

Anna Gregorová,安娜·格雷戈洛娃

Anna Leshchenko,安娜·莱舍琴科

Ann Davis,安·戴维斯

Antonio Gramsci,安东尼奥·葛兰西

Aquilina,阿奎林纳

Dictionarium Museologicum,《博物馆学词典》

Dictionnaire Encyclopédique de Muséologie,《博物馆学百科全书》

Documentation,藏品信息记录

Doktor Nauk,科学学术博士（俄罗斯文凭）

Domènec Miqueli Serra,多梅内克·米奎利·塞拉

Don MacMichael,唐·麦克尔迈尔

Dorothy Anderson,多萝西·安德森

Duncan Cameron,邓肯·卡梅隆

E

École du Louvre,卢浮宫学院

Écomusée de Marquèze,马奎兹生态博物馆

Écomusée du Creusot Montceau-les-Mines,克勒索-蒙特梭煤矿生态博物馆

Ecomuseum,生态博物馆

Ecomuseum of the Quarteirão Cultural do Matadouro de Santa Cruz,圣克鲁斯屠宰场文化街区生态博物馆

Edward McClung Fleming,爱德华·麦克朗·弗莱明

Eiji Mizushima,水岛英治

Eilean Hooper-Greenhill,艾琳·胡珀-格林希尔

Elisabeth des Portes,伊丽莎白·德·波特

Émile Durkheim,埃米尔·涂尔干

Erich Fromm,艾瑞克·弗洛姆

Eva Fägerborg,伊娃·费格伯格

Expography,展览实务

F

Ferdinand de Saussure,弗迪南·德·索绪尔

Feyerabend,费耶阿本德

Flora S. Kaplan,弗洛拉·卡普兰

Framework Convention on the Value of Cultural Heritage for Society or Faro Convention,《文化遗产社会价值法鲁框架公约》

Françoise Wasserman,弗朗索瓦兹·瓦瑟曼

François Lyotard，弗朗索瓦·利奥塔

François Mairesse，弗朗索瓦·梅黑斯

Franz Boas，弗朗兹·博厄斯

Friedrich Waidacher，弗德利希·瓦达荷西

Front Populaire，人民阵线

G

Geoffrey D. Lewis，杰弗里·刘易斯

George Brown Goode，乔治·布朗·古德

George Ellis Burcaw，乔治·艾里斯·博寇

Georges Henri Rivière，乔治·亨利·里维埃

Georg Rathgeber，格奥尔格·拉斯格伯

Gladys Barrios，格拉迪斯·巴里奥斯

Grace Morley，格雷斯·莫利

Grazyna Zaucha，格拉日娜·佐查

Great Moravian Empire，大摩拉维亚帝国

Gustave Gilson，古斯塔夫·吉尔森

H

Helena Stublić，海伦娜·史杜比奇

Heloisa H. Costa，亥洛萨·科斯塔

Henri Pierre Jeudy，亨利·皮埃尔·朱迪

Henri Rivière，亨利·里维埃

Heritology，遗产学

Hermann Lübbe，赫尔曼·吕贝

Hildegard Vieregg，希尔德加德·维耶格

Hosei University，法政大学

Hubert Landais，休伯特·朗戴

Hugues M. de Varine-Bohan，雨果·戴瓦兰

I

ICOFOM ASPAC，ICOM 国际博物馆学委员会亚洲和太平洋区域小组委员会

Jules，于勒（法语姓名）

Jules Prown，朱尔斯·普罗恩

Juliana Carpinelli，朱丽安娜·卡皮内利

K

Karel Absolon，卡雷尔·阿博斯隆

Karel Valoch，卡雷尔·瓦洛赫

Karl Marx，卡尔·马克思

Karl Ottfried Müller，卡尔·奥特弗里德·穆勒

Katharina Flügel，卡塔琳娜·弗吕格尔

Kathryn Sleight，凯瑟琳·斯莱特

Keitaro Miyamoto，宫本馨太郎

Kenneth Hudson，肯尼斯·哈德森

Key Concepts of Museology，《博物馆学关键概念》

Kiersten Latham，基尔斯滕·莱瑟姆

Kizie Pontes，凯齐·庞茨

Klaus Schreiner，克劳斯·施莱纳

Kuhn，库恩

Kurt Lewin，库尔特·勒温

L

Ladislava Sofková，拉迪斯拉瓦·索夫科娃

Landes de Gascogne，朗德加斯科涅

Laura Malafaia，劳拉·马拉法亚

Laurence Vail Coleman，劳伦斯·维尔·科尔曼

League of Nations，国际联盟

Léontine Meijer-van Mensch，莱昂廷·梅耶-冯·门施

Lewis Mumford，刘易斯·芒福德

Lucía Astudillo，卢西亚·阿斯图迪略

Luciana Menezes de Carvalho，卢西亚娜·梅内塞斯·德·卡瓦略

Lucia Santaella，卢西亚·桑塔拉

Lynne Maranda，琳恩·马兰达

Lynn Margulis，琳恩·马古利斯

Michel Subiela,米歇尔·苏比拉

Mnemosophy,遗产公共记忆术

Modibo Keita,莫迪博·凯塔

Modus Operandi,工作方法

Mónica Garrido,莫妮卡·加里多

Mónica Risnicoff Gorgas,莫妮卡·瑞斯尼卡·戈加斯

Moravian Museum,摩拉维亚博物馆

Moussa Traoré,穆萨·特拉奥雷

M. Tudman,M·图得门

Muséal,博物馆领域

Musealia,博物馆物

Musealise,博物馆化

Museality,博物馆性

Musealium,博物馆物

Musée de l'Homme,人类博物馆

Musée d'Ethnographie du Trocadéro,特罗卡德罗民族志博物馆

Musée du Quai Branly,布朗利码头博物馆

Musée National des Arts et Traditions Populaires（MNATP）,国家民间艺术与传统博物馆

Muséification,博物馆化

Museistic,博物馆学

Muséographe（museographer）,博物馆实务学家

Museography,博物馆实务

Museological News,《博物馆学新闻》

Museological Object,博物馆学物件

Museological Working Papers（*MuWoP*）,《博物馆学工作论文集》

Muséologique（Museological）,博物馆学的

Muséologue（Museologist）,博物馆学家

Museology,博物馆学

Museum of Popular Arts and Traditions of Rabat,拉巴特民间艺术与传统博物馆

N

Natalia G. Samarina,娜塔莉娅·萨马里纳

Natural History, 自然志

Nelly Decarolis, 奈莉·德卡罗里斯

Nguni Bantu, 恩古尼班图

Nikolay Rubinstein, 尼古拉·鲁宾斯坦

Nina P. Finyagina, 妮娜·菲尼亚吉纳

Norma Rusconi, 诺玛·鲁斯科尼

Normative Museology, 规范博物馆学

Nouvelle Muséologie, 新博物馆学（法国）

O

Odamice M. Priosti, 奥达米斯·普里奥斯蒂

Office International des Musées, 国际博物馆办公室

Olga Cherkaeva, 奥尔加·切尔卡耶娃

Olga Nazor, 奥尔加·纳佐尔

Óscar Navarro, 奥斯卡·纳瓦罗

P

Pablo Toucet, 保罗·图塞特

Pathology of Knowledge, 知识病理学

Patrick Boylan, 帕特里克·博伊兰

Paulo Freire, 保罗·弗莱雷

Paul Otlet, 保罗·奥特勒

Paul Rivet, 保罗·里维特

Peter Ames, 彼得·艾姆斯

Peter Davis, 彼得·戴维斯

Peter van Mensch, 彼得·冯·门施

Peter Vergo, 彼得·弗格

Petr Fiala, 彼得·菲亚拉

Philip Leopold Martin, 菲利普·利奥波德·马丁

P. H. Pott, P. H. 波特

Pierre Bourdieu, 皮埃尔·布尔迪厄

Pierre Mayrand, 皮埃尔·梅朗

Population Museology, 群体博物馆学

R

Raymond Singleton,雷蒙德·辛格尔顿

Reflexive Museology,反思博物馆学

Reinwardt Academy,瑞华德学院

Rio de Janeiro,里约热内卢

Robert Poujade,罗伯特·普贾德

Roger Miles,罗杰·迈尔斯

Ronald Spielbauer,罗纳德·斯皮尔鲍尔

Round Table of Santiago de Chile,智利圣地亚哥圆桌会议

Rudolf Musil,鲁道夫·穆西尔

Russian State University for the Humanities(RGGU),俄罗斯国立人文大学

S

Saints Cyril and Methodius,圣西里尔和圣美多德

Samuel Quiccheberg,塞缪尔·奎奇伯格

Scenography,场景实务

Schneider,施耐德

Semiotics,符号学

Serge Antoine,谢尔盖·安托万

Shri V. L. Devkar,什里·德夫卡

Soichiro Tsuruta,鹤田总一郎

Specialised Museology,专门博物馆学

Stanislas Adotevi,斯坦尼斯拉斯·阿多特维

Stephen Borhegyi,斯蒂芬·博尔赫伊

Stephen Hawking,斯蒂芬·霍金

Susan Pearce,苏珊·皮尔斯

Suzanne Nash,苏珊娜·纳什

Sylvie Douce de la Salles,西尔维·杜斯·德拉萨勒斯

Syn-Museology,综合博物馆学

T

Tanahashi Gentaro,棚桥源太郎

Vincenc Sofka,文森茨・索夫卡

Vinoš Sofka,维诺・索夫卡

Vojtech Suk,瓦泰・苏克

W

Waldisa Rússio,瓦尔迪萨・卢西奥

Wojciech Gluziński,沃伊切赫・格鲁金斯基

World Museum Dictionary,《世界博物馆词典》

Y

Yára Mattos,亚拉・马托斯

Yun Shun Susie Chung,张云顺

Z

Žarka Vujić,札尔卡・武吉奇

Zbyněk Zbyslav Stránský,兹比内克・兹比斯拉夫・斯特兰斯基

Zygmunt Bauman,齐格蒙特・鲍曼

图书在版编目（CIP）数据

　　一部博物馆学史：博物馆学理论的重要学者 /
（巴西）布鲁诺·布鲁隆·索耶斯
（Bruno Brulon Soares）主编；薛仁杰，赵海燕译.
杭州：浙江大学出版社，2025. 1. — ISBN 978-7-308-
25675-9

　　Ⅰ. G260
　　中国国家版本馆 CIP 数据核字第 2024QG3767 号

浙江省版权局著作权合同登记图字：11-2023-112

一部博物馆学史：博物馆学理论的重要学者

（巴西）布鲁诺·布鲁隆·索耶斯（Bruno Brulon Soares）　主编

薛仁杰　赵海燕 译

责任编辑	陈佩钰（yukin_chen@zju. edu. cn）
责任校对	许艺涛
封面设计	程　晨
出版发行	浙江大学出版社
	（杭州市天目山路 148 号　邮政编码 310007）
	（网址：http://www. zjupress. com）
排　　版	浙江大千时代文化传媒有限公司
印　　刷	杭州宏雅印刷有限公司
开　　本	710mm×1000mm　1/16
印　　张	18.5
字　　数	302 千
版 印 次	2025 年 1 月第 1 版　2025 年 1 月第 1 次印刷
书　　号	ISBN 978-7-308-25675-9
定　　价	88.00 元